企业数字化转型

拥抱变化与优势再造

胡兴民　杨芳莉◎著

中国经济出版社
CHINA ECONOMIC PUBLISHING HOUSE
·北京·

图书在版编目（CIP）数据

企业数字化转型：拥抱变化与优势再造 / 胡兴民，杨芳莉著 . -- 北京：中国经济出版社，2023.1

ISBN 978-7-5136-7065-4

Ⅰ. ①企… Ⅱ. ①胡… ②杨… Ⅲ. ①数字技术－应用－企业管理－研究 Ⅳ. ① F272.7

中国版本图书馆 CIP 数据核字（2022）第 153106 号

策划编辑　崔姜薇
责任编辑　张　博
责任印制　马小宾
封面设计　任燕飞装帧设计工作室

出版发行　中国经济出版社
印 刷 者　北京柏力行彩印有限公司
经 销 者　各地新华书店
开　　本　710mm × 1000mm　1/16
印　　张　24.25
字　　数　400 千字
版　　次　2023 年 1 月第 1 版
印　　次　2023 年 1 月第 1 次
定　　价　98.00 元
广告经营许可证　京西工商广字第 8179 号

中国经济出版社　**网址** www.economyph.com　**社址** 北京市东城区安定门外大街 58 号　**邮编** 100011

推荐序一

Preface

把握供应链的数字化机遇

过去几年中，企业数字化战略对于全球食品、快餐以及零售行业而言，无疑是最重要的战略。基于个人兴趣以及工作的需要，我也在不断地探索、试验如何通过数字技术提升供应链数字化能力。通过供应链的数字化进一步提升上下游协同的效率，降低成本，消除瓶颈，帮助企业赚到更多的钱。

就零售或餐饮行业而言，供应链环节包含了四个主要的流程，分别是原材料、食材的供应来源、食材经过加工成为半成品，冷链仓配物流，最后延伸到各个门店。在整条供应链上，我们特别关注以下 3 个目标的达成：①产品符合食品安全管理的规定；②产品的标准化；③供应链的协同效率。

胡老师书中提到的企业数字化驱动原因之一——“降本增效”是零售餐饮供应链数字化的核心目标之一。我对胡老师书中指出的数据应用的层级概念，也深感同意，胡老师提出数据应用的第一层级是业务监控，这是许多行业都已经具备的能力，而第二个层级业务洞察，则要求企业了解业务过程产生差异的原因，能做到这个层级的厂家，比能做到第一层级的厂家少了很多。胡老师提出的第三层级——业务优化或是智能优化，则是当前众多企业数字化转型所追求的重点，因为我们不但要及时发现问题、找出原因，更需要在没有人力介入的状况下，自动地调整，进而解决问题。企业数字化如果能做到这个程度，就真的成为“聪明”的智能化企业了！

作为供应链领域的实践者，我认为胡老师书中的内容，是战略层级的思考。他提醒企业不要为了数字化而数字化，而应首先思考如何支持企业新的战略创新，用新的视角来考虑数字化的路径，这是非常重要的观念。我非常同意胡老师所说的，“很多企业为什么无法量化他们的数字化效益，问题就在于仅仅从技术的视角来看数字化”，在我个人的经验当中，这也是企业进行数字化时要避免的误区之一。当然，令我印象深刻除了胡老师的战略思考，还有他提出的如何分析业务流程并判断哪些业务环节可以经由数字化提高自身效率的方法，例如泳道图分析、差距分析等方法，从这些能落地的方法上，可以看得出胡老师兼具理论与实践的扎实功底，这也是本书非常具有参考价值的原因之一。

施　云

麦当劳（中国）副总裁、供应链总经理

《智慧供应链架构》一书作者

推荐序二

Preface

数字化转型推动全流程价值链重塑

随着中国经济及互联网的快速发展，“互联网+”、大数据、智慧产业等各种名词和商业模式层出不穷，但在喧嚣之外并没有产生什么标准答案，然而企业需要长期发展就必须要从行业或产业的维度俯瞰商业模式的整体经营是否能长期持续性地为用户产生价值。今天的数字化转型不仅仅是行业发展的新高度，更是能够让企业全盘地了解商业经营的价值。在有幸读到胡兴民先生的这本《企业数字化转型》时，我深深地被书中的“全流程价值链”吸引，这不仅是这本书的核心，也是指引企业战略及实施的指南，更是值得每一位商业经营者细细咀嚼。

上汽大通的数字化进程，不仅涵盖工厂及公司的日常经营，更是从客户端一直到生产、供应链端的全流程数字化，这最终让上汽大通具备了满足C2B的大规模个性化客户定制能力，从而更贴近用户的需求，而不仅仅是为客户提供标准化的产品。跟国内甚至全世界大型汽车厂相比，传统批量定制生产模式属于商贸模式，客户无法选择自己需要的个性配置，更难以告诉客户准确的交车时间，因此客户订的车辆与生产计划经常无法精确匹配。而今天为了解决这个问题，上汽大通在前端开发了蜘蛛智选App以及小程序，让用户自行选择需要的配置、规格、材质与颜色。根据用户端的需求，当订单传到工厂后我们又在工厂内部的每一个生产环节进行更为精细的优化，使得每个环节的信息达到无缝对接，不仅能精准计算交付时间，还可同时生产出上百亿种不同需求组合的汽车，而这些也只是我们第一阶段智能化生产的结果。

结合数字化的力量，上汽大通第二阶段针对提升效率及降本增效，采取了结合人工智能的视觉设备及传感器，时时取得生产设备上的损耗数据，并且基于这些实际数据制订生产设备保养计划，这种保养计划打破了传统按使用小时停机保养的做法，减少了停机时长、也减少了不必要的耗损，达到了降本增效的目的。

胡兴民先生的这本书从宏观经济的趋势出发，结合商业模式演变，深刻地启发了不同行业的数字化转型思维，能够帮助不同的企业打造从产品供应链到生产，再到营销、体验和服务的全流程价值链升级，进而实现企业对用户的长期经营和持续性盈利。

潘雪伟

上汽大通 副总经理

推荐序三

Preface

数字化转型

——重构企业核心竞争力

创办《商业评论》杂志二十年来，我们见证了多次商业浪潮的更迭，每次浪潮都会将一些企业高高托起，又无情地将一批企业冲刷而去。

我们曾与贝泰妮公司联合创始人董俊姿又一次深入交流，该公司2021年销售额超过40亿元，旗下的薇诺娜是敏感肌护肤品的领导品牌，我问了董俊姿一个问题："2015年，在皮肤学级护肤品市场中，某国际品牌的市场份额位列第一，是26.9%，薇诺娜只有6.5%；为何到了2021年，形势彻底反转，薇诺娜的市场份额达到了21.6%，成为第一，而那个国际品牌的市场份额却下滑到不足10%。"董俊姿淡淡一笑，说："那是因为我们抓住了电商崛起的浪潮，而那个国际品牌的总部在国外，对中国电商的规模和潜力认知不够，因此没有抓住这个机会，在电商的布局和投入远远落后。"这个回答，我深以为然。

如今，我们站在2022年这个时间点来看，其实电商还只是一个小浪潮，更大的浪潮正在席卷而来，那就是数字化转型的巨浪。

在2022年1月12日，国务院印发了《"十四五"数字经济发展规划》（以下简称《规划》)。大家都知道，"十四五"规划就是我们国家最近5年的发展战略和目标，是我国社会和经济发展的指引。《规划》中指出，数字经济是继农业经济、工业经济之后的主要经济形态，数字经济发展速度之快、辐射范围之广、影响程度之深前所未有，正推动生产方式、生活方式和治理方式的深刻变革，成为重组全球要素资源、重塑全球经济结构、改变全球竞争格局的关键力量。

《规划》中还指出，数字经济要充分释放数据要素的价值，促进数据生产、分配、流通、消费各环节实现创新发展，在中国经济由高速增长转向高质量发展的过程中，数字经济要发挥重要作用。这段话的背后隐含着什么内涵？

2022年中国的GDP增长目标是5.5%，考虑到疫情等因素，这个目标设定已经非常积极了，但是如果我们把这几年的GDP增长率与过去的20年做对比，在2000年至2009，GDP年度增速基本都在10%以上。在2010年至2019，GDP年度增速基本都在8%左右，现在的GDP增速已经大大降低了。

GDP增速放缓，对企业意味着什么？管理学者陈龙教授将1991年到2019年中国GDP年度增长率和中国上市公司年营收的增长率分别画了两根曲线，发现这两根曲线是高度吻合的，曲线波动的高点和低点都非常吻合。在过去30年中，在很长的一段时间内，中国上市公司营收增长率大约是16%，为什么是16%？因为中国GDP的增长率大概是15%。也就是说，整个国家的经济增长快，做企业的机会就多，水涨船高，这是大家都懂的道理。在那个时代，企业之间的竞争，是看“谁抢得快”。抢得快的，多拿一些；抢得慢的，少拿一些，但都是增量，遍地黄金，不是你的就是我的。

但现在问题来了，中国GDP的增长放慢了，而且预计未来十年的增速大约只有5%，这对企业意味着什么？意味着企业之间的竞争要从增量时代转向存量时代，意味着大家要开始抢彼此的金子了，所以大家都纷纷说“内卷”了，但“内卷”除了让企业经营变得更累，并不能让企业摆脱困境。

进入存量时代，跑马圈地、野蛮生长的逻辑不再奏效。企业的经营思维必须回到消费者价值这一原点，通过数字化转型，精准把握消费者需求，推动自身的业务创新、新品研发、产业链布局等，重构企业核心竞争力，这才是企业摆脱困境，重新获得增长的正道。这也正是“十四五”规划中所说的，在中国经济由高速增长转向高质量发展的过程中，数字经济要发挥重要作用。

胡兴民博士是与《商业评论》长期合作的最受读者欢迎的作者之一。他有在多家国际和国内知名大企业担任高管并推动数字化转型的经验，他的理论功底，又能让他从现象中抓住本质，构建有效的认知框架。在本书中，他提出的“企业数字化转型战略二维理论框架”和“基于价值观点的企业创新思考模型”，都是让人眼前一亮的理论创新。同时，这还是一本非常实用的数字化转型工具书，胡兴民博士从战略层、管理层、运营层、基础层、实战层等各个层级徐徐展开，将每个层级的问题谈透，同时也给出了解决方法，可以成为大家在数字化转型路上的实战宝典。

最后，我们衷心希望所有的企业都能够驾驭数字化转型的浪潮，开启一个波澜壮阔的大时代。

颜杰华

《商业评论》主编

推荐序四

Preface

数字化转型已不是可选项，而是必选项，是制造企业参与新一轮科技革命和产业变革浪潮的必然选择。

习近平总书记指出：数字经济是全球未来的发展方向，要大力发展数字经济，加快推进数字产业化、产业数字化，推动数字经济和实体经济的深度融合。

国家数字经济飞速发展，数据技术服务迎来重大产业机遇。政策环境方面，国家、行业层面频频发声，为数据技术服务发展注入强心剂；行业需求方面，数字孪生模式引领未来装备研制和使用新范式，数据技术服务的市场需求长期旺盛，但“数据不通”也成为装备制造业数字化转型急需突破的瓶颈。当前装备研制和使用进入自动化、数字化和智能化并行的新发展阶段，然而数据分散孤立、数据规范不统一、共享共用难、治理手段落后、服务能力不足等数据问题越来越突出，当前装备研制和使用的数字化转型急需数据技术服务。与此同时，装备制造业数字化转型对企业全员从知识、思想到行动上提出了复合型要求。国有企业面临数字人才紧缺、能力不足、结构失衡的严峻挑战，迫切需要培养兼具业务能力和数字化专业能力的复合型人才，尤其是需要培养具备标准化思维、质量意识、懂数字化工具方法的领军人才。当前，装备制造业数字化人才培养方面有待大力加强。

胡兴民老师和杨芳莉老师合著的这本《企业数字化转型》，不仅能从宏观经济的维度展望企业数字化转型的未来方向，同时还为企业提供了一个完整的数字化转型框架，结合各行各业的案例来解析转型过程中各个环节的重点工作和思考逻辑，值得数字化转型从业者细细品读。

企业数字化转型也不再是应对竞争时的优势点，而是关系企业未来生存的入场券，欢迎广大从业者和我们一起探索、实践、交流、创新，早日实现数字化转型升级。

邢磊

华质卓越生产力促进（北京）有限公司 CEO

融融数智服务平台创始人

序 言

Preface

“数字化转型”是最近几年我们在与企业家聚会时最常听到的名词，在讨论当中我们发现，企业家们虽然都在谈数字化转型，可是他们心里的数字化转型以及数字化转型的原因，却有很大的差异。有的企业家基于互联网的发展阶段来看数字化转型，他们觉得自己已经错失了第一轮互联网电子商务的浪潮，那么一定要赶上移动互联时代以微商、微店、短视频、直播带货等为代表的新一轮商业浪潮，他们认为做到这些就是数字化转型。有的企业家认为搭建新的中台系统，提升现有信息技术能力更为重要，他们认为建立中台系统就是数字化转型。还有的企业家认为数字化转型就是建立和“大数据”相关的各种能力，他们认为通过大数据对客户进行精准分析、精准营销，就是数字化转型。另外，还有一些企业家认为数字化转型就是工业4.0。

可以看出，企业界对数字化转型非常关注，但是对数字化转型到底是什么、怎么做，却在看法上有很大的分歧。本书旨在带给企业决策者关于“什么是数字化转型”“企业为什么要数字化转型”以及“如何进行企业数字化转型”三个问题的清楚解答。

为了更全面地了解企业家对数字化转型的观点，我们对在国内几所顶尖高校EMBA/MBA课堂中近600位企业家与高层管理者进行了问卷调查，调查结果更证实了企业家们对数字化转型概念在认知上存在重大分歧（详见第一章内容）。虽说有重大分歧，但大多数企业家还有一些共同的误区，那就是很多企业家都从技术投资或新技术引入来讨论数字化转型的议题。基于多年担任中外大型企业决策主管的经验，笔者认为如果仅从这些技术维度来思考企业的数字化转型是很危险的，为什么这样说呢？首先，当企业面临重大挑战，仅仅从技术的视角去调整企业，真的能将企业从所面临的困境中解救吗？其次，有了新的技术平台，企业当中“人”的惯性思维如果不能改变，真的就能改变企业的绩效吗？如果将企业数字化转型局限在对技术平台的投入上，笔者认为达到的效果将是非常有限的。那么企业家们到底应该用什么样的视角来看待数字化转型呢？针对这一点，我们提出：与其说是“企业数字化转型”，不如说是“用数字化的思维逻辑与视角，进行企业转型与优势再造”，这当中的“数字化”不仅仅是讲求技术，更强调它的思维方式。那么，什么是数字化的思维方式？在书中我们提出了SURE（速度、数据、结果、改变）的概念，这样可能会更贴切地定义什么是组织层面的“数字化转型”。了解数字化转型的概念后，下一个问题是应该如何推进数字化转型，这又是企业家们在执行时会遇到的重大挑战。要回答上述问题，笔者认为需要先从理论框架上来探索，再结合企业的实际状况，才能为企业家提供一些正确的指引。

本书共分为六篇二十六章，概述如下：

第一篇：中国企业数字化转型趋势。通过将中国企业与其他先进国家的企业进行对比，我们总结了这些企业在数字化转型方面取得的不同成果。基于此，我们认为数字化转型是企业未来几十年发展的决胜关键。为了更好地界定企业数字化转型的范畴，作为企业家们思考方向的指引与工作蓝图，我们整合了两位知名学者——罗伯特·安东尼（Robert Anthony）以及迈克尔·波特（Michael Porter）的组织层级理论与价值链理论，发展出“企业数字化转型战略二维理论框架”，在书中我们将这个架构与其他一些学者、书籍、顾问公司提出的数字化转型框架的观点进行了对比，认为本书提出的这个框架从理论的视角来看更加完整，同时也更具可操作性。在这个二维理论框架中，我们将组织划分为战略层、管理层、运营层以及基础层等四个不同的层级，并且在本书的后面几篇中分别进行深入讨论。

第二篇：战略层——掌握经济发展趋势，推进商业模式创新。我们首先提出企业家们需要关注的两个问题：①企业应该提供什么样的“客户价值”。②“客户价值”又是如何被创造、如何得以实现的。关于第一个问题，企业家们需要关注的是价值提议是否会随着时间的推移与社会环境的变化而与时俱进。也就是说，在后互联网时代，这个价值提议是否仍然有效。在本书中，我们列举了汽车、零售、大健康、金融行业的关键影响因素，作为样本给企业家提供一个思考的模式。第二个问题则是关于企业能否更有效地创造出这些价值，这个问题涉及商业模式的调整与创新。在与数字化转型有关的商业模式创新中，我们提出了三个维度的思考视角——产品与服务的数字化创新、平台与生态模式的创新、价值获取模式的创新，这三个方向应该涵盖了在企业数字化转型过程中，战略层级可能出现的思考方向。

第三篇：管理层——构建企业数字化转型三大支柱：文化、组织、管理。这一问题需要重点关注的是企业数字化转型团队的打造，在长期的管理经验与咨询工作中，我们发现再好的策略也很容易被不良的组织问题所摧毁，且组织问题涉及面广。为解决这一问题，我们提出了三个最重要的议题，希望能通过对这三个议题的讨论，给企业带来启发：①组织文化。关于组织文化的改造，我们提出了“SURE”（Speed、nUmber、Results、changE，取其中大写英文字母组成 SURE）的关键要素，即讲求速度（Speed）、数字逻辑（nUmber）、重视结果（Results）、拥抱变化（changE）。②组织结构。我们提出具有弹性的开放式系统（Open System）。③管理模式。我们比较了 MBO[①] 以及 OKR[②]，认为 OKR 更符合现代企业所面临的环境挑战，且能满足 SURE 的要求。

第四篇：运营层——企业价值链的数字化转型。这里主要涉及企业的产品与服务的生产、营销、客户服务与客户体验的整个过程，这些过程会因为行业或企业的性质不同而不同，我们在此处采用了迈克尔·波特的价值链理论，作为一般性的框架来诠释这些过程，价值链的最前端涉及生产与供应链的问题，我们以工业 4.0 为基础，讨论了生产端或生产企业的数字化。在讨论了生产端数字化后，价值链就涉及了营销与服务的数字化转型，在这里我们提出了“三个全”的思考模式，包含“全客户生命周期管理、全渠道覆盖整合营销、全流程数字化体验”。从运营的视角来看，这三个“全”能够涵盖绝大多数企业在营销与运营方面的数字化转型工作。

第五篇：基础层——打造企业的信息技术和数据基础框架。基于上面三个层次的分析，我们将得出新的企业战略与运营模式的定义，此时再来考虑技术层面的实施问题，才能体现出数字化的最大价值。在技术基础层，我们特别关注了几个关键技术的发展与应用机会，当中包含了新的 IT 技术架构——轻前

---

① 目标管理（Management by OBjectives，MBO）法源于美国管理学家彼得·德鲁克，他首先提出了“目标管理和自我控制的主张”，认为“企业的目的和任务必须转化为目标。企业如果无总目标及与总目标相一致的分目标来指导职工的生产和管理活动，则企业规模越大，人员越多，发生内耗和浪费的可能性越大”。

② 目标与关键结果（Objectives and Key Results，OKR）法由英特尔公司创始人安迪·葛洛夫首先提出，是一套明确和跟踪目标及其完成情况的管理工具和方法。

台、快中台、大后台框架，大数据应用、人工智能、物联网和5G的应用。

第六篇：实战层——企业如何有效实施数字化转型。基于上面四个层面的完整覆盖，企业应当已经具备数字化转型的基础，针对企业应该如何一步步落实数字化转型，我们对十余家跨行业的大型企业进行了问卷调查与焦点访谈，归纳出企业推动数字化转型的十大障碍。其中关于如何形成企业数字化转型的共识、如何搭建转型的实施团队、如何进行风险管理，是我们重点关注的议题。我们提出了“观点归纳法”，用以形成管理层的共识；以“敏捷组织”来解决团队搭建的问题；以“最低可存活产品”以及“里程碑与预算绑定”来进行风险的管控。在我们诸多的咨询案例中，以上方法论为企业数字化转型的实施提供了很大的帮助。

企业存在的关键就是为客户提供的价值能够更好地满足客户需求。随着经济与社会环境的快速变化，企业的“价值提议”与“商业模式”需要不断地迭代，技术创新更为企业在实现价值创造的过程中提供重要的赋能基础。所以，数字化转型必须审视企业环境的变迁、考察我们提供给客户的价值提议是否仍有意义、商业模式是否足够新颖以及价值创造过程是否高效，而企业的组织与文化，也在其间扮演了关键角色。本书完整地涵盖了这些内容，对33家企业进行了案例分析并给出方法。为确保本书关于企业数字化转型内容的完整性，我们还对比了全球顶尖大学的商学院，例如，哥伦比亚大学商学院、加利福尼亚伯克利大学商学院关于数字化转型的高级管理课程的内容，这也让我们对本书内容的完整性更有信心，相信企业家在研读完本书后，一定能在企业转型方面获得全新的视野，从而更有效地完成数字化转型的重任。

现在，就让我们开始企业的数字化转型之旅吧！

目　录

Contents

第 4 篇 运营层——企业价值链的数字化转型

第 5 篇　基础层——打造企业的信息技术和数据基础框架

第 6 篇　实战层——企业如何有效实施数字化转型

第 1 篇

中国企业数字化转型趋势

01

第 1 章

何谓企业数字化转型

Enterprise
Digital
Transformation

01

一、企业家面对数字化转型的感叹与迷惑

在我们的 EMBA 课堂中，很多企业家听到“企业数字化转型战略”这个新名词的时候，常常会感叹：“我们搞了几十年的企业信息化，几年前还花了数千万元投资在 ERP[①] 系统上，前两年还在讨论如何进行互联网转型，团队都还在努力适应各种互联网的思维与模式，可是没过多久，又冒出来了‘大数据’，隔了两年又出来了‘人工智能’的话题。最近一两年的各种行业研讨会、专家学者的演讲、媒体的报道，却又都在谈‘数字化转型’，我们追得真是很辛苦啊！可是这一波的数字化转型到底是什么，又和以前的企业信息技术有什么关系，我们实在搞不懂啊！”

显然企业家们对这个新名词充满了疑惑，可是基于过去做互联网转型、电子商务、社交媒体、网络分销等的经验，他们很担心因赶不上新的列车而错过再次发展的机会，但是又觉得行动没有方向、专业人才也不够，所以甚是迷惑。这一轮的数字化转型浪潮又是什么呢？企业家们更担心企业过去在信息技术上的投资，是不是“打水漂”了？

基于这个观察，我们针对 600 名国内中、大型企业（年营收 10 亿元以上）的企业家与高层管理者进行问卷访谈，目的是了解企业家与高层管理者心目中的企业数字化转型到底是什么。

以下是我们采访所获得的答案，企业家与高层管理者的观点呈现出较大分歧，具体见图 1–1。

填写问卷的近 600 名国内企业家与高层管理者当中，有 21% 的人认为，数字化转型就是企业信息技术的升级，对这些企业家而言，数字化转型很像过去导入财务、人事、ERP 系统等工作。另外，有 26% 的人认为，数字化转型就是积累属于企业的大数据，在这些人当中，有很多人认为数字化转型就是建立数

① ERP 是 Enterprise Resource Planning Administration 的缩写，意为企业资源规划，ERP 系统是一个将物流、财流、信息流集成化管理的应用系统，包含采购、销售、库存、客户、财务等模块，用来进行企业资源优化，使管理效益最大化。

据库，同时发展对海量数据进行分析与运用的能力。持以上观点的人占 47%，这些企业家与高层管理者都认为数字化转型就是又一次投入信息技术发展的工作，不同的是，第一种观点讲的是信息技术（Information Technology，IT）层面的转型，第二种观点讲的是数字技术（Data Technology，DT）层面的转型。有 18% 的人认为数字化转型就是企业运营模式的再升级，其认为，企业数字化转型就是针对某些企业流程或是运营工作的技术革新。例如，营销流程的自动化、门店体验优化等。有 16% 的人认为数字化转型是企业整体战略的创新，例如，发展出新的数字化产品或是提供不同的服务与价值，或是强调以科技引领企业发展。有 19% 的主管认为企业数字化转型是企业通过新的商业模式进行蜕变与创新，例如，将企业转为平台模式，以互联网的模式来运作。或是通过新的合作模式重构合作伙伴间的关系，例如，进行供应链的资源整合。

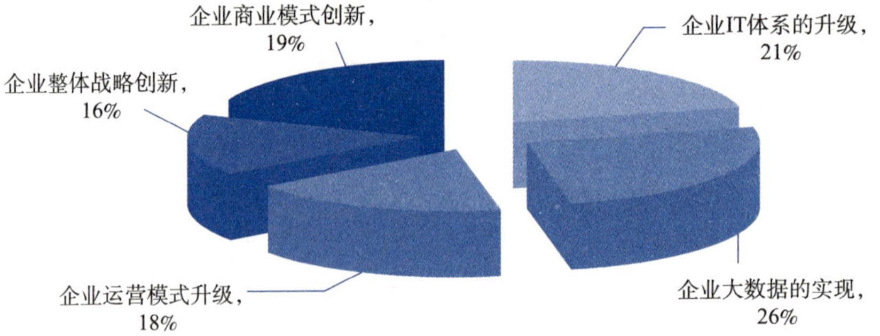

图 1-1　企业家与高层管理者对于企业数字化转型的认识

显然，企业家与高层管理者对企业数字化转型到底意味着什么，在认识上存在很大分歧，这种分歧将对企业数字化转型的推广形成很大的障碍。由于大家对同样一句话的解读不同，在实际工作的推进过程中必然更难形成合力。

二、为什么说数字化转型是企业价值的再升级

首先需要明确，数字化转型并不是要将企业过去所做的信息化推倒重来，过去企业信息化推进属于首席信息官（CIO）或是首席技术官（CTO）的工作，这些业务系统的属性基本上是相对稳定的，范围是较为明确的，例如，财务、人事、材料、ERP 系统的实施。这些工作虽需要用户的参与，由用户提出需求，但是最终都属于信息技术部门的工作。而数字化转型则是将数字概念升

级到企业的战略层次，其涵盖的内容就可能会因行业或企业发展进程而有所不同。例如，一些行业的商品数字化、商业模式的数字化，以及对这些数字经济产品的技术支持等领域的数字化转型涉及的内容、范围、高度，对企业至关重要，所以我们可以说这样的数字化转型，已经被提升为“对企业顶层架构的重新评估与构建”。

纵观数字技术的发展历史，数字技术从萌芽发展至今，大概经过了 60 年的演进，其发展的每一个阶段，数字化的概念、数字化关注的重点及其对企业的价值都是不同的（见图 1–2）。

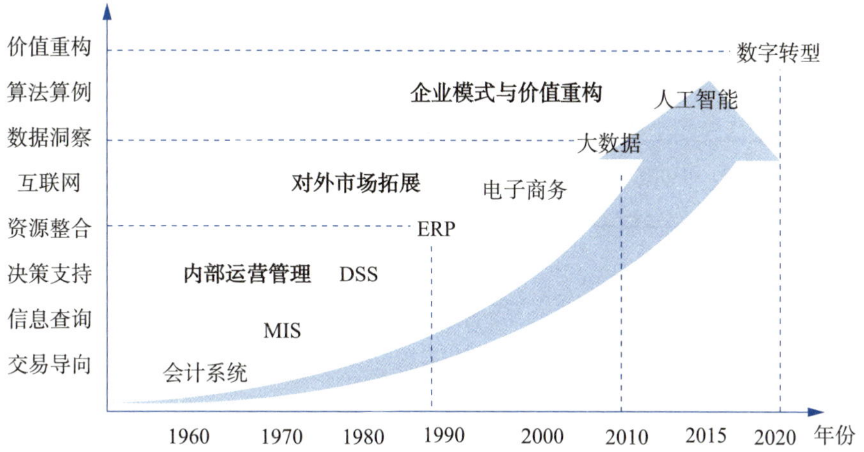

图 1–2　数字技术发展各个阶段关注的重点与价值

现代的信息系统最早出现于 20 世纪 60 年代，IBM 推出它的首款大型商用电脑 S/360，在 20 世纪 60 年代，这些所谓的“大型电脑”的储存容量以及运算速度都极为有限，如冰箱大小的记忆存储设备，是以几个“MB”作为存储单位的，这些电脑设备主要用来处理独立的企业应用，如会计系统、人事薪资系统、材料采购系统等，它们都属于交易导向的系统，数据也只是以档案（Flat File）的形式来记录，对企业的价值就是翔实地记录交易，并且按时、准确地产生报表，达成董事会或政府机构对企业财务报表的要求。

20 世纪 70 年代，企业环境变化加快，管理工作更为复杂，基于赋能管理工作，企业发展出“管理信息系统”（Management Information System，MIS）的概念。与此同时，在技术概念上也进行了创新，发展出了关联式数据库（Relational Data Base，RDB）。与前一代交易系统不同的是，MIS 强调的是提供更快速的信息查询，这时电脑系统的工作就不仅是提供制式财务报表，而且还要能够产生大量的管理报表，有效提高管理者的决策质量。

20 世纪 80 年代，基于关联式数据库已渐趋成熟，以及企业交易数据的积累和电脑处理能量的增强，出现了具有分析能力的信息系统，我们称之为决策支援系统（Decision Support System，DSS），这种系统具有改变某些条件变量，就可以快速模拟出不同假设条件下的产出结果的能力，就是改变某些决策变量，电脑系统就可以模拟最终会产生哪种不同结果，在使用功能上我们称之为“What if”。例如，我们将商品定价降低 5%，决策支援系统就可以基于模型测算出销售的增量，所以决策支援系统的突出价值是对于企业动态决策的支持。

20 世纪 90 年代，电脑软件厂商发现，在生产方面库存系统、材料采购以及生产规划等多个系统独立运作，当市场需求变化时，管理者必须进入不同系统进行处理，例如，生产部门需要根据对市场的预估，在生产规划系统中做出新的生产排程，根据这个数据计算不同时间的材料需求，再进入采购系统下订单，整个流程是断裂的，甚至这些工作归属不同部门，这样的运营模式操作缓慢，无法立即回应市场变化，且容易产生错误，所以专家们开始将这些与生产相关的系统进行整合，发展出材料需求规划系统（Material Requirement Planning，MRP）的第一代、第二代，我们称之为 MRP Ⅰ以及 MRP Ⅱ，而后这些系统再度迭代，并且与生产、财务系统相结合，造就了一个时代性的信息系统，我们称之为企业资源规划（Enterprise Resources Planning，ERP）。ERP 让企业在生产端可以根据个别产品的市场需求变动，动态地进行生产调整，从材料的采购、库存到生产计划，最后进入财务系统完成交易记录，所以 ERP 对企业的价值在于生产过程资源的整合。从上面的说明，我们可以归纳出结论，即 20 世纪 60 年代到 90 年代的信息系统都在着力提升企业内部的管理效率。

进入 21 世纪后，信息技术的发展进入互联网时代，门户网与电子商务应运而生，门户网成为企业对外宣传的窗口，电子商务更是逐渐地把企业传统门店的交易转移到网上进行。随着电子商务的发展，交易信息快速累积，企业为了掌握用户的网上购买行为，产生了分析用户上网行为的需求，企业关注的不仅仅是客户在企业的网站上买了什么，更需要关注有多少用户到他们的网站上访问、浏览了哪些产品以及哪些人在进入网站后，在较短的时间内就关掉页面离开（我们称之为“跳出率”，Bounce Rate），或是哪些人看了某些商品，但是最终有没有产生购买行为（我们称之为“转化率”，Conversion Rate）。为了细分客户，企业将客户的个人信息、购买信息、浏览信息等放在一起，进行交叉分析，以了解到底何种属性的客户会购买什么产品，以及何种属性的客户不会购买这些产品。基于这些需求，学术界以及信息产业界又思考了如何加上一些统计的算法，对市场或客户状况进行推测，于是出现了大数据（Big Data）分析的应用。大数据对企业的价值是对客户行为的深度洞察与进一步预测。基于电子商务以及大数据的属性，我们可以归纳出 2000—2010 年的数字化重点在于对市场以及客户的洞察，并进行精准营销。所以，数字化的价值开始从对内部运营管理的服务，转变为对外部市场与客户关系的拓展。

2016 年，由谷歌旗下 Deep Mind 公司开发的人工智能 Alpha Go，以 4 ∶ 1 击败了世界排名第一的围棋九段高手李世石，象征着新一代人工智能技术获得了突破性的发展，代表着深度学习（Deep Learning）算法时代的来临。此时加上大量的数据积累（Big Data）以及计算机的运算能力（Computing Power）大幅提升，将这三个英文字首组合在一起，我们称之为“A–B–C”造就的新一代人工智能。再经过许多算法的改进，如多层次卷曲神经网络的发展，人工智能的判断与解析更加准确，应用范围也越来越广。所以这一阶段的数字技术价值在于算法的应用，使得基于数据做出的判断更为精准，结合移动互联网技术，新一代的数字技术更是深入人们的日常生活。时至今日，消费者手机上都是各种不同用途的 App，与人工智能相关的数字技术，各种手机应用，特别是各类社交媒体、购物和生活应用，都已经成为移动互联网时代人们生活的必需品。

当这些新的技术渐趋完善，应用更加广泛，消费者对服务的要求也更加挑剔，消费场景创新开始有了更大的突破机会。在这段时间，阿里巴巴集团的马云提出了新零售概念，强调通过重构“人、货、场”关系，建立新的零售模式。腾讯也提出了智慧零售的概念。2020 年前后，越来越多的企业利用数字技术对他们的产品与服务进行创新，这些改变也迫使企业重新思考其价值提议是否还能满足客户，以及创造价值的过程还是否高效。针对客户价值提议的改变或是价值创造过程的调整、优化，其实就是企业对商业模式的创新，所以我们可以将 2010—2020 年这一阶段时间数字化的价值再提升为更高的企业价值创新与商业模式重构。

三、学术界与行业专家对数字化转型的理解和定义

在给出我们对于数字化转型的定义前，让我们先看看国内外的学者与专家是如何定义数字化转型的。

1. 麻省理工学院的专家对数字化转型的界定

麻省理工学院数字经济项目的首席科学家安德鲁·麦卡菲（Andrew McAfee）认为数字化转型是“对企业如何利用数字技术，从根本上改变绩效的重新思考和反思”，也就是“企业在为客户创造有价值的服务方面，进行深刻的、根本的变革”。他还特别指出，数字化转型的开始是企业的高层管理人员，然后企业各个部门需要团结协作，将以业务发展为中心的理念和那些不断兴起的技术进行结合。麦卡菲认为，数字化转型是企业对其业务进行系统性的、彻底的重新定义，所以它不仅仅是对信息技术进行升级，更是对组织活动、流程、业务模式和员工能力等方方面面进行重新定义。数字化转型就是利用数字化技术来推动企业组织、业务模式、组织架构、企业文化等多个方面的变革措施。实施数字化转型的企业，一般都会去追寻新的收入来源、新的产品和服务、新的商业模式，因此数字化转型是技术与商业模式的深度融合，数字化转型的最终结果是商业模式的变革。

2. 国内学者对数字化转型的界定

国内的一些学者认为数字化转型真正的意义，就是一切将会被重新定义，包括人们的生活，也包括人们所能接触或感受到的所有场景，这些都会被重新定义。数字化转型最大的改变是整个商业逻辑变了，而商业逻辑改变当中最大的变化就是价值创造和获取方式发生了本质变化。

3. 国内外行业专家对数字化转型的界定

国际知名的咨询公司埃森哲认为，企业数字化是运用新一代数字与智能技术，通过网络协同、数据智能，链接资源、重组流程、赋能组织、处理交易、执行作业、融入数字经济、推进企业业务创新（研发、生产、营销、服务等）、管理变革（管理模式、组织与人才、管理决策等），从而转变生产经营与管理方式，实现更强竞争优势、更高经营绩效、更可持续发展的进步过程。

综合上面学者与专家的观点，我们认为数字化转型是多个维度的工作，其

应包含以下五种概念：

（1）数字化转型的基础是数据。

（2）数字化转型首先是思想的转型。

（3）数字化转型是信息技术转型。

（4）数字化转型是业务转型。

（5）数字化转型是生产力转型。

数字化转型是企业组织结构和企业文化的转型，主要聚焦三项工作：

（1）构建企业“数智力”，即企业的数字化能力，是指企业数字与智能化基础设施建设（如数字化中台建设），以及“数智”技术的创新应用与研发能力的打造。

（2）以推动降本增效为目标的数字化管理，聚焦运用新技术驱动的管理变革。

（3）以驱动增长为目标的数字化经营，聚焦运用新技术赋能业务创新，创新产品、服务、营销、渠道及供应链，打造卓越客户体验。

综合以上观点，我们将企业数字化转型定义为：“基于数字思维的战略思考与创新方法，它重新梳理企业的价值提议、商业模式、管理思维、运营流程，为企业创造更强大竞争力。”

数字化转型是一项复杂的系统工程，它涉及商业模式、产品创新、组织架构、管理方法、流程优化等诸多方面的变革。数字化转型包含战略层、管理层、运营层、技术基础层等四个层级。数字化转型不是孤立地推进某个系统或是局部的组织调整，而是必须在整个企业的层面，包括流程、技术、人才、组织、文化和制度等方面，都做出有计划的、系统性的重大调整。

四、企业中该由谁来负责数字化转型

从上面的定义可以看出，数字化转型是大型的系统化工程，因为它需要企业最高决策者与整个高管团队统一认知，才能顺利推进，将其称之为“一把手工程”毫不夸张。可是数字化转型关系到企业的方方面面，而且涉及对最新科技有一定程度的了解，企业“一把手”似乎也不可能亲力亲为，那么企业应该由谁来策划、推进这些数字化转型工作呢？我们提出应该由一个新的岗位来牵头，即首席数字官（Chief Digital Officer，CDO）。传统的首席技术官或是首席信息官更像是技术背景的高层管理者，但是只有技术背景，对于首席数字官来说是不够的，其更需要具有宏观视野，能够洞察未来趋势，也需要对业务发展具有一定的前瞻性，还需具备掌握一定科技发展方向的能力。不过我们需要强调的是，“一把手工程”还是需要“一把手”充分参与，首席数字官仅能作为总体项目管理的具体工作的负责人，数字化转型涉及面极广，唯有企业“一把手”积极主导、全程参与，才能够获得我们期待的成效。

本章总结

数字化转型是企业当前的热门议题，但是企业界、学界对数字化转型到底是什么以及怎么做，至今并未形成共识。笔者针对自己任教的几所国内985高校EMBA/MBA学生的调研结果，也显示了这个现状。

为了让企业家通过较完整的知识体系来理解和判断数字化转型的意义与价值，笔者对不同时代信息技术的发展进行了简要梳理，总结了20世纪60年代以来，从传统服务企业单一职能的信息系统，到综合性的管理信息系统（MIS），再到辅助企业高层决策的决策支援系统（DSS），以及后来的电商平台、人工智能和近几年的数字化转型，分别说明了它们的属性，以及对企业的价值。

最后，笔者又对国内外学者、专业调研机构、咨询公司提出的数字化转型的定义进行了归纳总结，给出了笔者对企业数字化转型的定义。

第 2 章

企业为什么需要数字化转型

Enterprise
Digital
Transformation

02

一、企业数字化转型是跨行业的共同需求

基于过去 30 年的职场实践经验以及近年在高校 EMBA/MBA 的教学和为大中型企业提供咨询的工作中，笔者接触到大量跨行业的高层管理者，这些行业涉及生产、服务、餐饮、金融、零售、健康领域，如图 2-1 所示，在同他们的交流中，笔者了解到不同行业关于数字化转型的需求。

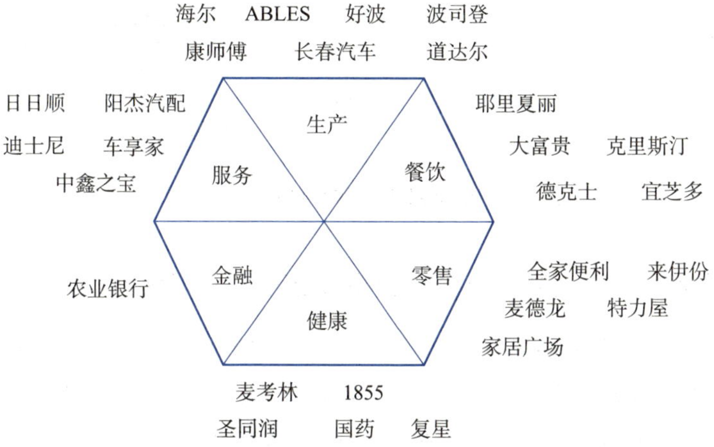

图 2-1　不同行业关于数字化转型的共同需求

这些企业有的是年营收数百亿元甚至上千亿元级的大型企业，如顶新集团、长春汽车、海尔集团、上汽集团、迪士尼、农业银行、国药集团、复星集团、波司登集团；也有百亿元级的企业，如来伊份、麦德龙超市集团、全家便利连锁、西式快餐连锁德克士、南京中央商场；也有年营收数十亿元的中型企业，如上海知名“网红”餐厅耶里夏丽、安徽知名内衣与服饰企业好波集团、河南知名汽配企业阳杰汽配、中国台湾家居龙头特力屋、上海高端养生会所 1855、华东地区知名烘焙连锁克里斯汀面包、河南高端汽车维修连锁中鑫之宝、电话直销企业麦考林等，以及一些新创企业。这些处在不同行业的企业对数字化创新都有一定的期待，希望能通过这个过程让企业上一个台阶。

二、企业数字化转型的四重驱动力

笔者在上述曾经近距离接触，甚至亲身参与过其数字化转型的企业当中，了解到这些企业之所以关注数字化转型，大致有四个主要原因（见图 2-2）。

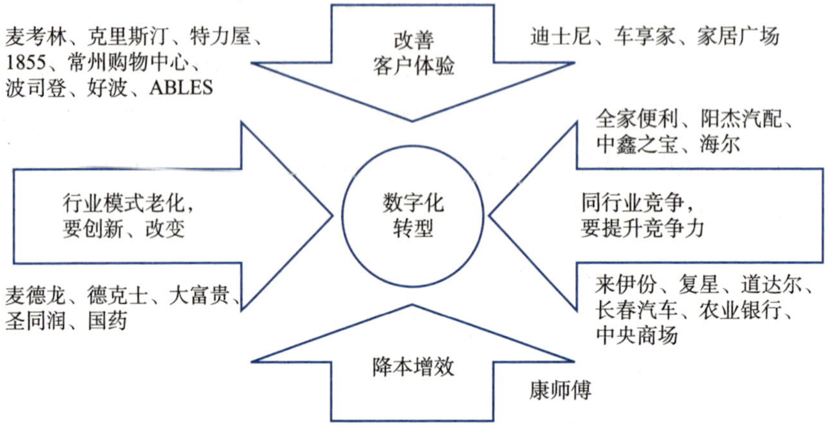

图 2-2　企业数字化转型的四个主要原因

1. 原因一：历经数十年的行业模式老化，亟须创新、改变

这个原因是笔者采访的大多数案例企业中最为认同的。案例企业中包含了餐饮、烘焙、购物中心、服饰、养生、跨国大型连锁超市、制药企业等。这里我们以不具名的方式，挑选几个典型的企业，说明它们所处的状况，以及急于寻求转型契机的原因。

（1）保健品行业。一家年营业额 10 余亿元的保健品销售企业，过去近 20 年一直采取电话直销方式，且这些年有着不错的利润，该企业的客户保持着很高的忠诚度，这些客户每年购买该企业保养品的消费金额极高，甚至有些是年消费超过百万元的消费者。公司高管发现了客户的高忠诚度，但与此同时也有一些隐忧。因为这些高价值客户都是十余年的老客户，这些客户逐年老化，而该企业年轻客户群体少有增量，管理层考虑到电话销售已经不符合年青一代消费者偏好的接触渠道，希望通过社交媒体以及电商，发展跨渠道的商业模式，以保持客户年龄层的不断更新。

（2）烘焙行业。这是一家曾经红极一时，而且多年前在中国香港上市的面包烘焙连锁企业，曾经号称是“国内烘焙第一股”，当时国内的面包消费群体正在逐年扩大，公司上市的前后几年，生意非常红火。但经过十余年的发展，企业在产品、服务上没有太多的创新，多年来采取一成不变的门店设计，近几年也发现他们店里来的客户多是中年人。公司高层主管也发现自己的管理层团队逐年老化，这些年纪比较大的主管对新的技术、新媒体或网络应用缺乏热忱与学习能力。公司着手改善门店体验，推出新产品，例如，推出以法式面包为主的上班族午间套餐，并且进行网络销售，希望从模式上找到新的突破口。但是公司管理层认为，仅仅是产品创新，无法为企业带来更有效的竞争优势，所以不断寻求新的商业模式。

（3）服饰行业。一家年营收达数百亿元的国内知名服饰企业其冬季服饰销量居于领先地位，也是国内知名品牌之一。过去几年，企业管理层发现客户群体有逐渐老化的趋势，于是该公司从门店改装着手，打造时尚空间，同时也将门店售货员全数替换为“90 后”和“00 后”的年轻群体，并且要求这些售货员穿着自家品牌当季主打服饰，让这些年轻人以实际的日常风格进行展示并为品牌代言。这家企业的门店升级使业绩获得了一定提升，但是整个业绩来源仍然以传统门店业务为主，电商方面的增长有待进一步提高，公司高层认为过于依赖线下交易，不仅成本高，更难以拉近企业与年轻客户的心理距离。

另一家服饰公司位于华东地区，属于该省最大的内衣品牌上市企业，在省内拥有上千家连锁店。过去几十年，该企业很成功地打造了自己的品牌，并且成为市场领导者，但是企业高层发现，企业客户群已经开始老化，“90 后”“00 后”群体在他们的客户群当中所占比例明显偏低，同时该企业的门店销售额几乎占了整体销售额的 90% 以上，网络渠道一直无法有效开拓。公司想尽办法希望突破这个困境，于是将自家产品目录中的模特照片全部换为金发碧眼的俄罗斯模特照片，希望以此吸引年轻群体，同时也对门店体验进行了全面的调整，甚至考虑是否打造第二个偏年轻人群的子品牌，但是这些转型工作的收效都很有限。

（4）餐饮行业。这些案例当中包含了两家中大型餐饮连锁企业，其中一家是拥有 3000 多家门店的西式快餐连锁企业，无论从知名度还是营业规模来看，其都算得上是西式快餐行业的排头兵，但是其也面临着商业模式数十年不变，如不革新就很难吸引年轻人群的问题。更典型的问题是，管理层发现其他两个主要竞争对手，都能够有效吸引年轻人在店内聚会、聊天、消费，而自家快餐店内，主要是爷爷奶奶或父母带着小孩来吃午餐，这样的店内场景使该品牌门店的体验与另外两家竞争对手相比有显著的不同。该企业虽然曾经与游戏厂家合作，创造了极高的客流量，但是缺乏系统的模式转变，偶尔的促销活动带来的效益增加也只是昙花一现。

另外一家餐饮企业，属于当地的老字号国资企业，主要提供当地消费者喜爱的上海风味早餐与中餐，这家品牌始创于中国上海，具有百年以上的历史，在上海有着近百家门店。近年来尽管每日仍然生意兴隆，但是企业高层感受到了明显的外部挑战，因为近几十年来，上海市的人口结构发生了明显的改变，“新上海人”的比例大幅增加，再加上年青一代上海本地人的饮食口味改变，高层认为这是企业未来发展将会面临的重大挑战。

2. 原因二：面对比较严峻的同行业竞争，需要提升竞争力

这一类企业，其所处行业仍属于成长阶段，因此他们面临的挑战在于不断有新的对手加入竞争，这些企业必须思考如何进行模式创新，提升竞争力。

（1）连锁便利店行业。我们的案例中，超过三家企业属于该行业，当中有国内门店超过 3000 家的跨国品牌连锁便利店；也有国内排名前十，拥有将近 2000 家门店，在省内排名第一的企业；还有一家是拥有将近 500 家连锁店，在同城属于领先者的连锁便利店。连锁便利店在国内属于发展中行业，所以其商业模式或是客户群体并未出现老化现象，但是无论它们的规模大小，由于业态自身因素，便利店辐射的是店面 500 米以内的商圈、社区、写字楼的客户，一旦某个商圈或社区被认为是有盈利机会的，很快就会吸引多家连锁品牌争相入驻。从传统消费习惯来看，便利店主要是提供生活必需品的方便购买服务，如果在同一个商圈或社区附近有多家便利店，那么企业就面临了近距离的同业肉搏战，所以这些企业都面临着 500 米以内的强大竞争压力。

（2）大型家电企业。案例当中的这家大型家电企业在国内具有非常悠久的历史，过去多年也是国内外商学院引为经典并广为传颂的中国模范企业。笔者也曾经近距离观察过这家大型家电企业的转型尝试。这家企业在产品创新上引入互联网的概念，赢得了不错的口碑，但是在销售渠道上仍然非常依赖分布在全国各地的约 3 万家传统门店，以致产品以及渠道的数字化转型一直存在问题。虽然这家企业的新模式、互联网化实践广为传颂，可是客观的数据却展现出该企业的销售确实不如广东那些号称作坊起家的竞争对手。原因何在？未来该怎

么走？集团的管理层也伤透脑筋！

（3）购物中心。该企业是一家位于长三角省会城市的大型百货大楼，是一家具有多年历史的企业，在百货大楼盛行的时代，因为它的品牌以及所处的位置极为优越，也曾叱咤风云，但是近年来，该企业的周边陆续有多家大型购物中心开业，客流不再集中，再加上购物中心本身在过去几年受到网络购物的严重冲击，企业的经营开始出现问题。相对其竞争对手，该企业属于老牌企业，所以有品牌老化的忧虑，老牌企业无法有效吸引年轻的“90 后”“00 后”消费群体，所以该企业也不断地寻求转型作为与同行竞争的契机。

3. 原因三：企业存在客户体验问题，需要进一步改善

（1）大型游乐场。在全球的游乐场行业中，迪士尼应该是一个极为典型的成功案例，迪士尼通过动漫和电影，不断创造新的话题与新的 IP，从早期的米老鼠、唐老鸭到近几年的人猿泰山、花木兰、冰雪奇缘、星球大战系列等，其创造的偶像与时俱进，吸引着不同年代的人群，因此迪士尼乐园从 20 世纪 70—80 年代开始，就成为孩子梦想中的“圣地”。然而，随着全球不同区域经济结构的改变，特别是在亚洲地区，年轻人口数量与购买力大幅提高，迪士尼开始在亚洲地区的中国香港、上海陆续开园。迪士尼乐园开在上海这样的人口密集型城市，背靠中国这样的人口大国，显然会成为一只会下金蛋的鹅，随着来自上海本地以及全国各地的游客大量增加，迪士尼的排队问题给游客带来很大困扰，许多孩子和家长为了玩一个游乐项目，排队的时间经常需要长达 1~2 小时，这样一天下来能玩的项目相当有限。迪士尼也想尽办法，力求通过数字化的方法或技术，改善游客体验。

（2）汽车维修。国内每年数百万辆新车销售的超大市场，带动了作为汽车“后市场”的车辆维修与车辆美容养护行业。这种汽车“后服务”，最初是由汽车品牌企业自行建设的 4S 店为车主提供，但是由于汽车 4S 店的汽车零件价格和维护费用高昂，以及网点的覆盖面有限，因此在全国各地催生了数千家品牌汽车维修连锁企业与数十万家维修店。在这些品牌当中，近两年来产生了一个异类——“途虎养车”，其通过互联网的模式吸引了许多车主，“途虎”通过 App 打通了车主预约、网购、到场以及付费的全流程，并且允许车主即使离场也可以通过 App 实时查看自己爱车在维修厂内的状态。“途虎养车”因完全不同的新思维与服务流程，对原有的数千家汽修品牌连锁企业造成了一定的冲

击。笔者还观察了其他一些重要品牌，例如，一家由上海某知名汽车集团设立的汽修连锁企业，它们不仅管理旗下品牌的会员，而且开放对其他竞争品牌汽车的服务，全国门店也达到数千家。还有一家是在省内居于领先地位，拥有近百家门店的中等规模的汽车维修企业。不管规模大小，它们都急于利用数字战略进行转型，以增加客户到店次数，并且提升客户体验。但是不管是大型集团的连锁店，还是中小型企业连锁店，都在数字化转型的道路上遇到了一些不同的挑战。

4. 原因四：企业希望降本增效

（1）大型食品生产企业。在笔者调研的行业当中，制造行业是规模较大的业态，案例中包含了一家在国内与国际都非常知名的食品生产企业，该公司的方便面、饮料、饼干、鲜奶等食品都在国内市场上居于领先地位。该公司生产的茶叶饮品，在销售规模上更是全球领先。企业集团内拥有多家上市公司，在行业内居于领先地位也长达数十年。该企业多在自有工厂生产自己的品牌商品，在制造生产领域已经做了重大投资，但是销售仍然依赖传统代理商渠道，在全国范围内有上百万家的零售店销售其产品。该公司过去对于发展线上销售的态度比较保守，同时对获取终端客户信息的大数据模式也持谨慎态度，因为管理层认为自身是生产企业，终端的营销应该是代理商的工作，品牌生产企业不应涉入太深。所以，企业在销售渠道上较为被动，需要配合代理商进行营销。最近几年，“一瓶一码”的成本大幅降低，企业意识到已经具备经营终端消费者的基础，所以开始进行较为积极的投入，开始重视对终端消费者信息的掌握。此外，为了减少在渠道管理上的成本以及更高效地对市场做出反应，企业对于通过 AI 获得渠道的信息反馈也较为关注，该大型企业已开始思考数字转型战略。

（2）银行业。银行业在笔者调研的所有行业当中，整体较为保守，主要原因是金融相关法令的限制，以及国内银行在一定程度上仍依靠国家或是地方政府，因此银行业在数字转型上较为迟缓。然而最近几年随着网络技术的发展，消费者使用现金的习惯逐渐淡化，银行的现金交易量减少，许多银行产生了虚级化的担心。所谓的虚级化，是指消费者在消费时只知道自己用的是支付宝或微信支付，并不在意支付宝或微信上设置的银行是哪一家，所以支付绑定的银行账号随时可能被更换。随着数字金融的发展，引入数字化服务使客户来到网点办理的必要性降低，因此许多银行对效益不高的网点进行了调整。仅 2019 年，就有 1400 家银行的网点关门。显然银行业也面临降本增效的压力，如何通过数字化转型降低成本，扩大服务类型，提升能力，增强竞争力，已经成为银行业关注的重点。

从上述对多种业态的深入接触与调研中我们可以看到，改变老旧的商业模式、提高企业竞争力、改善客户体验、降本增效——这些企业走上数字化转型之路的原因各不相同，但是思考数字化转型战略如何能够为企业带来新生命的愿望是一致的。

三、企业对数字化转型需求的自我评估

基于上述调研结果，笔者对企业的高管们提出了如下四个问题，供他们评估自己的企业是否应该进行数字化转型。

（1）行业目前处于什么阶段？数字化程度如何？与同行相比，企业现在处于哪个发展阶段？

（2）客户或终端消费者正在发生哪些渐变或剧变？对新一代消费者来说，我们提供的产品或服务，仍然具有很高的价值吗？此外，这些产品与服务的传播方式有效吗？是否需要调整并提高效率？

（3）竞争对手是否已经采用新技术推动企业转型并呈现出指数型增长？我们将如何应对？这些竞争对手的做法是否值得借鉴？

（4）目前的业务模式或流程中，最耗费成本或用户最不满意的环节是哪个？是否能够通过数字化技术改善？

这些评估问题，企业高管可以自己写下来，对企业现状进行自我评估，也可以拿到公司战略会议上进行讨论，如果当中有一个问题的答案为“否”，就是企业应该思考数字化转型战略的时候了。

案例 1：迪士尼度假区如何打造游客的数字化体验

迪士尼度假区是全球领先的大型游乐场之一，通过不断推出新的动画和电影，从 20 世纪 60 年代和 70 年代的米老鼠、唐老鸭、小飞侠，到后来的人猿泰山、花木兰以及近几年推出的冰雪奇缘和星球大战系列，迪士尼度假区用不同的卡通

形象陪伴着各个时代孩子们的成长，这个策略也让迪士尼度假区的企业生命迭创高峰，持续保持新鲜度。迪士尼度假区也将这些动画和电影中出现的经典场景在园区中重现，让游客有机会和他们喜爱的动画和电影形象近距离接触。迪士尼度假区的夜间烟火秀更有足够的魅力让父母带着孩子们在零摄氏度以下的户外广场等上 2 小时来观看。

迪士尼度假区的设施场景可以让孩子拉着家长一次又一次地造访。回忆一下你去迪士尼的体验如何？有哪些事情让你觉得以后还要再去玩？又是哪些事情让你感到不愉快？我相信绝大多数的游客会说，“排长队”是在迪士尼度假区游玩时最大的痛点。

迪士尼度假区最大的优势就是通过不同的方式了解游客的真实需求，并有能力通过数字技术来满足游客的各种需求。迪士尼度假区宣扬“创造值得珍藏一生的回忆”，并利用数字技术将游客的整个游玩过程变得“尽可能简单、愉快”。迪士尼度假区希望为游客打造“从第一次接触到未来的美好回忆”这样一个全流程体验的概念。“从规划行程到度假区观光，直到离开迪士尼”，给游客的全程都留下美好回忆。迪士尼度假区推出游园 App，提供实时游乐设施排队的时间信息，并且提供预约服务，降低游客们因为排队而产生的不愉快。

迪士尼度假区采用大量数字技术改善游客体验。如游客可通过“我的迪士尼体验”（My Disney Experience）网站和 App 做行程规划，预约特定景点和餐厅、查阅信息、浏览或分享照片等。游客还可以使用迪士尼智能手环（Magic Band），这是一种塑胶防水手环，借助手环可以查看通过“我的迪士尼体验”预订的所有消费项目。手环还可作为进入主题乐园的门票，同时可作为迪士尼度假酒店房间的钥匙。手环内存有餐厅预订信息，佩戴者可在热门景点享受免排队的特权。

迪士尼度假区的数字化转型做法获得了以下效果：

（1）解决客户痛点——提升游园顺畅度，减少排队时间。

（2）提升客户价值——电子化接触，增强用户黏性。

（3）创造新的商品——手环新产品、特权 VIP 卡。

本章总结

本章主要回答企业为什么需要进行数字化转型这一问题。我们通过对国内外数十家企业的近距离观察，发现企业推进数字化转型的目的各不相同，总的来说，我们发现了四个主要的原因：

（1）行业模式历经多年，需要创新、改变。例如，消费者对保健品、服饰、烘焙、餐饮这些行业的需求仍然存在，只是消费环境的改变使得消费者对这些企业的要求提高了。

（2）面对比较严峻的同行竞争，需要提升竞争力。例如，从便利店、家电、购物中心行业案例中我们发现，企业面临着更多的同行竞争，需要创新才能在行业当中脱颖而出。

（3）企业产品和服务的客户体验需要进一步改善。例如，游乐场的排队、汽车维修的价格体系不透明等。

（4）企业希望降本增效。例如，大型食品生产企业、银行业。

我们也从行业、客户、流程、技术等四个方面分别提出了问题，让企业高管进行自我评估，并思考是否需要以及如何推进数字化转型。

最后我们以迪士尼度假区的数字化转型为案例，说明其是怎么进行数字化转型并且获得了什么样的效果。

课后思考

本章讨论了企业数字化转型的四种动机，想一想，贵公司是否具有其中的一种。

第3章

六大核心技术加速企业数字化转型

Enterprise Digital Transformation

03

有哪些技术环境因素驱动了对数字化转型策略的思考？我们认为移动互联网、物联网、5G 网络、云计算、大数据、人工智能等六种技术关系最大，如图 3–1 所示。这些技术改变了企业所面对的环境，也改变了大众消费者的生活与消费习惯。同时，因为企业对技术的见解、领悟与运用有先后之分，造成了行业内竞争力的消长。大多数现代人对上述六种技术应该不陌生了，我们对这些术语稍加说明，并进行重点举例，作为后面应用讨论的基础。

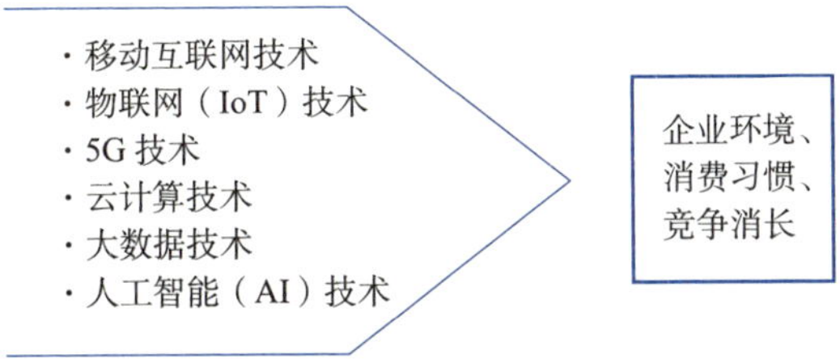

图 3–1　后互联网时代的六大核心驱动技术

一、移动互联网的技术特点及商业应用

1. 移动互联网的特点

移动互联网是基于智能手机的发展和普及诞生的，终端用户可以不受时间和环境的限制，只要处在网络的覆盖之中，就可以随时随地接入互联网并使用具备各种功能的 App。

2. 技术特点

移动互联技术的特点之一是智能手机中的 Mac Address，它是每部手机的“身份证”，在用户开启手机后，手机就会不断地对运营商的基站发出信号，用户使用企业 App 产生的各种数据会通过基站传回企业的服务器，企业可以通过获得的数据，判别这部手机的持有者是否为目标客户，并对企业的产品和服务做出相应的调整。

3. 对消费者的价值

过去有一个关于传统互联网与移动互联网对人们生活产生不同影响的有趣说法："传统的互联网让大众消费者对着电脑宅在家里，而移动互联网又把大众消费者从宅家状态中解放出来。"移动互联网的技术让大众消费者可以随时上网查询，并通过扫码、拍照等简单的手段搜索信息，它也让客户随时保持在线，方便企业与他们互动，更有效地完成交易并大幅改善客户体验，增强客户黏性。如美团、今日头条与淘宝的"拍立淘"等，如图 3-2 所示。基于移动互联网技术，美团可以精准地定位用户，提供按距离排列的商户外送服务；今日头条则是按照用户的浏览习惯，以及用户所在地点来为用户呈现个性化内容；淘宝的"拍立淘"则让用户可以在任何时间拍摄用户在线下生活场景中看到的东西，并经过人工智能的影像辨识，确认消费者在街上看到的是什么东西，然后直接在淘宝 App 上找到这个商品，呈现给消费者，便于购买。

图 3-2　美团、今日头条、淘宝"拍立淘"

4. 移动互联网营销对企业的价值

简言之，就是移动互联网营销能为企业提供精准的用户画像，提高了企业抓住关键瞬间的能力，并且能够提供移动互联环境下的精准广告投放。

二、物联网的技术特点及商业应用

1. 物联网的技术特色

IoT 基于传感器技术，可以使我们在任何条件下，随时感知物体本身或是物体所处环境的变化。

主要技术：首先经由传感器技术，收集现场信息，再通过网络将信息传输到后台的服务器，进行记录、解读、判别并做出反应。例如，传感器测量得知室内温度提高，可以发送指令让联网的智能空调按预设开启。传感器技术、智能识别以及智能分析三大技术的进步给 IoT 带来了巨大的应用空间。传统的传感器更多地应用在对温度、湿度的感知有要求的领域，近年来传感技术更是能做到对光、电、磁、热、声、机械动作的感知。

以光线传感器为例，它可以区分不同波段的光线，通过使用不同波段的光线照射物体，同时使用专门的观测设备，可以让人们对物体有更深入的观察。例如，我们肉眼观测到的可见光，只能让我们看到物体表面，而短波红外可以穿透很多材质，让观测者了解物体的内部结构，例如，机场的安检设备就是通过短波红外穿透行李表面，让机场人员可以不用开箱也能知道箱内有什么东西。嫦娥四号在月球表面分析月球土壤光谱，对月壤成分进行分析。光波传感也可以用来遥测大气层的气流动态，提高气象预报的准确度。在农业应用上，因为不同水果品种、农作物的光谱特性不同，通过光谱分析，光传感技术也可以应用于对农作物的品种优劣的判断。

2. 个人应用

（1）自我健康管理。在智能手环上，传感器已经被广泛应用，主要是通过传感器了解用户个人的身体状态，例如，每天步行数、睡眠质量以及心率、血压、血氧等数据。

（2）智能家居与生活。将传感器安装在家用电器，如空调、电视或是家居用品之上，如灯具、窗户、窗帘等，消费者可以通过手机控制这些设备，开启或关闭它们。

（3）智能出行。车辆的自动驾驶功能除了需要人工智能（AI）与 5G 技术的支持外，车上的传感器也是极为重要的一个环节，传感器可以不断地感知汽车周边的状况，以方便 AI 及时处理，例如，车辆轮胎是否压线以及周边是否有其他车辆或是物体靠近车辆。车身上的传感器感知到这些信息后，迅速回传到车上的计算机，判定是否需要调整方向或是刹车。

3. 企业的物联网应用

物联网在企业的应用已经极为广泛，在各个领域都发挥着巨大的作用。

（1）交通运输。物联网在交通运输上的应用非常广泛，例如，高铁的路线长达数千公里，高铁的控制中心必须实时掌握高铁轨道的使用状态，物联网传感器被设置在高铁的铁轨边上，不断地传送铁轨状态是否正常的信息，一旦发现异常状况，就会立即向行车管制中心发出预警，减少行车安全隐患。

（2）农业、渔业。在近海周边，海事单位需要对洋流水文等信息进行监测，因为洋流温度的变化可能影响渔业生产，还需要对近海的海洋水质进行监测，以保证周边海洋不致发生严重污染。物联网在养殖渔业的应用中也极为重要，养殖户需要全天候监测鱼塘的温度、含氧量以及水质，确保鱼群健康。在新式农业上，特别是有机蔬菜的栽培，土壤湿度、酸碱度变化都会影响到农作物的生长，所以在农田设置监测点，通过传感器读取数值，再回传到服务器端，就可以及时进行施肥、洒水、开关棚架等。

（3）工业。主要应用在重型设备监控、机器设备使用状态、厂房内部与周边环境安全监控方面，例如，钢炉的温度、生产线的空气杂质成分监测等。在产生异常时，可以立即采取补救措施，大幅提高了工厂的安全性，并且有效提高了产品质量。另外，一些先进的工厂已经可以达到“关灯”的水平，就是各种传感器将工厂内生产线的状况、产品加工状况的信息，实时传送到云端服务器，经过云端服务器的运算、判断，再对生产线上的机器发出相关的指令，大幅减少了对人工的需求，对企业降本、增效，提高工程安全，产生了巨大效用。

（4）智能家居。住宅周边的安全监控、智能家电家具的自动开启，温度、湿度的自动调节等，便利了人们的家庭生活，提高了人们的生活质量。

（5）物流。过去一些物流公司承接了冷冻食品配送运输后为了省电，要求司机在配送过程中关闭冷冻设备，等到冷冻食品送达目的地之前再开启冷冻装置，这样在终端入库检验时根本不知道食品在运输过程中已经有了温度变化，非常容易造成食品的腐坏。现在物联网的技术已经应用在货运车辆的全程温控与车辆行走路线监控上，可以有效避免这些问题发生。

三、5G 网络的技术特点及商业应用

1.5G 网络的特点

5G 是一种加快传输效率（每秒输送数据量）的新型网络技术，使得海量数

据得以实时进行交换、积累，也使得服务器端能够快速运算，做出反应。

2. 个人应用

得益于 5G 的传输速率，个人在使用互联网以及各种移动设备和装置时都能够更为便捷，浏览视频、参加网络会议时的卡顿现象也将大幅改善，自动驾驶导航也能够更精准、更快速地对路况进行即时反应，提高驾驶安全性。

3. 企业应用

（1）5G 支撑了 IoT 与 AI 的大量应用，如果没有 5G 网络的高速度，许多 IoT 与 AI 的功能都无法实现。例如，无人机需要快速地将飞行中的环境状态、位置、速度传输回遥控中心，遥控中心再按照收到的信息对无人机发出指令，如果数据传输有延误，势必造成无人机的失控（见图 3–3）。

（2）自动驾驶汽车。全球定位系统（GPS）或是北斗卫星导航系统，能够精确地掌握载具所处的位置，但是无论北斗还是 GPS 卫星终究还是需要从 2 万 ~3 万千米外的地球轨道取得定位信息，对于高速行驶中的汽车位置，更无法及时掌握，而且往往还有几十厘米甚至几米的误差，这无法满足自动驾驶对于精度和速度的需求。只有通过 5G 技术实时将车辆周边的信息回传，才能让自动驾驶的安全性得到大幅提升。

a. 无人机

b. 自动驾驶汽车

图 3–3　5G 网络的应用

四、云计算的技术发展及商业应用

1. 云计算的特点

传统的企业如果要处理大量数据，就需要投资购买大量的服务器，云计算就是一种提供计算机算力的服务，由服务器提供商设置大量的服务器，让企业通过网络，进行数据存取与计算，此时企业无须自行购买服务器，而是按需租赁，这使得企业的服务器使用能够具有更大的弹性，例如，在“双十一”时，为了应付交易的峰值，企业只需要暂时提高储存或是运算能力，有了云计算服务，企业就无须只为应付一天的高峰交易，而去购买平常用不上的服务器。

2. 技术特点

T 级（1024 GB）的数据储存以及高速运算的服务器和路由技术。

3. 给个人用户带来的益处

个人使用手机时，手机厂商会提供一定量的云端储存空间，让用户可以复制或上传手机中的内容到云端，也可在云端存储空间备份重要资料，既方便随时随地读取，也可以腾出手机的本地存储空间，同时还可以避免误删重要数据。

4. 给企业带来的益处

更低的成本、更高的效率、更富弹性的信息技术相关设备投资。

五、大数据的技术发展及商业应用

1. 大数据的特点

与传统的数据相比，大数据有三个主要的不同点，一般我们称之为“三个 V”。

（1）第一个“V”——数据的量级（Volume）。过去的数据可能只是用 G 为单位，大数据则用 T（1000 个 G）为单位。

（2）第二个“V”——数据的形式更多样（Variety）。过去的数据是结构化的数据，主要是以关联式数据库的格式进行储存，现在的数据则包含了半结构化数据与准结构化数据，例如，用户浏览记录与网页上 HTML 的格式；还有非结构化的数据，例如，视频档案，它的内容并没有一定的排列格式。

（3）第三个“V”——数据产生的速率（Velocity）。过去以交易为导向，数据产生来源是月结财务数字，所以数据产生的速度极慢。进入大数据时代后，计算机开始对接交易源头的收银系统，能够同时处理的交易数量更多；对接互联网后，数据包含了用户在网上的行为数据，例如，搜索与浏览的数据，数据量则以每秒多少笔来计算，所以数据的储存、运算能力都必须得到大幅提升。

2. 主要技术

大数据涉及的技术是大容量存储设备、数据库的建设，还涉及各种统计分析以及人工智能的相关算法。

3. 给个人用户带来的益处

个人运用大数据的生活场景非常丰富，例如，日常生活用的各种搜索引擎，就是大数据能力的展现，让搜索者能够快速获得想要的信息，而且参照其他人搜索词的热门程度，决定你可以先看到的结果。另外，我们使用的各种导航系统也是大数据的应用，高德或是百度地图显示的通行时长和路况信息等实时数据就是通过收集并分析与你同时使用电子地图的其他众多用户的轨迹与移动速度等信息后得出的。

4. 给企业用户带来的益处

大数据对于企业的应用价值更为重要，例如，通过大数据的积累，企业可以了解个别客户的偏好，以及某些客户群体行为的改变，提高促成交易转化的能力。精准营销更是一个大数据的重要应用，通过大数据，企业可以掌握哪些客户正在流失，并且根据个别客户过去的购买行为或是偏好，给予最适合的留客方案。

六、人工智能的普及和商业应用

1. 给个人用户带来的益处

人工智能技术已经遍及我们生活的方方面面，我们每天使用的手机应用中，就有着大量的人工智能技术的痕迹，例如，抖音会按照个人的偏好播放个性化的内容，淘宝的拍立淘也是结合了人工智能、大数据、图像处理以及移动互联网的技术，让用户即拍、即搜、即购。另外，我们在家里用的“小爱同学”或是“小度”，这些智能音箱生活助手，也得益于一个具有声音辨识能力以及搜索能力的人工智能后台，它按照听到的指令，到网上搜索你想听的音乐或是进行天气预报等多种网上查询服务。许多智慧家居方案也是采用这种声控技术，让我们能够用声音控制家中的家电设备。

2. 给企业用户带来的益处

人工智能在企业界被广泛应用于服务、营销、物流、生产等各个领域，如图 3-4 所示。

（1）服务。即使在一两年前，我们还觉得机器人送餐只是科技的噱头，但是今天我们住酒店时，就常常接到送餐服务机器人的电话，告诉住客它在门外等候，请客人开门让它送餐。此外，电话客服与电子商务客服，也应用了大量的客服机器人。

（2）营销。智慧零售已经是零售业的主流，它可以提升营销效率、降低成本，在商场、门店的过道上，它可以追踪消费者的路径，推测消费者的来店意图与偏好，给予即时推荐；也可以在购物中心或是门店，进行人流分析，判别消费者的路径，并决定开店策略，当客户进入门店后，人工智能影像识别又可以进行客户辨识，判断来客身份，如果是老顾客，又可以立即调取客户数据，让店员提供更个性化的建议或给予更精准的推荐。

（3）物流。人工智能在企业后端的物流体系也有大量的应用，如智能仓储，让库存管理摆脱传统的繁杂流程。在处理商品上架时，即使随意摆放，也能通过机器人快速分拣商品。另外，物流的路径优化也是人工智能的重要应用，通过人工智能计算送货路径，可以提高运送效率以及精准度。

（4）生产。人工智能可保护生产线上的人员安全。机器手臂可以进入危险环境，代替人工操作。例如，汽车生产线上就部署了大量的机器人，执行焊接任务。另外，在厂区安全方面，人工智能也可以精准地区分来人身份，决定示警或放行。

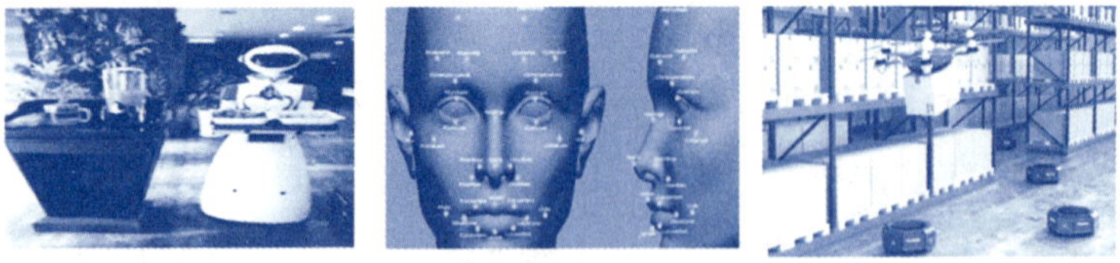

a. 机器人送餐　　b. 来客辨识　　c. 智能仓储

图 3-4　人工智能的应用

前面我们分析了六项主要科技创新对企业数字化转型的驱动力量，其实也只是管中窥豹，我们所讨论的内容或应用，还都限制在个别产品功能在企业内的应用。其实还有一个更大的领域我们没有涉及，那就是将这些技术整合在一起。从企业整体甚至跨行业的视角来看，如何进行整个企业或是跨行业流程的全智能化无缝衔接，使我们不仅仅得到一个智能产品，而是得到一个智能企业、智能产业、智能化的城市，这种更大范围的智能化，是基于个别单元的智能化后，再将每个单元的信息传送到云端，通过人工智能的运算，达到整体的最优化。例如，全智能工厂、智慧城市，跨产业的智能生态圈。这种整合将为企业、行业、城市甚至国家创造巨大的竞争力。这方面的内容我们将在第二篇第九章的价值创新商业模式中进一步深入讨论。

七、六大核心技术如何助力企业数字化转型

前面我们讨论了六种当前最重要的技术发展与应用，那么这些技术如何在企业实施数字化战略时融入企业的业务呢？或许很多人会采取“参照同业”的做法，但是我们需要知道，抄袭同行只能使你不至于落后太多，并不能让你创造出领先优势，而且每个企业都有其特殊的背景条件以及技术能力。因此，别人能做的，你的企业不一定能做；别人不能做的，未必你就不能做！主要还是要看企业的策略和能力基础。为了帮助企业家思考这个问题，我们建议从“信息处理理论”的角度来审视六大技术增强企业数字化的能力。从信息处理的流程来看大致有采集、传输、储存、分析、反馈 / 应用等五个阶段（见图 3–5），我们可以分析一下这六种技术分别更适用于哪个阶段。

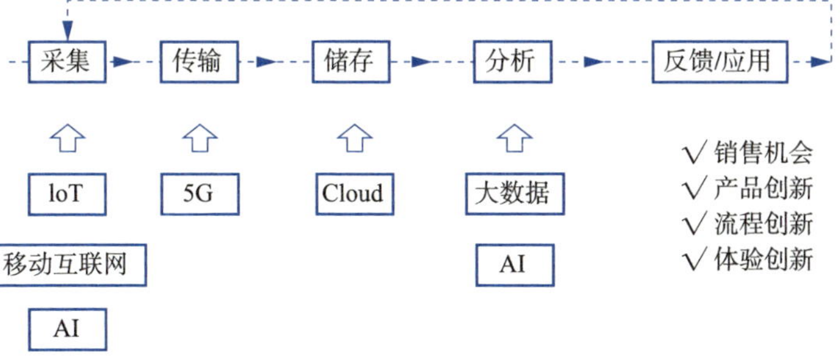

图 3–5　六大科技在企业数字化转型过程中扮演的角色

1. 采集

主要是信息来源在哪里，如何最有效地获取正确的数据。例如，在生产端，需要了解工厂内部的温度、湿度，IoT 在这个阶段无疑是一项非常有效的技术，IoT 适合在人类无法较长时间生存的环境下，24 小时持续性地获取生产所需要的数据，避免人员的风险。例如，大到核能发电厂、重型设备的生产车间，小到智能腕表，IoT 可以全天候地进行监测确保设备及病患出现异常时能够在最短时间内发现并采取措施。除了 IoT 以外，移动互联网在这个阶段也适合另外一些形式的信息采集。例如，手机当中的百度地图，能随时获取 GPS 信号，然后通过 5G 无线网络，回传到控制中心，保证行车的安全。AI 也适合作为信息采集的工具，例如，在购物中心门口以及关键路线上架设摄像头，并且直接以 AI 算法进行测度，了解客流动向。

2. 传输

信息在前期无论是通过 IoT、移动互联网还是 AI 等技术获取，后期都需要传送到服务器端，5G 当然是最佳、必然的选择。

3. 储存

信息上传后，不一定要立即处理，我们可以将这些收集来的信息储存起来。云计算是必需的工具，云计算解决了企业关于储存服务器的部署与管理问题，而且让企业对于存储设备投资具有更高的弹性，可以在短时间内大幅提升储存能力，应付突发的市场需求。

4. 分析

有了数据以后，我们可以用传统的统计方法进行分析，也可以用数据挖掘的方式进行分析，这两类都属于大数据范畴的应用。对于一些特定状况，例如，影像、声音、语音识别以及决策分析，使用 AI 算法都能够更加快速、精准地进行处理，例如，商场门店内的人脸识别，使用 AI 可以进行更精准的分析。

5. 应用与反馈

目前这种信息流的框架已经在农业生产、工业制造、互联网等诸多行业和领域中得到广泛应用，不仅可以帮助企业更加快速地在销售、产品、流程及顾客体验方面进行创新，而且也在很大程度上缩短了商业流程所需的时间，节省了企业的成本。更重要的是，信息具有双向价值传递的机制，即企业不仅可以主动通过信息的传递去获得价值，同时还能将数据和算法有效结合，让用户信息在流转过程中得到随时反馈，从而让企业或平台方更加快速精准地部署商业策略。

传统媒介如报纸、电视等只能实现信息的单向传递，即由内容生产者传递信息到用户，而互联网在算法、大数据、人工智能等各种技术的加持之下，可以实现信息的双向传递。不仅内容生产者可以传递信息，互联网同样也在主动向用户索取、抓取自己想要的信息，然后再把用户信息化、数据化，让用户自身拥有反馈机制，因此信息传递的过程同样是价值传递的过程。

本章总结

在这一章里，我们提出了六种驱动数字化转型的主要技术的创新与发展，它们分别是移动互联网、物联网、5G 网络、云计算、大数据、人工智能。我们也将这六种技术定义为企业规划数字化转型时，思考如何赋能的可能途径。为了让读者能够有一个更清晰的思考路径，我们提出了“信息处理理论”的观点，来思考如何引进这六种技术。这些技术可以分别在数据的采集、传输、储存、分析、反馈 / 应用等五个阶段发挥重大功能。

第 4 章

处在“进行时”的中国企业数字化转型

Enterprise
Digital
Transformation

04

一、中国网络零售的发展及规模

中国电商模式源于对亚马逊以及 eBay 的复制，但是由于中国传统商业模式与欧美国家比较相对滞后，以及中国当时特有的人口红利，反而给中国电商带来了后发优势和弯道超车的机会，目前，中国零售电商的规模更是居世界首位。

一般在计算电子商务的规模时，会包含 B to C 以及 B to B 两种，B to B 更多涉及的是企业与渠道商或供应商之间的数字化交易，一般不适合用来作为电商规模的统计和比较，所以我们通常采取电商在零售领域的交易金额来计算统计。

根据新浪网 2019 年发布的全球电子商务数据报告，2018 年中国市场网络零售交易金额达到了 13095 亿美元；而美国零售电商交易额居世界第二，为 5200 亿美元；在美国之后分别是英国、日本、德国、法国、加拿大、韩国、西班牙、印度、意大利，美国以及其他 9 个国家的网络零售交易总额为 14796 亿美元，仅稍大于中国的零售电商交易总额，中国网络零售市场的发达可见一斑，如图 4–1 所示。

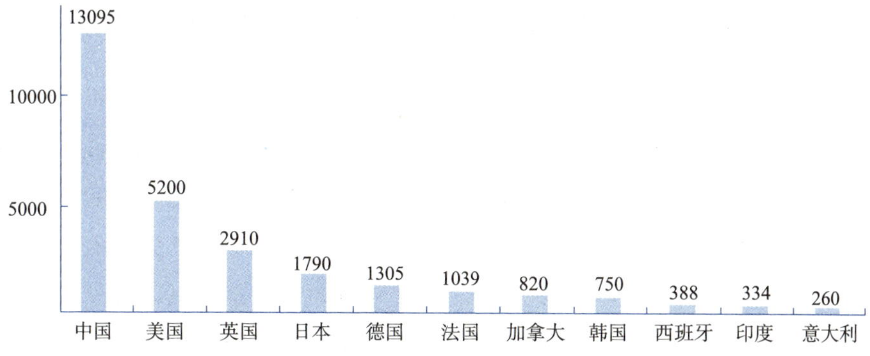

图 4–1　2018 年全球排名前 11 位的互联网零售市场交易规模（单位：亿美元）

二、全球主要国家科技风险投资现状

与科技相关的风险投资，对一个国家的科技发展影响重大，根据麦肯锡的统计，在科技领域的风险投资中，中国与美国是最领先的，在金融科技、虚拟现实、自动驾驶、可穿戴设备、教育技术、机器人与无人机、3D 打印、大数据、人工智能等九大领域，中国只有在金融科技领域的投资大于美国，其他领域都与美国有相当大的差距，尤其是在大数据与人工智能领域，还落在英国之后，分别居第四位、第三位，如图 4–2 所示。

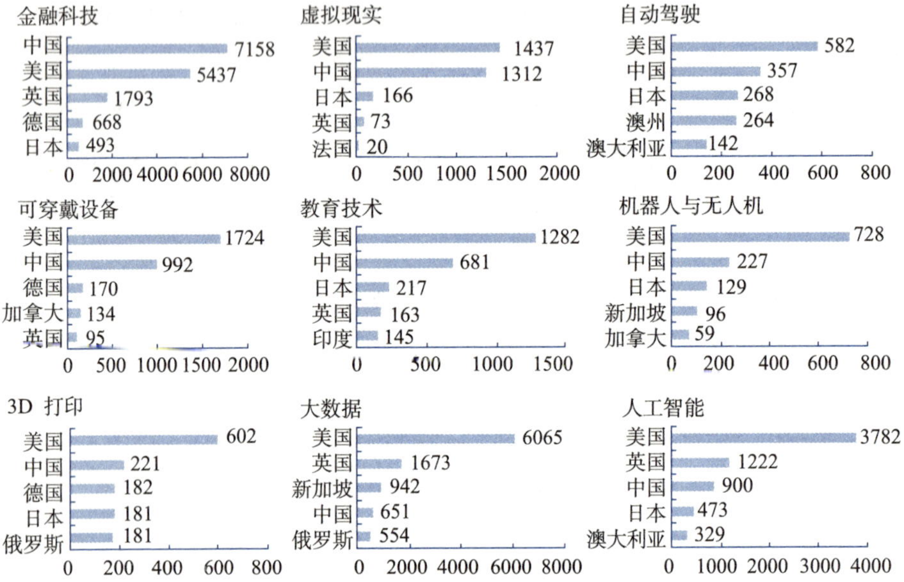

图 4–2　全球主要国家各领域的科技投资对比（单位：百万美元）

由图 4–2 可知，中国在多个领域的投资还不及美国的 1/3，例如，在自动驾驶领域，美国的技术研发投资为 5.82 亿美元，中国投资为 3.57 亿美元。中国的年产汽车总量早已远高于美国，但相比之下，中国在自动驾驶这一重要领域的投资显然不足。另外，美国在可穿戴设备方面的投资为 17.24 亿美元，而中国仅为 9.92 亿美元，可穿戴设备已经被广泛地应用于医疗健康行业，对于心脏病、高血压等疾病的监测具有良好的效果；同时，对于老年人的急难救助，也能发挥重大的作用。中国的人口数量为美国的 4 倍多，而且中国的人口老龄化问题逐渐显现，相关领域投资对中国人的健康是极为重要的，可是中国在这一领域的投资仅约为美国的一半。另外，在大数据领域，美国的投资为 60.65

亿美元，中国的投资则只有 6.51 亿美元，还不到美国的 1/6。美国在人工智能领域的投资为 37.82 亿美元，中国的投资为 9 亿美元，还不到美国的 1/4，这两个领域是未来几年影响最深远的基础技术能力，中国在该领域甚至落后于英国，这种状况值得我们关注。

三、中国企业数字化转型与全球主要国家企业数字化转型的差异

IDG（美国国际数据集团）针对全球各主要国家数字转型的进程做了分析比较，他们将数字化转型的进程分为六个阶段：一是最初级的“单点试验”；二是在取得一定经验后开始“局部推广”；三是“局部成效获得验证”；四是开始“扩展复制”；五是达到“平稳运营”；六是从中取得经验再度“优化创新”。IDG 通过问卷征询各国企业家，让其对自身的数字化所处阶段进行评价，结果如图 4-3 所示。受访者当中，中国企业家中 10.70% 的人认为他们的企业还在单点试验的探索阶段，45.80% 的人认为他们处在试探完成后的局部推广阶段，例如，数字金融、数字营销等工作，都正在试行阶段。所以，将这两部分数据加总，就得出中国处在数字化转型初级阶段的企业达 56.50%。同样地，从美国企业高管的回答中可以得知，有 31.70% 的企业处在“扩展复制”阶段，28.10% 的企业已经进入“平稳运营”阶段，6.50% 的企业已经进入“优化创新”阶段。将这三组数字加在一起，可以得出美国企业已经获得明显数字化转型成效，同时扩大范围并进入常态化运营的企业占 66.30%，这个数字在全球其他领先国家中也达到 54.00%，而在中国仅占 43.00%。

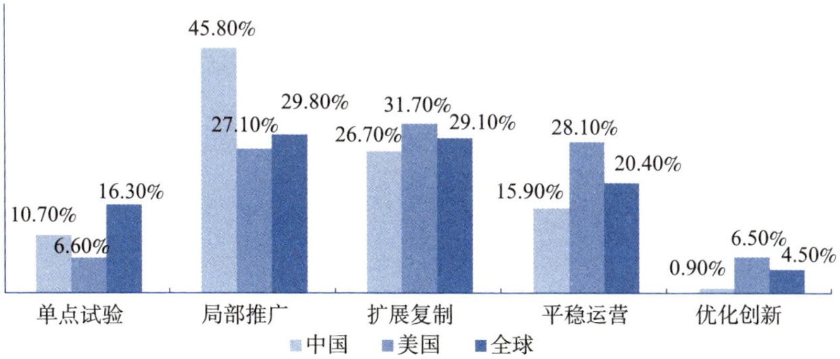

图 4-3　中国、美国与全球企业数字化转型阶段对比

从上面的分析中我们可以发现，即使我国互联网零售交易已经全球领先，但是在企业数字化的推进上，中国和其他发达国家相比还相对滞后，有待企业家进一步的努力。

四、国家的政策与决心——用新的产业革命提升综合国力

数字化相关工作也引起了中国国家层面的关注，在 2021 年出台的国家“十四五”规划中，提出了作为发展方向的五大议题，而这五大议题又包含了 17 个领域的发展。

（1）科技引领：新一代信息技术、智能制造、生物科技、海洋发展。

（2）创新驱动：智慧城市、智慧园区、智能生活。

（3）全球布局：“一带一路”、自贸区、自由港。

（4）民生为本：大健康、大医疗、大教育、新式农业。

（5）文化复兴：影视、知识付费、游戏娱乐。

这 17 个领域，都是着眼打造科技强国，目的是提高中国在世界科技领域的领导地位，同时也希望这些科技力量能够成为创造国民财富、提升国民生活质量的新发展驱动力。

本章总结

本章阐述了中国数字化投入的状况，中国的线上零售规模位居世界第一，且几乎达到了第二名至第九名国家同领域的规模总和。但是中国在其他科技领域的投资，相对于全球主要国家仅维持在第二，甚至第三的规模。相对于全球企业数字化转型的发展阶段，中国也不具领先优势，但在我国的“十三五”以及“十四五”规划当中，这些问题都得到了重视。

第 5 章

企业数字化转型的战略思考框架

Enterprise Digital Transformation

05

企业数字化转型的概念，最近几年在学术界和企业界都引起了高度的关注，可是对于数字化转型的定义与范畴却众说纷纭，这些不一致的观点，也使得企业对数字化转型的必要性以及做法产生了许多争议。在第一章我们说明了麻省理工学院安德鲁·麦卡菲以及国内学者关于数字化转型的观点，并且提出了本书的定义，这个定义很清楚地指出企业数字化转型绝不仅仅是一个信息技术中的项目，它更涉及了企业的顶层架构、客户价值与商业模式创新以及各个部门的运作流程梳理。不过这些定义并未进一步描述企业数字化转型到底应该涵盖哪些范畴。

在本章中，我们将进一步列出 IDC、麦肯锡等知名咨询公司的观点，从中构建我们对企业数字化战略的思考框架，有了这个思考框架，企业家们就可以系统化地思考自己企业的数字化战略，并且按步骤推进。

一、IDC 提出的数字化转型思考方法论

IDC 是一家国际知名调研公司，对于数字技术的发展经常提出重要且值得参考的观点，首先我们来看看 IDC 提出的数字化转型方法论。

1. IDC 提出的数字化转型“三部曲”方法论

（1）构建新的生态体系：了解企业所处的环境，找出企业上下游相关个体或是企业，然后定义出企业如何与这些个体互利共生。

（2）开发新的业务框架：根据所处的生态体系，决定企业如何创造价值，展开业务活动。

（3）强化新的技术基础：基于新技术基础，根据业务活动的需求，制定新技术方案。

IDC 认为基于这三个步骤，企业可以由宏观视角出发，有次序地逐步发展出微观的具体方案。关于具体方案，IDC 则进一步提出企业数字化转型的五大部分工作。

2. IDC 指出企业数字化转型的五大部分工作

IDC 进一步指出，企业数字化转型一定会引领企业的未来，而所有的业务范围无非是金字塔形的框架。这个金字塔框架把整个企业划分成五大部分，如图 5–1 所示。IDC 指出，企业数字化转型的核心是让企业能够拥有五大功能：

（1）智能决策：企业决策不能只是依靠直觉或是臆测，企业的重大决策应当基于大量的数据，所以企业在进行数字化转型时，首先要考虑支持决策方面的数据获取以及分析能力。

（2）智能研发、管理、物流：IDC 提出的运营模式跨度比较大，包含了研发、管理、物流等工作。其中管理主要涉及的是实际操作层面的管理。

（3）智能生产、车间：包含了智能生产以及下沉到车间的自动化，这个范围比较接近智能制造所定义的范围。

（4）智能设备、产品、服务：包含智能设备、产品以及服务，这部分涉及更多的是产品使用时的服务。

（5）数据挖掘与分析、投融资服务：这部分内容强调的是数据挖掘的应用，以及数据化、智能化在财务领域的应用。

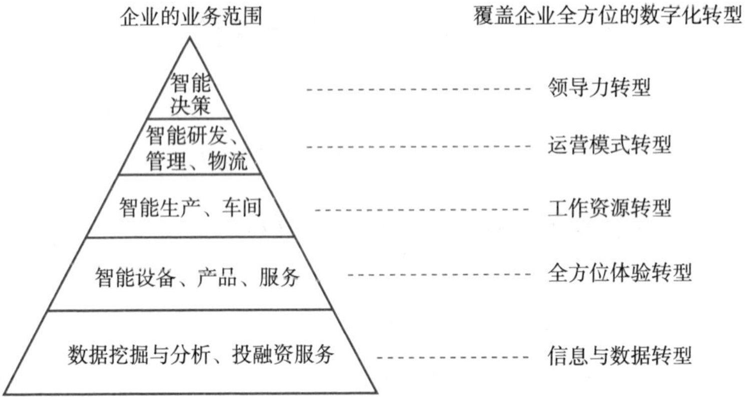

图 5–1　IDC 提出五个层级范围的数字化转型框架

3. IDC 企业数字化转型框架的不足

IDC 的企业数字转型框架分为五个层级，比较清楚地定义了每个层级的工作内容，以及相应的转型类型，但是这个模型有以下不足：

（1）没有说明层级之间活动的关系。例如，第二层级包含的研发、管理、物流的转型与第三层级的生产工作，它们之间的关系是什么，难道是上下层级的关系吗？这显然是不对的，它们应该同为价值链上的一个环节，同样的问题也在第三层级与第四层级的关系中存在，其关系应该都是平行的、有次序衔接的。

（2）这个模型采取的是职能划分，并以此界定智能化工作，如果是这样，企业的主要职能工作应该都要覆盖，但是模型并未涉及营销、销售活动。例如，门店运营管理，门店体验优化是数字化体验的重要工作，而这个模型完全没有提及，显然这个模型是偏向生产端思维的产物。从这个观点来看，这个模型缺乏行业的普适性。

（3）缺乏对“企业软件”方面的关注。正如我们在对数字化转型战略的定义当中所阐释的，学者们的定义是全方位的思维转变，包含了企业数字化的思维、文化以及管理方式，而这个框架都没有涉及，这又是该模型明显的不足之处。

二、麦肯锡提出的数字化转型战略方法

麦肯锡提出的是概念性的逻辑，简单地指出数字化战略思考的是“是什么”“做什么”以及“怎么做”的问题，具体说明如下。

（1）开发业务架构（是什么）：就是企业从事业务的模式是什么，业务架构的内容是什么。

（2）夯实数字化的技术基础（做什么）：根据上述业务，决定数字化采取哪些技术手段，以及需要建设哪些基础能力。

（3）数字化转型过程（怎么做）：具体讨论数字化转型的进程，有哪些步骤，应该如何进行。

麦肯锡方法论的优点是思考框架简单明晰，很适合顾问公司向客户提出问题。其不足之处在于：①这里隐含了一个假设：提出问题以后，要能够回答这些具体的业务问题。但是麦肯锡的框架完全没有给出答案，没有指明到底应该考虑哪些工作，如此对企业实践上的帮助就相当有限了。②在麦肯锡的模式当中并没有提及到底应该考虑哪些业务流程，具体该怎么做。

显然，麦肯锡提出的思考框架，只是一个咨询公司关于如何提出问题的方法论，对企业家自己思索、构建数字化转型战略的帮助较为有限。

三、本书提出的数字化转型战略思考框架模型

为了清楚定义企业数字化转型应该考虑的范畴，对企业家的实践工作给出一个清楚可循的指引，我们需要一个更为周延的企业数字化转型思考框架，要定义出一个好的框架，还是需要先从理论基础进行拓展。

企业的商业战略思考是个多层级、多维度的工作，前述 IDC 或是麦肯锡的框架，可能就是因为没有从这个视角进行考察，以致难以作为落地实施的标准模型。那么我们应该如何定义企业的多层级以及多维度思考框架？这其实在管理学上已经有一些被公认的理论模型。

1. 多层级模型

在管理实践工作中，关于组织层级，有一个被普遍接受的分级——高层、中层、基层，这个分类比较清晰地讲出了层级关系，但是并没有讲清楚这三个层级的主管分别应该关注什么事。著名管理学者罗伯特·安东尼（Robert Anthony）提出的理论框架，能够比较清楚地定义层级结构，同时他也讲清楚了不同层级分别应该关注哪些事务。按照安东尼的分类，企业层级包含了战略层（Strategic Level）、管理层（Managerial Level）、运营层（Operational Level）三个层级，如图 5-2 所示。

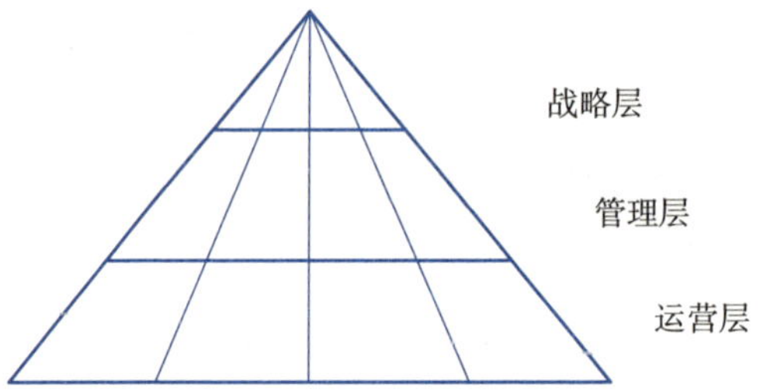

图 5-2 罗伯特·安东尼提出的组织层级架构

（1）战略层。这一层级关注的是企业应该做什么（What）？也就是定义企业的基本使命、愿景、从事的行业、对客户提供什么价值，以及商业模式。

（2）管理层。这一层级关注的是企业应该如何做（How）？也就是说明企业如何管理价值创造的过程，当中涉及的是企业的工作与运营规范，例如，工作计划与考核，如何塑造良好的企业文化，让团队能够有清楚的使命感、奋斗精神以及绩效的反馈考核、创新精神的塑造等。

（3）运营层。这一层级关注的是企业日常工作怎么做（Do）？在企业当中就是保证工作流程照着事先定义的规范有效率地执行。

2. 多维度模型

多维度涉及的是企业的不同职能，也就是价值创造的整个过程，哈佛大学教授、知名竞争策略学者迈克尔·波特（Michael Porter）提出的价值链（Value Chain）理论框架已经被全世界的管理学者与实践工作者广泛接受，如图 5-3 所示。

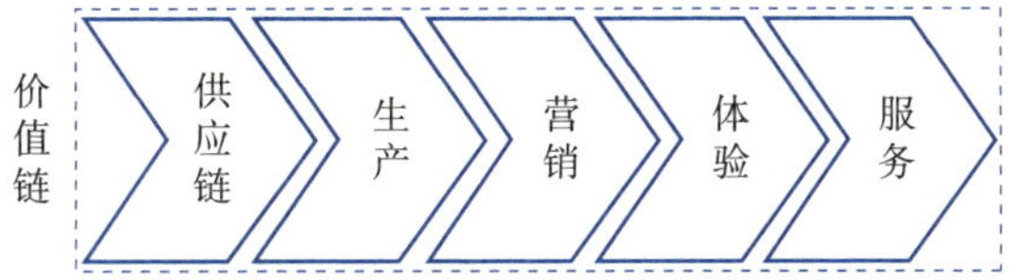

图 5-3　波特提出的价值链框架

所谓的价值链一般包含从供应链当中的原材料怎么来、产品是怎么生产制造出来的，到营销流程中如何制定产品的营销策略、如何通过渠道进行销售以及客户使用产品的体验过程，再到售后流程的售后服务这一系列的过程。波特提出的价值链模型可以说是跨行业适用的通用框架，所以更适合拿来作为发展新理论的基础。

3. 本书提出的“企业数字化转型战略二维理论框架”

我们将上述两个模型结合，就形成了一个考虑多维度以及多层级的企业模型框架，如图 5-4 所示。

在企业的顶层即战略层，应该思考的是企业的价值提议与商业模式的数字化，商业价值提议将决定企业到底做什么事，商业模式则是从价值创造与价值交付的角度说明企业要做什么事，所以关于这些“是什么”（What）的思考，将指导后面所有数字化转型工作“怎么做”（How）的方向。管理层在数字化转型时应该思考的是，如何创造一个符合数字化原则、理念的新组织、新的管理方法以及如何打造一种数字化的企业文化。在运营层则从价值链展开思考企业的每个价值创造的过程如何进行数字化。基础层则是基于上述运营模式的业务需求方向，决定企业应该在技术与数据能力上如何支持上面所有数字化的战略内容。因为这个模型整合了企业的层级与价值创造过程两个维度，所以我们称之为“企业数字化转型战略二维理论框架”。

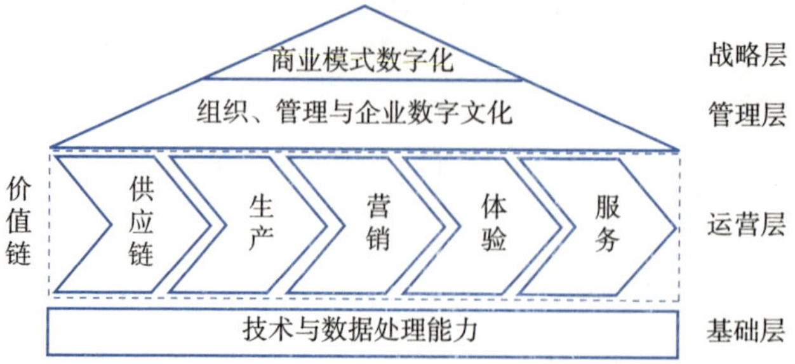

图 5-4　企业数字化转型战略二维理论框架

我们认为这样的思考框架是比较完整的，用于指导企业关于数字化转型的工作是非常有价值的。所以本书的主要结构也按照战略层、管理层、运营层以及基础层的数字化战略转型思考进行逐级讨论。

四、实施企业数字化转型战略的二维理论框架

1. 借鉴国际顶尖名校商学院课程内容

为了保证让读者在本书中学习到与数字化战略相关的较为全面的知识，并且作为指导企业家学习如何拟定战略、推动落地的路径图，笔者参考了两所国际顶尖学府在 2021 年开设的数字化转型战略专业课程，它们包含了以下内容：

（1）哥伦比亚大学商学院

1）数字化转型的五大领域。

2）客户网络以及新的购物途径。

3）了解数字客户行为。

4）平台商业模式。

5）合作竞争、非中介化以及非对称竞争。

6）将数据打造为企业的战略资产。

7）大数据在工作：新数据、新工具以及模板价值。

8）以实验推动创新：AB 分组测试以及最简单可行的产品。

9）将精益创业转化为企业创新。

10）调整价值主张。

11）掌握颠覆性商业模式。

12）在颠覆中生存：当职者对于颠覆性挑战的六种回应。

13）领导力和客户价值框架。

（2）加利福尼亚大学伯克利分校商学院

1）零售商的数据分析与数据驱动算法（如推荐引擎）。

2）数字化转型的机遇：AB 测试以及广告效果评估。

3）数据的作用：传统数据（调查和交易数据）与新型数据（文本、位置、图像等数据），评估数据框架、数据源、数据标签与算法。

4）数字化转型的进程："泳道分析"的使用。

5）数字化企业的模型：定价模式、价格歧视，数字化商品与订阅经济模式、网络效应、双边市场。

6）人才与组织：分析数字化内容如何改变组织在不同接触点与客户进行的互动，评估影响数字化成效的组织设计方案。

7）技术与政策：数据收集与使用方法造成的道德问题，探索算法偏差以及如何消除偏差。

8）了解现有数据与基础架构以及公司向前发展的必要条件，评估公司内部的人力资本与文化承诺。

9）数字化背景下的企业顶层设计：数字化的背景，大数据、人工智能与机器学习。

10）创新商业模式，再造商业生态：用户为中心的商业生态，基于数字驱动的商业模式创新，数字化转型的商业价值，数字营销体系。

11）数字化人才与组织：数字化人才体系构建以及合作伙伴、专家，全方位绩效考核与管理、薪酬设计。

2. 用数字化赋能企业生命周期，实现创新和落地

数字化是企业的第二生命，是新生命周期的企业组织形态。

3. 本书的内容设计

本书第一篇作为导论，讨论什么是数字化转型战略；接着在第二篇至第五篇，分别讲述战略层、管理层、运营层、基础层在数字化转型过程中应当考虑的事项；第六篇则讲述数字化转型项目的实施。

为慎重起见，笔者对比了本书与哥伦比亚大学以及加利福尼亚大学伯克

利分校课程的内容，发现数字化转型目前尚无标准化的内容，这两所大学的授课内容虽然有一部分相似，但是差异还是较为明显的。表 5–1 将本书章节内容与哥伦比亚大学以及加利福尼亚大学伯克利分校的数字化转型课程进行对照，供读者参考。从对比中我们可以看出，本书内容是比较完整的，而且相关内容的编排也因为有“企业数字化转型战略二维理论框架”作为指导，显然更为系统化。

表 5–1　本书内容与哥伦比亚大学、加利福尼亚大学伯克利分校商学院相关课程对比

	本书	哥伦比亚大学	加利福尼亚大学伯克利分校
国际与国内环境因素	第一篇		
——世界主要国家数字化发展			
——中国人口发展趋势与科技发展对数字化的影响			i
——中国数字化政策环境			
——数字化战略思考框架		a	a
企业价值与商业模式创新	第二篇		
——企业价值的反思与创新		j、l	
——产品与服务数字化创新			
——收入商业模式创新		k	e
——平台商业模式创新		d、e	e、j
组织创新、数字文化、绩效	第三篇		
——组织创新			f、k
——企业数字文化			h
——绩效管理			
价值链	第四篇		
——供应链			
——数字营销		c、f、g、h、m	b、c、g
——虚实融合设计			
——全流程数字化体验		b	

续表

	本书	哥伦比亚大学	加利福尼亚大学伯克利分校
技术平台	第五篇		
——大数据概念			
——敏捷中台			
数字化项目执行	第六篇		
——计划制订			
——项目管理（MVP，精益创业）		i	d
——敏捷组织			
——用人策略与组织设计			l

注：表 5–1 以本书章节与内容作为标准与哥伦比亚大学及加利福尼亚大学伯克利分校的课程进行对比，表格当中的小写英文字 a、b、c……，代表该项内容在该校课程的排序编号。

本章总结

本章分析了全书的整体战略框架，我们列举 IDC、麦肯锡两家知名公司关于企业数字化转型方法论的框架，探讨了现有方法论的不足。进而我们基于罗伯特·安东尼的组织层级理论，以及迈克尔·波特的价值链理论，提出了“企业数字化转型战略二维理论模型”。这个模型强调企业数字化转型是一项多层级、多维度的工作。在多层级方面，我们区分了战略层、管理层、运营层以及基础层等四个层级。在多维度方面，我们认为数字化范畴会因为企业或行业属性而不同，不过我们可以用基于价值链理论提出的，以供应链、生产、销售、服务等多个企业价值创造过程作为一般化的理论框架，对企业进行分析。

最后，为了确保本书内容的完整性，我们对比了哥伦比亚大学、加利福尼亚大学伯克利分校两所知名大学商学院的数字化转型课程大纲，也证明本书内容较为完整地覆盖了两所大学课程讨论的范围。

第 2 篇

战略层

——掌握经济发展趋势，推进商业模式创新

02

第 6 章

宏观思考

——洞察社会、人口、经济、消费的变化趋势

Enterprise
Digital
Transformation

06

一、中国人口变化的三个阶段

中华人民共和国成立至今，为适应不同时期国家发展的需要，人口政策也几经调整，人口总数持续增长，增速略有不同，如图 6–1 所示。

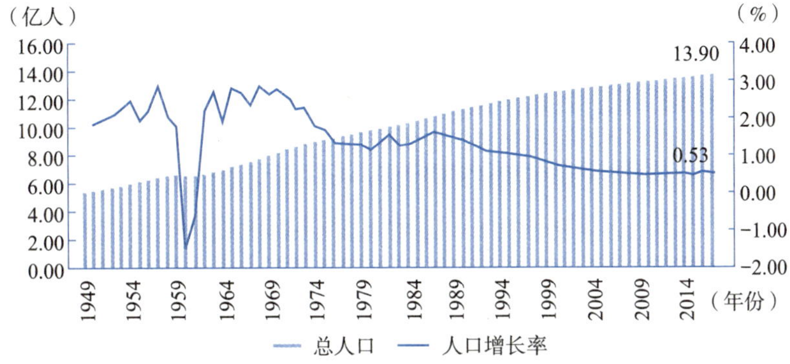

图 6–1　中国人口发展趋势

首先让我们看一下这些政策下人口质与量的变化。

1.20 世纪 40 年代末至 70 年代

新中国成立伊始，我国的总人口只有 5.40 亿，“人多力量大”成为基本原则，这一时期“人口越多、劳动力越多、积累越多、发展就越快”的观点成为制定人口政策的基本因素之一。这一阶段的政策一直维持到 20 世纪 70 年代初，这 20 多年我国人口增加了近 3 亿人。1971 年，我国人口总数增长至 8.52 亿人，延续此增长势头，随后几年人口数仍然保持较快的增长。

2.20 世纪 80 年代至 21 世纪初

20 世纪 80 年代初，专家们警觉到人口增长的速度可能成为隐忧，1980 年 9 月 25 日党中央发表《关于控制我国人口增长问题，致全体共产党员、共青团员的公开信》，提倡“一对夫妇只生育一个孩子”。此后人口增长率没有出现回升的迹象，此时虽然增长率下降，但是人口总数已然很高。1991 年我国总人口增长至 11.58 亿人，20 世纪 90 年代后人口增长率随即开始下降，1991 年的增长率为 1.30%，此后逐步下降至 2011 年的 0.48%，此时总人口达到了 13.41 亿人。

3.2010 年至今

我国人口增速缓慢，同时出现了城市生育率下降、乡村生育率偏高，人口增长不均衡的问题，2013 年 11 月，党的十八届三中全会审议通过《中共中央关于全面深化改革若干重大问题的决定》。该决定提出，坚持计划生育的基本国策，启动实施一方是独生子女的夫妇可生育两个孩子的政策，逐步调整完善生育政策，促进人口长期均衡发展。2014 年人口的增长率相比 2013 年提高了 0.03%，但是提高幅度较为有限，2015 年 10 月 29 日，党的十八届五中全会决定，坚持计划生育的基本国策，完善人口发展战略，全面实施一对夫妇可生育两个孩子政策，积极开展应对人口老龄化行动。2016 年人口增速比 2015 年再提高 0.09%，但是到了 2017 年又下降至 0.53%，显然，随着社会经济的发展和人们观念的转变，全面“二孩政策”效果也十分有限。虽然人口增速下降，但是 2017 年我国人口总数还是达到了 13.90 亿人。

我国未来人口拐点可能在 2030—2034 年出现，预期人口峰值可能为 14.51 亿 ~14.75 亿人，2035 年人口总量可能会达到 14.58 亿 ~14.73 亿人。

二、从人口结构变化看商业模式的发展

随着国民平均寿命增加和人口出生率降低，中国人口结构中青少年占比逐渐降低，老龄人口占比上升。据预测，到 2035 年，我国 65 岁以上的老龄人口将达到 3.49 亿人，接近人口总数的 25%，如图 6-2 所示。

我国青少年在总人口数中的占比逐年下降，1990 年，中国 0~14 岁的青少年占比 27.7%，2017 年青少年占比下降至 16.78%。而老年人口占比上升，1990 年 65 岁以上的老年人口占比 5.6%，2017 年老年人口占比达到 11.4%。这些变化导致我国人口结构从金字塔形逐渐变为长方形，如图 6-3 所示。

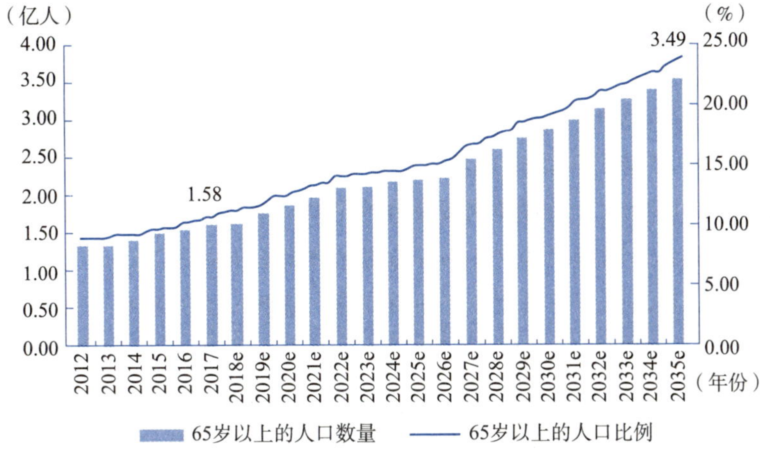

图 6-2　中国未来 65 岁以上人口数量和比例

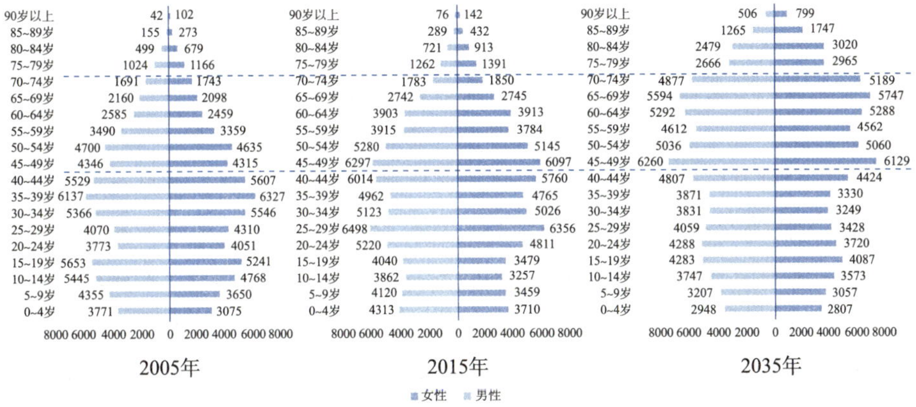

图 6-3　中国人口年龄结构变化趋势（单位：人）

1. 抚养比呈现先降后升趋势

抚养比是指社会中主要劳动力与受抚养人数的比例关系，1990 年的抚养比为 49.9%，此后逐步下降，2010 年降至 34.2%，然后逐步回升，2017 年升至 39.2%。抚养比例的增加，代表着未来社会中的主力劳动群体的家庭抚养负担将会增加，这种现象可能使得这些有抚养责任的人群在消费时趋于保守。

2. 在职、离退休比率从 5.39 下滑至 2.53

1989 年，我国城镇基本养老保险覆盖人口总计 0.57 亿人，其中在职员工 0.48 亿人，离退休人员 0.09 亿人，在职员工与离退休人员的比值为 5.39。2017 年，我国城镇基本养老保险总计覆盖 4.02 亿人，其中在职员工 2.88 亿人，离退休人员 1.14 亿人，在职员工与离退休人员的比值为 2.53。支付金额上，我国城镇基本养老金对于在统筹范围内的退休人员，支付金额从 1990 年的每月 627 元，提高到 2015 年的每月 2304 元。

三、“泛 90”人群的消费理念将主导大多数企业的发展策略

我们一般将人口年龄群分为“70 后”“80 后”“90 后”，主要是比较容易识别，但一些社会学学者从社会发展与环境变化的角度出发，认为 1985—1995 年出生的群体可能更具有相似的特征，所以在营销上我们还有一种区分方式叫作“泛 90”。所谓的“泛 90”，就是指那些 1985—1995 年出生的人群。目前这些人的年龄处在 25~35 岁，已经有几年的工作经验，一些佼佼者甚至已经开始进入管理层。目前这些人已经是社会劳动力的重要组成部分，他们具有以下明显的特征。

1. 互联网原住民

这一人群的学习与成长过程正好处在互联网起步时期，2000 年网络泡沫化时，“85 后”的人群正好还在高中时代，接下来几年互联网复苏，开始进入高速发展阶段，“85 后”正好进入大学，正逢互联网大浪潮的时代开端，所以这些人对互联网的接受度自然是较高的。随着这群人毕业进入职场，他们的工作、生活、社交都与互联网关系密切。

2. 喜欢彰显个性

这一人群与 1970—1985 年出生的人群在个性上有显著差异，因为他们成长的时期正逢改革开放成效逐渐展现，国内经济状况持续改善，所以家庭的可支配所得也高于过去，这群人更是父母、祖父母 6 个长辈的宝贝，因此在生活条件上更为优渥，他们已经不需要靠名牌来衬托自己的经济条件，他们不像自己 20 世纪 60—70 年代出生的父母那一代人那样喜欢名牌，他们更强调个性的彰显，这种特质也影响了他们购物时的选择与偏好。

3. 超前消费

这一人群在其成长时期，家庭经济较为宽裕，所以消费能力更强，加上对于未来的乐观以及一些商业活动催化养成的习惯，这一人群更乐于提前消费，也就是先花钱再赚钱来还，从花呗等消费性贷款平台的快速成长以及消费性贷款创造的庞大市场规模就可以看出端倪。

4. “泛 90”人群消费占比高

“泛 90”人群在人口结构比例上降低，但是因为消费提前、敢花钱，以致从消费总额来看，他们却是消费的主力。因为“60 后”“70 后”的人群还存在抚养的压力，而这个压力对于“泛 90”人群而言还未出现，再加上父母在财务上给予的支持，因此“泛 90”人群在消费支出上一点儿也不保守，即使其人数占比下降了，但消费占比依然呈上升趋势。

四、从宏观的人口趋势看未来的市场导向

从上述关于中国人口趋势的讨论中我们可以总结出几个重要的线索，中国人口的增长速率已经减缓，人口的出生率也明显下降，人口的平均寿命也显著延长。这意味着在 10~20 年后，中国人口将逐渐走向高龄化，而且届时年轻人赡养老人以及抚养其子女的压力将会增大。国家在社会保障方面的支出也会逐渐增加，届时的“中老年人”其实是现在的“青壮年人”，所以他们的消费习惯也和现在的老人不同。这些未来的老人，都是互联网的原住民，他们的基本经济能力也会显著高于现在的老人，这种社会趋势体现出了面向老龄人口市场的机会。除了面向老龄人口的市场，另外一个值得关注的是“泛 90”人群，他们将成为消费市场的主力，他们与“60 后”“70 后”人群有着显著的消费特性差异，他们追求个性化、提前消费的倾向，值得特别关注。

本章总结

本章从宏观经济的视角讨论未来中国的社会结构，特别关注老龄化以及“泛 90”人群所造成的影响。老龄化的主要原因是，随着社会的进步，经济

条件的改善以及医疗体系的进步，人口的平均寿命显著提高。而目前的“80后”“90后”人群则因为社会观念改变，年轻人经济压力增大，以致少子化成为一个较为普遍的现象。从长期来看，高龄人口数减少放缓，新生儿人数增长放缓，也将导致中国人口结构从金字塔形逐渐变为柱形，甚至逐渐成为高龄人口占比较大、低龄人口占比较小的“倒梯形”。而这些未来的“老年人”的消费能力也显著高于现在的老年人，所以满足老年人的生活需求，将成为一个新的重要市场。

此外，“泛90”人群虽然在占比上缩减，但是消费能力却显著提高，这也是一个值得特别关注的市场区隔。

课后思考

结合本章所讨论的关于消费人口变化的两个重要趋势：人口老化及“泛90”新一代消费人群，我们思考一下，这些趋势会对公司的产品与服务产生什么影响，是否需要调整公司经营策略？

第 7 章

影响企业未来发展的主要趋势

——以四大行业为例

Enterprise
Digital
Transformation

07

数字化转型的首要工作——评估未来的大环境，决定企业的基本方向。数字化转型的工作不能仅限于技术的讨论，还需要从更宏观的视角，在更长的时间轴上，重新审视整个行业的走向。为什么企业家必须先从宏观趋势着眼？因为在这个不断变化的大环境当中，客户的需求也会“与时俱进”，这些趋势更会影响企业未来“能做什么”（What），就是企业到底能提供给客户什么价值，亦即我们常说的企业价值提议（Value Proposition）。那么什么是宏观思考、如何进行宏观思考呢？就是要先找出影响未来行业发展的主要技术或产业的趋势。我们称之为“框架型思考模式”，我们建议采取专家咨询、企业内部论证或是开放式研讨，来发现并发掘这些趋势，接着再进一步探索这些趋势将对企业的价值提议、核心流程、组织、能力产生什么影响，而这些受影响的维度，极可能就是企业数字化转型首先需要考虑的重点。在本章中，我们将以汽车、零售、大健康、金融等四个重要行业举例说明。

一、影响汽车行业的三个重要趋势与企业的战略思考方向

1. 影响汽车行业的三大趋势

我们认为，有三大趋势影响汽车行业发展，如图 7–1 所示。这些趋势将会影响整个汽车行业的结构与发展，涉及汽车行业的供应链、生产技术、销售模式、售后服务等多种业务范围，我们先看看这三大趋势。

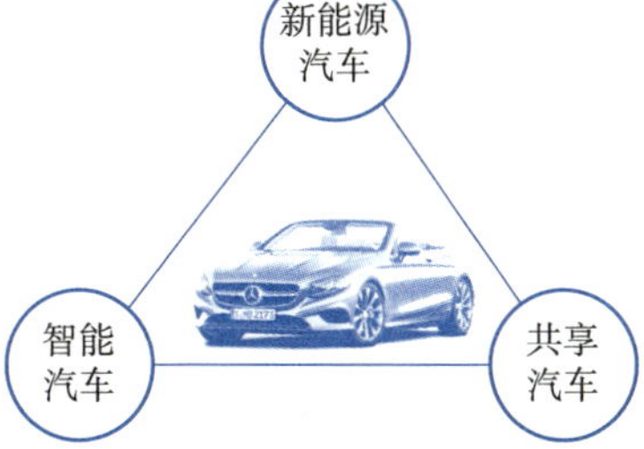

图 7–1　影响汽车行业的三大趋势

（1）新能源汽车：新能源汽车占比逐渐增高，电动汽车动力总成的制造更为简单，而且不需要传统的传动系统。

（2）智能汽车：通行方式发生的颠覆性转变将对人们生活的方方面面产生影响。试想，如果我们在通勤过程中，坐上自动驾驶汽车，就能轻松准时到达办公室，不再需要一直聚精会神地掌握方向盘，我们是否更愿意调整住所的位置？让城市居民产生将住所搬到郊外的意愿？还有，如果居民的分布开始转变，对于未来的公共交通系统又将会产生什么影响？

（3）共享汽车：如果车辆可以按需提供，随用随达且无须担心停车问题，又能有清洁、舒适的体验，我们还不用担心加油、保养与保险的问题，那么我们还有必要买车吗？

2. 汽车业需要问自己“未来我们的核心价值是什么”

基于上述三个大环境的趋势，对于百年来以内燃机和传动系统为核心的传统汽车业，我们过去所积累的技术优势在未来意味着什么？我们原来能够提供的价值，未来是否还有意义？我们未来的竞争基础或是核心价值将会是什么？整个行业将受到什么样的冲击？

让我们看看汽车行业价值链上的主要环节可能会发生什么变化。

（1）对于汽车生产的影响。从生产的视角来看，汽车行业价值链会出现什么情况？可以预见的是，整个汽车行业制造流程将实现数字化，工厂几乎完全自动化，无须人工干预即可按照订单自动完成汽车生产，这种前景简直无可限量。更重要的是，由于未来的智能汽车主要是依靠软件管理，所以模块化的集成必然更加明显，汽车的供应链与生产体系也将有重大改变，传统的汽车零部件供应商大多不再仅提供单个零部件，而是提供整个系统，这些供应商也可能将自身产品延伸到整个软件控制模块。例如，德国大陆集团（Continental）就已经不再单纯提供轮胎，而是提供整个底盘和驱动组件，同时大陆集团还围绕互联网汽车开发各种产品。此时，零件不再是零件，而是组件。另外，德国汽车零部件制造商采埃孚（ZF Friedrichshafen）原来是一家传统汽车零部件制造商，而目前出售整车底盘和动力总成组件、驾驶员辅助系统以及刹车和转向系统，为了应对电动汽车的兴起给汽车传动系统带来的威胁，已经启动了业务多元化战略转型，这家传统的汽车零件供应商，将承担主机厂的部分研发工作。同时，这些公司也正在研发电动动力总成和自动驾驶解决方案。如此一来，汽车零部件供应商就承担了原本应由汽车厂商做的很多研发工作，而现在的汽车制造商，就可能转变自身角色，他们的角色有可能变成将组件进行组装，然后将其核心功能与终端客户相连接的新型汽车制造商。也就是说，供应链角色转变，使得汽车品牌厂家提供的价值从原来的动力、原件、整车生产角色，转变为更贴近用户的汽车功能整合与增值服务商，他们将成为把需要的组件进行整合的“软件厂商”。

（2）对于汽车需求与汽车销售模式的影响。随着自动驾驶技术的逐渐成熟和推广，人们对于汽车的概念将发生转变，电动车、自动驾驶的发展，使得“汽车驾驭感”这件事将会渐趋式微，因为传统工艺生产出来的跑车加速再快，可能也不及一辆电动车的加速快！汽车将成为“只是出行代步的工具”，所以“拥有车”的概念将逐渐转变为“使用车”的概念，“移动、安全、舒适、方便”将成为消费者对汽车的要求。由于自动驾驶技术的普及，计程车真人服务将被人工智能取代，不再有对司机的需求，这一变化与用户“使用车”的态度同时形成，将使消费者租车的数量大幅上升，买车的数量也会下降。因为自动化的趋势，出租车的管理更需要数字化能力的加持，这些数字化软件的相关投资将是巨大的，所以必须有更大的使用规模才能摊平管理软件的研发成本，出租车公司的规模效应也将在此时得到体现，个人出租车将大量减少。与此同时，很多汽车制造企业也将直接进入车辆出租服务的市场，通过软件来管理大量的自动驾驶出租车。

（3）对于汽车售后体系的影响。汽车售后维修和服务行业将会受到何种影响？与传统汽车相比较，电动汽车因为结构比较简单，没有复杂的发动机与传动系统，不需要频繁维护保养，因此对现有售后维修和服务体系的需求会大幅减少。另外，在工艺方面，汽车的生产已经转为模块化，小的零部件已经与模块化的模组不可分割，一旦某个模块出现问题，要么进行软件的调适，要么更换整个模块，不会像传统汽车那样更换小的零部件，所以无论是汽车 4S 店还是独立的车辆维修连锁店，技术要求也不一样了，这种趋势对于汽车后市场行业将产生巨大的影响。

3. 专业咨询公司麦肯锡对于汽车行业未来的预期

麦肯锡一项报告指出，谷歌和优步（Uber）等新晋竞争对手，将在汽车行业的总体收入中占有相当大的份额。这意味着“用车”创造的价值将比“拥有车”创造的价值更大，麦肯锡对此给出了以下三项重要观点。

（1）数字战略对汽车公司至关重要。现有汽车制造商和众多供应商的命运将取决于他们在数字化战场上的表现。

通过互联互通，汽车能够不断发送并计算各种数据，这将是更重要的价值来源，许多专家更是认为汽车的场景链接能力比手机强。麦肯锡调研指出，软件功能至关重要，该公司在2014年的一项调研显示，20%的购车者表示，如果其他品牌有更好的网络连接功能的汽车，他们会转而购买该品牌汽车。2015年这一数字的比例更是上升至37%，尽管一些关注个人信息安全的人士认为，消费者可能会担心他们的数字轨迹被泄露，但76%的受访驾驶人的看法是，如果能取得更好的服务，他们对共享自身数据并不那么担心，驾驶人很乐意告诉自动导航系统他们所在的位置。

麦肯锡预估，2030年全球汽车行业总收入将每年增长4.4%，行业整体规模将达到6.7万亿美元。除销售收入、客户服务以及维修收入以外的经常性收入，如使用车载软件所提供的服务，将出现更快速的增长，客户每年为与汽车相关的所有数字化服务（联网用途）所支付的金额将高达1.5万亿美元。

（2）软件与数字产品将成为汽车制造厂家的核心能力。未来，软件将成为不同车型之间产生差异化的重要因素。即使是现在，不同汽车所使用的控制软件代码的平均行数也高达1亿行。到2030年，预计代码行数将达到3亿行，这也意味着传统汽车制造企业需要提高自身的软件生产能力。

自动驾驶系统不仅使乘客可以安心地坐在后排座位上，还能够自动寻找附近空闲的停车场地、预订餐厅席位或者预订酒店房间。自动驾驶系统可以在车辆被盗的情况下进行车辆定位。车载传感器还可以监控车辆内部的机械状况，例如，在零部件出现磨损和需要保养的情况下，及时通知驾驶员。保险公司当然也不会浪费这样的机会，各公司会在行驶数据的基础上计算驾驶员的风险系数，这些与风险相关的数据包括行驶里程、平均速度以及自动或辅助驾驶系统的干预次数。

（3）汽车行业未来的主要收入来自售后服务。麦肯锡的一项研究预测，2020年汽车产业的总市场规模是3.47万亿美元，主要由销售与售后两大收入组成，分别为2.75万亿美元以及0.72万亿美元。2030年，汽车产业的总体收入将增加至6.7万亿美元，其中新车销售将达到4万亿美元，售后维修与零配件将达到1.2万亿美元；另外一个最大的增量发生在新经济经常性收入，总额达 1.5 万亿美元，这些经常性的收入来自汽车共享、软件服务、数据服务以及娱乐。2030 年卖车与其他收入比为 1 ∶ 0.6。但是更值得注意的是，因为软件服务的可复制性高，其边际成本极低，所以卖车与用车、车后服务产生的利润比是 1 ∶ 3（见图 7–2）。无怪乎德国汽车制造商戴姆勒、宝马和奥迪急切地以 28 亿欧元为代价，联合收购了诺基亚的 Here 地图服务，以避免在自动驾驶领域丧失先机。

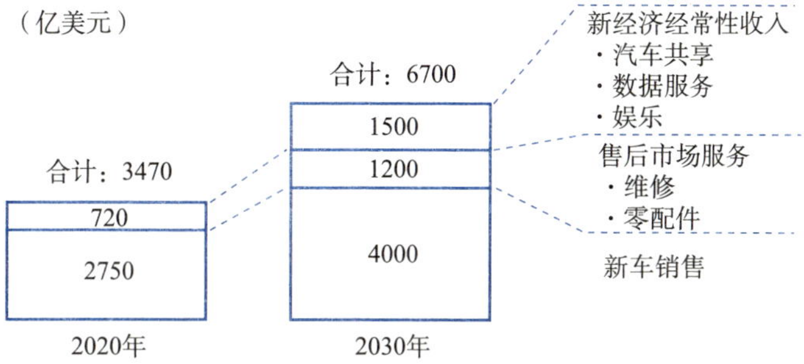

图 7–2　汽车行业未来的主要收入结构单位

注：2030 年卖车与其他收入比为 1∶0.6，但是利润比为 1∶3。

资料来源：麦肯锡调研所得。

案例 2：福特汽车比尔·福特（Bill Ford）说，我们将成为会造车的“软件公司”

福特汽车创办人亨利·福特的曾孙，福特汽车现任董事长比尔·福特（Bill Ford）正在引领这家老牌的汽车巨头开展一系列看起来跟造车毫无关系的高科技试验。2001 年，在一场 TED 演讲中，比尔·福特提出了他的愿景，他说福特汽车将成为会造车的“软件公司”！这是该公司有史以来最大的一次转型。比尔·福特说：“汽车业已经有 100 多年的历史，我们有过一系列的演进，但是没有革命，现在我们正站在一系列革命的前沿，新能源以及自动驾驶技术，这些新技术将对产业的现在和未来造成冲击，并带来真正的改变。”

比尔·福特提出的方向是，专注“移动”与“电动”，他认为汽车厂家商业模式的演进，将是“全方位地从汽车动力总成的类型改变、汽车的智能化再到汽车保有模式改变（共享）等三个阶段”，他提出将福特转变为有移动互联网技术加持的汽车公司，他认为造车仍将是福特业务的一大部分，但福特正致力于创造一种新的附加值并引领至关重要的商业模式变革，福特将朝着转变为“智能、电动”为基础的高科技企业努力。福特将投入45亿美元到电动汽车的研发上，目标是实现汽车电动化配置中40%的技术项目自研。同时他也提出，仅仅关注硬件的汽车厂必然会灭亡！福特前CEO马克·菲尔兹（Mark Fields），用了苹果和诺基亚的对比来说明福特不仅要做车，还要成为具有移动互联网技术特点的公司。苹果的成功在于打造出绝佳的客户体验和庞大的生态体系，菲尔兹也强调“汽车制造商如果还是仅仅关注硬件，最终将会导致灭亡”。

比尔·福特也提出了福特的智能出行方案，2011年在他的另一次TED演讲中，他又提出了一个更完整的智能出行解决方案，该方案包括汽车共享和行人专用区等。他指出：“我们会生产智能汽车，但也需要建设智能道路、智能停车、智能公交系统等。”动态接驳（Dynamic Shuttle）项目的开展，就是一个例子，这个试点项目是对福特园区各个工厂之间共享乘车进行定制设计。福特也打算把这一概念扩展到全球各地的城市，填补出租车和公交车的空缺。如果此举成功，福特将进入Uber和Lyft的领地（Lyft是类似于Uber的企业），福特同时投资了Lyft，作为进入汽车使用服务行业的入口。

在汽车行业，大幅度转型的企业并不是只有福特，其他主要的汽车厂也都有着类似的战略动向，如奔驰公司、丰田公司。

（1）奔驰汽车公司数字转型策略——CASE。CASE模式，即“连接（Connected）、自动（Autonomous）、共享（Shared）、电动（Electric），英文首字母的组合”。其中“连接”就是互联网化的连接功能，让汽车传送车辆信息，并且让汽车成为乘坐者对外的联系平台，可以使用通话、预订服务等场景功能；“自动”则是数字化的自动驾驶汽车；“共享”则是奔驰汽车公司也企图走入Uber的领域，提供共享汽车；“电动”则是动力系统从传统发动机转变为电动机。我们可以发现，奔驰汽车公司的数字化愿景已经不再提及传统汽车行业经常提到的速度、动力、舒适、安全等词语，而是将重点放在了互联共享以及新能源上。

（2）丰田汽车推出出行服务平台。丰田汽车公司最近宣布了从汽车生产商向出行服务平台转型的计划，为了实现这一转型，丰田汽车公司专门成立了“连接公司”（Connected Company）。丰田汽车公司推出的首个出行服务产品名为e-Palette，提供点对点的汽车共享服务。

4. 中国汽车行业

（1）中国拥有全球最大的汽车市场。毫无悬念，中国拥有全球最大的汽车市场。2020 年年末，当德国总理默克尔要求德国企业不要过于依赖中国市场时，奔驰汽车 CEO 首先提出反对，并指出 2019 年奔驰在美国销售 35 万辆汽车，而在中国销售了 70 万辆。特斯拉 2020 年投资中国汽车生产线，计划年产量 40 万辆汽车，中国的生产线也是特斯拉在全球范围规模最大的生产线之一。显然，中国拥有其他国家无法比拟的优势，这包括良好的基础设施、4G/5G 移动通信网络、北斗卫星导航系统等，更有众多实力强劲且对车联网市场野心勃勃的互联网全球领军企业，如阿里巴巴、腾讯、百度、华为等公司，这些无疑都让中国拥有成为全球最大车联网市场的潜力。

（2）中国政府提出智能汽车发展战略。中华人民共和国国家发展和改革委员会在最新发布的《智能汽车创新发展战略》（发改产业〔2020〕202 号）中明确提出，智能汽车新车占比在 2021 年达到 50%，在 2025 年达到 100%。中国汽车用户也用更开放的态度拥抱数字化，麦肯锡的一项报告显示，93% 的中国用户愿意与汽车制造商分享位置信息，而该比例在德国和美国分别是 65% 和 72%，这种态度对于中国推动智能化出行无疑是更积极的支持。中国的消费者对智能化汽车的要求也高于其他欧、美、日主要国家或地区，当被问及“如果只有一家车企能够提供应用程序数据与媒体服务，您是否会转向该车企购买新车”时，60% 的中国受访消费者表示会立刻转向这家车企，而在德国和美国的受访者中，这一比例分别为 20% 和 33%。

（3）上汽集团与阿里集团合作“斑马智行”，打造车联网。2016 年，中国上汽集团与阿里巴巴在车联网方面达成深度合作意向并成立 了合资公司“斑马智行”。通过这家合资企业，上汽与阿里巴巴双方打通了数据通道，“斑马智行”车联网的应用已经通过多款量产的荣威、名爵汽车推向消费者，这些汽车让车主可以用语音与汽车互动，只要以“你好斑马”呼叫，就可以启动对话，“斑马智行”可以让车主通过语音实现控制天窗、开关空调或是温度控制、导航等功能；在社交方面，“斑马智行”提供车友车队对讲以及“小爱同学”等 AI 萌宠服务和其他场景化服务，例如，特定消费场所（餐厅等）预订，并且链接超级生态（阿里生态、喜马拉雅、快手短视频等），车辆自检，预约保养，手机远程开启空调、启动车辆等，在拥有这些功能后，汽车将比手机的连接性更为强大。

（4）华为推出全新汽车平台。华为过去几年在产业发展策略上，从手机制造商逐步发展为电信设备供应商，华为 5G 技术的发展无疑已经占领了全球的制高点，华为曾经一再说“华为不造汽车”，然而在 2021 年 4 月的上海汽车展中，华为发布了它全新的汽车平台，这个汽车平台基于华为的红外线热感技术，在自动驾驶的精准度方面更是超越了大多数的竞争对手，当许多国外品牌汽车厂由于红外热感技术价格昂贵而不敢轻易采用时，华为的技术创新降低了这种设备的成本，并且华为汽车平台的自动驾驶系统对地面环境的掌控能力更胜一筹。华为作为一个非传统汽车企业，通过软件与智能技术，使制造功能更强大、价格更低廉的汽车成为可能。任何想要生产汽车的企业，只要在华为平台上加入汽车外观设计以及内饰，基本上一台汽车就诞生了，如图 7–3 所示，华为的这一技术明确地向世界宣告，汽车产业结构的革命已经非常清晰地开始了。

图 7–3　华为新型汽车平台

上述我们是以“行业关键因素”的模式为起点，探索汽车业的未来以及汽车企业的应对策略。接下来我们再针对零售、大健康、金融等主要行业，用同样的逻辑，先找出影响行业发展的主要因素，再从每一个因素深入探索对行业的影响，以及这些行业该如何思考自身的数字化的未来。

二、影响零售行业的五个重要趋势与企业的战略思考方向

阿里巴巴集团的马云提出的新零售的概念，引起了零售行业的很大反响，新零售其实就是数字化转型的重要类型之一。我们可以从五个发展趋势来审视零售行业的数字化战略思考方向，如图 7–4 所示。

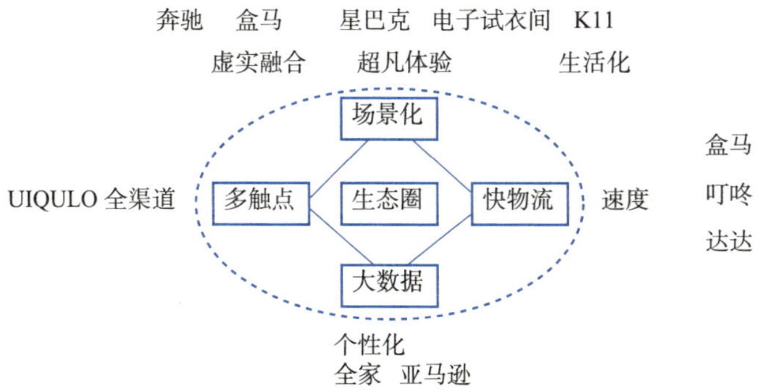

图 7-4　改变传统零售行业的五个关键趋势

1. 多触点

“多触点”即我们通常讲的全渠道（Omni-Channel），全渠道策略需要思考企业与客户的所有可能接触点，从传统的门店接触，到网上接触，再到进一步融合线上与线下的接触与交互体验。为什么多触点的体验设计很重要？因为多触点可以满足消费者购物时的两个重要需求——信息需求与便捷需求。

现在，很多消费者在门店中发现一个自己感兴趣的商品后，会习惯性地扫码或是拍摄影像，立即从网上搜索商品的价格、详情说明以及来自其他消费者的评价，这就是满足消费者的信息需求。当然，也有一些消费者在网上搜索到感兴趣的商品并详细了解该商品的功能、材质等特点后，会再到门店去实际体验一下这个商品，之后才会放心购买。这时如果能提供给消费者距离他们最近的有库存的门店地址信息，就能够加快促成消费者的购买行动，避免消费者因为犹豫而改变主意，这就是满足消费者的便捷需求。

不仅在日用快消品的营销中需要做到满足以上两种消费者需求，在非标准化产品或是需要实际体验才能放心购买的产品的营销中，更要注意满足这种需求。例如，消费者购买服饰的时候，不仅看设计，还需要对面料有更直观的感受。购买酒类产品，不仅要看产地、看成分，更要亲自品尝，获得更直观的口感。家居产品和服饰一样，也要有触感体验。

对于日常快消品的营销，“多触点”解决了消费者对于便捷的需求；对于体验型产品，“多触点”则解决了消费者快速搜寻商品详情、口碑，进行快速比价并制定购物方案等的信息需求。

2. 场景化

传统的零售模式，是让商品静静地陈列在货架上供消费者挑选，很难激起消费者的购物欲，而“场景化”就是让消费者在不同的环境当中接触到商品，让这些场景化的信息激起消费者的购买欲望。

场景化策略又可以分为虚实融合的场景设计、超凡体验的场景设计以及生活化的场景设计三大类型。

（1）虚实融合的场景设计。虚实融合的场景设计，首先要考虑如何让消费者在线下场景中直接获取线上的信息。同时，也要设法让消费者在线上快速获得线下门店提供的服务与体验。

盒马鲜生和奔驰汽车公司在虚实融合的场景设计方面较为典型。盒马在店内销售肉制品和海鲜等产品，消费者可以在店内购买，店内加工并马上享用，也可以在网上下单送货到家。奔驰汽车公司的客户可以通过小程序，直接预约车辆的维修，这样可以节省到店的排队时间。奔驰的小程序也容许客户在送修车辆后，即使返回家中或办公室，也可以通过小程序查看车子送修后的实时修理状况。这种虚实融合的体验让消费者更为安心。

（2）超凡体验的场景设计。超凡体验的场景设计就是通过门店的设计给消费者带来多方面的冲击，直接以现场的氛围刺激消费需求。星巴克与阿里合作的烘焙工厂就是很好的例子，消费场景中凡是能够带给消费者视觉、听觉、味觉、嗅觉、触觉的场景全部经过精心构思和设计，更以进店、点餐、支付、开票、消费的整个过程数字化为辅助，给消费者难忘的消费体验。此外，现在一些购物中心的品牌服饰店，也采用了电子试衣间（又称为魔镜），这种装置可以让消费者不用麻烦地更衣，就可以从镜子当中看到自己的穿着、搭配效果，这种设计给客户极大的便利，也可以加速促成消费者的购买决策。

（3）生活化的场景设计。这方面典型的例子是上海的 K11 体验式购物中心，它抛弃了传统购物中心单一的模式，进而采取生活场景式的综合性规划，引进的商家经营范围更加广泛。例如，不仅仅有服饰、食品，还包含了与生活相关的花艺、健康、美容等业态，使消费者进入 K11 购物中心后，可以更加完整地进行“一站式”生活体验。

3. 快物流

商家需要考虑消费者居家、办公或是在户外某个地方的多重场景，使物流更加多样化。传统的电商送货，能够做到次日达就已经是很了不起的成就，然而在外卖模式推出后，网上点的外卖热食，是不可能接受次日送达的。现在通过社会化的物流资源，国内大城市中的大多数商家已经可以实现 30 分钟送达。如果没有这些 30 分钟内送达的社会化物流资源，绝大多数的餐饮、服务、生鲜食品商家，将无法挖掘并满足客户在任何场景、地点下的即时性需求。

4. 大数据

零售行业从业者通过大数据可以更精准、实时地掌握客户信息，洞悉客户需求，推荐适合的商品。比较著名的案例有亚马逊的“也购买了”（Also Buy）这一网站的推荐功能，其能够预测当某一个消费者买了某种商品后，还有可能买哪些别的商品。另外，中国的全家便利连锁店，其采用大数据追踪客户的消费动态，对于可能流失的消费者在最有效的时间内，展开个性化的会员挽回活动，这也是大数据时代零售行业的典型做法。

5. 生态圈

生态圈是一个最近几年被提出来的新商业模式，它强调的是如何结合群体的力量提供给特定客户更好的服务或是体验，生态圈中的企业之间的关系是协作而非竞争的。最著名的案例应当是阿里集团的淘宝、支付宝以及菜鸟物流，淘宝作为销售的平台，聚拢买卖双方完成交易；支付宝作为支付工具，同时是买卖双方履行各自义务的中间协调者；菜鸟物流则完成配送。因为一个商家不可能自己建立支付体系，即使商家自行提供支付功能，也无法获得消费者的信任，所以平台提供的支付与物流服务让买卖双方更放心。在这个平台做生意，商家也无须自己送货，而是通过平台上的物流服务商，高效、低成本地完成货物的运送与交付。这三个群体合作，就能够帮助卖家更有效率地完成每一笔交易，令买家更满意。现在零售企业在设计未来的新模式时，也应该思考是否有机会建立自己的生态圈，以及如何搭建自己所在行业或属于自己企业的生态圈。

作为一个零售商，无论是商超这种快消行业，还是汽车、家电这种耐用消费品行业，都应该从上述这五个零售行业正在发生的主要变化趋势出发，评估自身如何在这五个维度加强数字化能力的构建，以吸引客户，创造更大的价值。

三、影响大健康行业的四个重要趋势与企业的战略思考方向

在大健康行业中，从业者不能只是抱着传统的“医院”思维，把自己当成是“机关单位”，认为消费者都是有求于自己的，所以不在乎服务的好坏或是客户的体验。医疗单位需要企业化经营，应该具备以客户为导向的营销观念，从业者需要关注移动互联、远程技术、数据与智能、生态体系等四个技术与趋势（见图 7–5），审视如何应用这些数字化的技术与趋势，提升大健康行业的客户满意度与客户价值，否则未来很难再进一步发展。

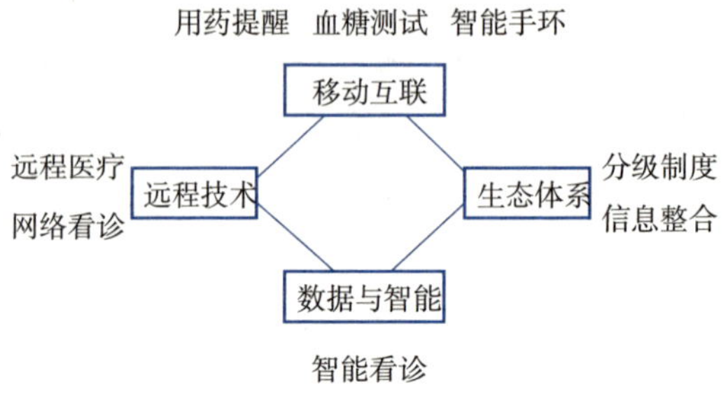

图 7–5　影响大健康行业的四个重要趋势

1. 移动互联

这里所说的移动互联包含了蓝牙与传感器技术（属于物联网范畴），因为这些技术的发展，使得我们可以实时监测特定病患的身体状况，如血压、心率、血糖、血氧等，这些技术可以向医生提供更完整的数据，帮助他们对病情进行研判，也可以实时提醒病患用药时间和用药剂量。很多医疗机构在接受笔者的访谈时会说，这些数据是受到保护的个人隐私，或是说这些传感器设备不是医院的设备，所以这些方法在大健康医疗领域是无法推行的。其实笔者认为这是大健康行业如何构建大健康生态圈的问题，因为有许多设备厂家愿意与医院合作，只是过去没有较好的思路可以构建共赢的商业模式并保护消费者的个人隐私，双方只站在属于自己一侧的“河边”，抱怨这条监管鸿沟（数据保密）的存在，而没有一方提出“架桥”的方案。其实如果医疗单位能够与这些设备厂家密切合作，构建出一个双方有利、病患受益，而且合规的方案并不困难，例如，可以通过医院与设备商合作，由医院提供可穿戴设备给病患，在取得病患同意的前提下，将病患的数据提供给医疗单位，进行实时病情监控，在第一时间采

取行动，挽救病患的生命，病患又怎么会不同意这样的方案呢？

另外，医院内部的流程数字化，也需要移动互联网的支持。过去病患最大的问题是，排队挂号、排队候诊，相信所有去过公立医院的人都有过这样的体验：一大早去医院排队，一两个小时后看到医生没说几句话，医生就让病患去拍 X 光、验血、做 CT 等，这时又得先排队缴费，再排队等候检查，等到检查完毕，医生已经去吃午饭了，病患赶紧去买个盒饭继续排队，好不容易等到下午医生回来，又只是三两句话就直接开药方，告知病患先吃这种药试试，一个疗程后再来复诊。病患拿着医生的处方去柜台排队付钱，付完钱，运气好的可以直接到药房排队领药；运气不好的，领了药又得去排队等待注射……这样“医院一日游”的行程，终于在“等、等、等”的状况下，随着医生们的下班而结束。而通过移动互联技术以及免密支付，可以方便快捷地解决这些排队付钱的问题。

2. 远程技术

远程技术在中国市场的发展前景比任何国家都要广阔。因为中国幅员辽阔，但医疗资源集中于少数发达城市，许多城市缺乏良好的医疗资源，一旦患上特殊疾病，患者就必须到发达城市的医院去诊疗，时间成本高，时效性差，所以如果能够推行远程医疗，对医者、患者都大有裨益。过去远程技术只停留在远程看诊的服务上，现在因为 5G 技术渐趋成熟，通过网络传输的画面内容更为清晰，延迟几乎为零，即使是对精度要求极高的手术也具有可行性。如果能够在全国各地推广远程技术，对处在偏远地区的患者来说将是巨大的福利；对医院而言，远程技术也突破了地理空间上的限制，市场潜力和商业价值巨大无比。

3. 数据与智能

数据与智能在大健康行业有两种主要的用途，首先是对区域传染性疾病的掌控，例如，在 2020 年全球暴发的新冠肺炎疫情中，我国很快推出了基于大数据的健康安全码与行程轨迹，将个人出行到哪些城市、在路途中接触过哪些人，进行大数据分析比对，可立即发现我们是否直接或间接接触过高风险病患或途经高风险地区，并采取相应的应对措施，通过这样的大数据应用，有效地控制了国内的疫情。

其次数据与智能也可以应用于病情分析，例如，根据 DNA 预测家族性疾病。好莱坞影星安吉丽娜·朱莉曾通过基因诊断发现自己携带有 BRCA1 致癌基因，这意味着她有 87% 的可能性会患上乳腺癌，而她的母亲就是因此过世。为了防患于未然，她决定切除双侧乳腺，完成手术后她罹患乳腺癌的可能性降到了 5% 以下。

4. 生态体系

生态体系的概念很早就在大健康行业中得到了应用，只是过去的应用面很窄。其实，真正的大健康生态体系是可以做到让各级医院、医药生产企业、药品零售店、健康调理、医疗设备厂家、复健医疗等行业都受益，同时病患也能得到更多的好处。在针对医院的访谈过程中，笔者发现两种极端的现象，首先是大城市的三甲医院人满为患；其次是社区中、小医院无人问津。主要原因就是医疗体系不完善，资源过于集中，使得中国的病患更相信大医院医生的医术，所以只要稍微重的病就往大城市三甲医院跑。在三甲医院，患者排队几个小时，医生为患者诊疗的时间只有短短几分钟，这样的医疗质量怎么会好？

生态体系的做法可能是医疗分级，小病就到社区诊所，大病到三甲医院，疑难杂症才到大学的医学中心。当然这样的诊疗分级制，需要对医疗资源进行重新梳理与释放。在一些医疗体系比较完善的国家或地区，医学院的毕业生首先是跟随老师在教学医院（最高级别的医院）实习，然后在该医院担任驻院医师，在这几年当中，这些新医生会比较辛苦，白天看诊，晚上还要值夜班在医学中心，实习医生们遇到问题时可以就近向他们医学院的老师请教、学习，观摩临床，几年经验积累下来，他们成了主治医师，可以独当一面，解决大部分疾病问题，只有遇到疑难杂症，才需要向老师或是医院的同僚请教。经过几年主治医师的历练，有的医生可能会进入社区医院。由于地区分级制度以及社区医疗体系的规则，这些诊所负责解决当地社区居民的一般疾病，因此也会保有病患的完整病史数据，当社区医院医生遇到了疑难杂症，又可以回到教学医院请教他们的老师，如果社区医院无法解决病患的问题，则为病患安排转诊，转诊病患可以获得教学医院更有经验医生的优先诊疗，而此时的诊疗医生也已经具备了完整的病历资料，可以有效提高诊疗的质量。

一个完整的医疗健康体系，还应该考虑前文所提及的如何通过穿戴设备获取慢性病患者的诊疗数据，并且对于有病情变化的患者提出预警。这样对医者、患者都极为有利。除此之外，医疗单位还应该考虑如何再与复健或是调养单位进行合作，共享数据，这对病患康复的监测具有极大价值，同时也可以疏解大医院人满为患的问题，提高大医院的医疗质量和效率，改善医患关系。

我们这里说的大健康行业数字化转型，不是某个单位的事情，而是涉及全国性或是地区（省级、市级）性医疗生态体系的建立。大型三甲医院，作为地区医疗生态体系的中心，不能仅仅以完成自身流程数字化为标准，其作为生态体系的核心成员，应该在构建地区生态体系上，深入思考如何进行前瞻性的布局。

四、影响金融行业的四个重要趋势与企业的战略思考方向

在国内，电子化支付已经成为主流，使用现金交易的需求大幅度减少，消费者需要到银行网点的次数也大幅降低，仅 2019 年全国银行网点就有 1400 多个关闭，但同时也有大量的网点投入智能化的无人服务设施，金融行业在过去的几年，不断地强调数字化金融科技的引入。但是在访谈的过程中我们发现，金融企业谈论数字化时，主要讨论两个领域：①零售网点展现数字科技；②经由大数据进行风险管控。这两个方向并没有什么不对，但似乎这些只是着眼于降低运营成本与控制信用风险，并没有解决行业对客户创新的价值提议问题，也就是银行究竟能帮用户做哪些更富价值的创新服务，以彰显银行存在的价值。这里我们列出四个重要的方向，金融行业或许能够从中发现解决基本的“存在价值”问题的办法，图 7–6 中的四个主要因素是数字化金融行业需要重点考虑的趋势。

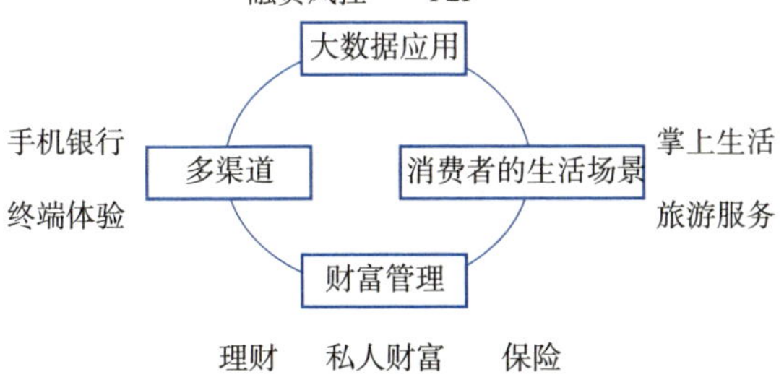

图 7–6　影响金融行业的四个重要趋势

1. 消费者的生活场景

在一次对国内一家大型银行各地区行长的培训课程中，我问参加培训的行长：“我家左手边是另外一家银行的网点，能否给我一个选择你们银行而不是另外一家银行的理由？”他们沉默了很久，最后，有一位行长半开玩笑地说：“我们的国家占股比那家国有银行更高！”讲完在场的人都笑了。接着我问他们：“你们是做什么的？”这时大家立刻回答：“银行。”我接着问：“那么具体做什么服务呢？”他们说：“吸收存款资金、放款给需要的人，从当中赚取利息差。”这时我又问道：“那么你们在这方面的业务和其他银行有什么差异？”他们又沉默了。最后我又问：“那么消费者什么时候会想到你们银行，你们和消费者的日常生活有什么关系，难道只有在需要存款和借款时才有关系吗？”大家又沉默了。

国内银行业现在面临的基本问题是，银行未来到底能为客户带来什么价值？难道就只是存款、放款？很多金融企业认为自己是国企，不会面临倒闭危机，可它们却发现自己在客户面前丧失了“存在感”，因为客户的消费与生活只和支付宝、微信支付发生关系，大部分客户已经忘了支付宝和微信支付后台绑定的到底是哪家银行，所以用户换个银行来绑定就成了瞬间的事。客户使用金融服务的原因必然是“消费”，因为“没有消费的需求就没有支付的需求”，所以如果要避免失去存在感，金融行业应该参与到消费场景中，甚至主动创造消费场景，这时自然就能带动客户对自家银行的支付需求。每次在与银行业 EMBA 同学讨论银行应该介入用户消费的场景时，很多银行业高管就会说，世界各国对银行业是有严格管制的，我们不能介入客户的消费！如果你还这么想，那么我建议你回忆一下，是不是经常看到一些餐厅门口放了一个展架，上面写着某某银行信用卡用户可以享受什么优惠。如果你还没觉醒，再去看一下招商银行的掌上生活！银行的信用卡业务早就这么做了，也没有出现监管方面的问题。只是在餐厅门口放展架对于用户的价值远远小于在 App 上给用户消费指南，一些银行的信用卡账单也早就印上了很多推荐商户可以享受的折扣，那么为什么不在 App 上将这些事情数字化，这样岂不是更能深入消费者的生活？

2. 多渠道

多渠道指的就是线上与线下的并行发展与融合。银行的零售网点应该尽可能地将业务交给自动化设备，并且将这些交易服务体现在网上。同时也要关注虚实融合，例如，我们在终端网点要求服务时，银行的柜员会说："这个业务要到线上去操作。"这样的流程融合就很让消费者错愕：我都已经在你的网点面对面了，为什么不能把想办理的业务一次处理完！银行业应当从用户的角度来设计流程，最典型的案例是大多数的银行分行是做信用卡业务的，但最多只是在柜台放几份信用卡的申请表，任何关于信用卡的咨询都要到线上或是电话中心，而银行的电话中心基本上是很难接通的，这使得信用卡发生问题时经常沦为"孤儿"，引起消费者的不满。

3. 财富管理

目前国内的财富管理更多的还是在"卖基金"而不是在帮客户做理财。例如，所有银行的理财 App 都会先给客户做一个问卷调查，了解客户的基本属性与风险承担能力，可是接下来产品的推荐似乎与刚才的问卷结果没多大关系！虽然很多银行网点也有理财专员，但是这些理财专员也很少先去了解客户的收入状况以及未来几年的财务需求。更多的做法是，银行要理财专员推哪一个基金，理财专员就推哪一个基金！试想如果理财能与客户沟通，充分了解客户的收入状况与未来资金的需求计划，帮客户规划一个满足客户中长期财务需求的理财计划，那么客户的黏性与满意度是不是就可以提高了？

4. 大数据应用

考虑到风控，过去银行想放贷的客户，都是不缺钱的客户，而那些真的有资金需求的人却怎样都无法从银行借到钱。同时，基于投入产出效率，银行更偏爱与大客户打交道，然后要求担保再贷款。试想一下，这种有担保的大客户是不是每家银行都想争取的香饽饽呢？你的竞争优势何在？想要争取这种客户，只能降低利率！也就是说赚得相对少一些。现在因为有大数据，银行对客户的动态与真实状况可以了如指掌，风控应该交给大数据，而不是做个只想要抵押品的钱庄。通过网络进行的小额贷款，积沙成塔的交易量必然远大于某个单一的大客户，所以小额贷款应该是未来银行业的新增长点，如何培养自己的数据能力，是银行决胜未来的关键。

本章总结

本章提供一个思考框架，让企业家们可以从新的高度来审视自己的行业与企业未来。我们以汽车行业为例，阐述了新能源、新智能技术以及共享经济概念的普及，将对整个汽车行业造成的影响，这种影响将从汽车的生产，延伸到汽车的销售、售后，甚至会影响城市居民对居住环境的选择。我们也用同样的框架型思考模式对零售行业、大健康行业和金融行业进行了重新思考。

课后思考

本章提出了数字化转型要从宏观出发，并且以这种“框架型思考模式”举例说明了汽车、零售、大健康、金融等四个重要行业的数字化转型方向，现在你也可以尝试着用这种思考模式，想想有哪些重要的因素或发展趋势将影响你所在的行业，这些趋势对企业的生存环境、客户、生产、供应、销售、服务以及企业的效益，又将产生哪些影响。

第 8 章

企业价值提议的再思考与价值创新

Enterprise
Digital
Transformation

08

第六章至第七章，我们分别从国家人口、社会消费环境以及影响行业的关键趋势等多个维度，阐述了企业应该如何从宏观的视角来审视影响企业未来发展的环境、产业以及技术趋势，如何调整企业发展方向，在行业中进行布局的策略。接下来我们将进入对商业模式的思考，这里的问题是，基于上述环境条件，企业如何才能发展出新的商业模式，能够让企业在未来十年形成更强大的竞争优势。

我们在此提出一个非常重要的战略思考框架，我们称之为"基于价值观点的企业创新思考模型"，这个模型框架构成了本书关于数字化转型在战略层级的思考路径，它将引导我们此后四章（第八章到第十一章）的讨论方向，如图 8–1 所示。

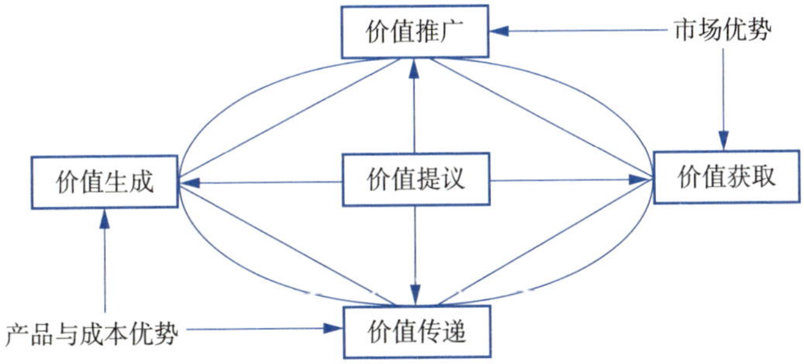

图 8–1　基于价值观点的企业创新思考模型

基于价值观点的企业创新思考模型可以用来指导企业的整体战略发展（请注意，本书第四篇讨论的价值链模型是告诉我们如何构建运营机制，而此处我们思考的是战略层的问题）。作为企业数字化转型的战略思路，首先我们需要重新审视企业带给客户的价值到底是什么（图 8–1 正中央的部分），也就是我们一般讲的价值提议，价值提议将是企业吸引客户，并且与竞争对手形成差异的根本原因。弄清楚我们在经营什么行业、带给客户什么产品或是服务以后，我们接下来需要思考产品与服务是如何产生的，就是图 8–1 左边的"价值生成"，价值生成是基于价值提议的假设，企业进一步思考如何最有效地获取资源，然后如何把这些产品或是服务创造出来（再次强调，这里的价值生成与价值链当中讲的如何有效地进行生产是不一样的，这里讲的是如何进行资源组合的战略）。有了这些产品与服务后，我们需要再考虑如何向客户收费，也就是价值获取。上面这三类问题，构成了商业模式的三大核心问题：①提供什么产品与服务，是核心价值的商业模式；②如何产生这些产品与服务，是价值生成的商业模式；③如何收费，是价值获取的商业模式。另外两件事：①价值推广，是如何获得客户；②价值传递，是物流问题，也是属于运营层的问题。我们在这一章讨论价值提议，后面三章（第九章至第十一章）分别讨论价值产生与收费模式。

一、通过五个关键问题思考什么是企业价值提议

企业价值提议就是企业告诉客户，到底能为客户做什么，也就是企业存在的最根本、最重要的原因，思考企业的价值提议，我们需要回答以下五个问题：

（1）我的客户是谁，他们需要什么，我们提供的商品或服务的价值能满足他们的需求吗？

（2）这些客户除了体现出来的消费行为，还有哪些潜在的需求？

（3）客户使用我们的产品或是服务的过程中，有没有什么不方便或是遗憾，也就是有哪些痛点？

（4）未来行业宏观环境受到哪些关键因素的影响，是否会改变上述三项问题已有的答案？

（5）如果第四个问题的答案是肯定的，那么未来我们的客户群体将会是谁？这些客户在需求上和过去有何不同？我们给客户提供的价值或服务流程需要做出哪些改变？

上面这五个问题，长期以来已经被许多商学院拿来当作标准教材，可是这些关键问题，真正被企业有效执行、定期反思的却不多。那么到底问题出在哪里呢？笔者认为是方法论的问题，正如福特汽车公司创始人亨利・福特在推出汽车这个划时代的全新产品时，别人问他怎么会想到“汽车”这个产品，福特说：“如果我问消费者他们需要什么，他们一定会说需要一辆能够跑得更快、更远的马车！”亨利・福特之所以能够创新，让福特汽车公司成为一代汽车霸主，不是因为他很会做调研，而是他懂得洞察需求！因为消费者能够告诉你，他们

在使用产品时的痛点，可是他们并不会告诉你，他们需要哪些现在还没被创造出来的东西，这时企业家独特的洞察力就决定了企业的创新能力。笔者认为，询问消费者可以做到的是渐进的改善，而洞察则有机会让你产生划时代的创新。

二、重塑企业价值提议是企业成长和发展的关键

想一想，成为 20 世纪行业巨头的是哪些企业？我们熟知的国外巨头可能是埃克森石油、沃尔玛、花旗银行、IBM、诺基亚、波音公司等传统的大型企业，国内则是中国石化、中国工商银行、海尔家电等，这些企业在大生产时代确实满足了当时的市场与消费者需求，那时的消费者对于物质的需求较低，没太多选择，商品对于他们而言，只要有就行了，他们也不会太过挑剔，很多商品只要能被生产出来，企业就赢了。想想海尔当年起家的时候，消费者是不是这个样子？

2016 年 8 月是全球的经济发展与行业模式革新的关键转折点，全世界市值最高的五家公司中，第一次没有了石油公司、金融公司、工业公司、零售公司。在排行榜上取代传统行业的全部变成了互联网科技平台型公司，诸如苹果、谷歌、微软、亚马逊、Facebook。两年以后，中国新崛起的互联网公司中的两家基础性平台公司——腾讯和阿里的市值也分别突破了 4000 亿美元，进入全球前十。这些企业之所以可以取代传统的大型企业，市场价值被认可，主要的原因就是它们符合了新时代的消费趋势，对消费者来说这些企业提供了比那些传统超大生产企业更高的价值。再看看汽车行业，2020 年特斯拉在全球生产了 45 万辆汽车，使得特斯拉公司 CEO 埃隆・马斯克在 2021 年年初的资产价值首度超过亚马逊 CEO 贝佐斯，成为全球首富。同样是生产汽车，产量与收入远远高于特斯拉的本田、丰田、福特等汽车公司的市值却远远低于特斯拉，他们在 2000 年以后还数度濒临破产。特斯拉之所以能够异军突起，是因为其提供了不同的汽车价值，它的汽车代表了新能源以及智能，这两个方面为消费者创造了新的价值，更为特斯拉创造了巨大的市场价值。

三、如何洞察消费趋势与需求变化

掌握市场趋势、追求创新是绝大多数企业 CEO 最希望企业拥有的能力，

那么该如何做才能拥有这种能力呢？我们提出以下几种方式，可以帮助企业拥有这种能力。

1. 拓宽视野

企业家需要培养宏观视野，并保持敏锐的观察力，时刻关注未来最重要的趋势以及行业当中正在发生的变化。

2. 注意细微变化

例如，企业应该对客户的数量变化保持敏锐，如一家店过去每天来客超过1000人，而最近一两个月突然变少，只剩下800~900人，这就值得警惕，如果是短期的现象，可能是这家店附近出现新的竞争对手；如果是长期的现象，则可能是消费者的消费习惯或是偏好改变。2005—2010年，许多大型购物中心或超市，对互联网还停留在存疑与陌生的阶段，没有做出反应，等发现来客数量逐渐减少时，才惊觉市场在发生变化，来客数量的变化可能是反映市场变化最敏感的微小指标。

3. 询问消费者

虽说当亨利·福特问消费者需要什么产品时，消费者是无法对“汽车”这种当时他们闻所未闻的事物产生需求的，但是对于寻找消费者痛点，“询问”应该是最有效的方法。例如，我们在一家大型汽车企业进行访谈调研时，发现该公司的客户流失率相当高，为了找出其中的原因，我们先进行了一系列的焦点访谈（Focus Group），每一场访谈我们挑选6~8位消费者，讨论他们对于该品牌的印象，并且试着了解部分流失客户的意见，得知客户不愿意再来的原因是进场维修时排队时间太久。当我们将这个消费者的声音告诉这家企业的管理层时，该公司管理层认为这是不可能的，因为修车厂内的修车工位已经出现冗余，造成了浪费，团队正在讨论要如何缩减场地、降低成本。于是我们进行第二轮问卷调研，通过6000份问卷，我们了解到50%以上流失的客人表示排队时间过长确实是他们离开这个品牌的原因。为了深入了解究竟问题出在哪儿，为什么修理厂工位是闲置的，而客户却说因为需要排长龙而不愿意再来，这两个答案是矛盾的。于是我们再邀请那些同样表达不满意见的客户，通过深入讨论才知道，原来这些车主都是在下班后的晚间或是周末过来维修或保养，而就在这段时间，该公司总部为了拉新客，在淘宝销售一元洗车券作为引流手段，这些大量持有一元洗车券的客户也是在晚间或是周末到店要求服务，因此产生了客流高峰。该公司管理层这才相信，看到工位闲置是平日白天的场景，而周末与夜间的实际状况是排长龙。于是管理层加强了预约修车的工作管理，并提供不同时间的差异定价以及上班时间上门取车这两项新的服务，争取让客户在白天上班时段错峰修车，让爱车进场保养，这些举措也确实缓解了客户修车时排队等待时间过长的问题。

4. 实地亲身体验与观察

管理者以消费者的身份使用或购买自己企业提供的产品或服务，也许更容易发现问题。许多零售行业的主管都有巡店的经验，可是很多主管到门店只是做个“领导来巡视的样子”，一到店就亮明身份，这样就很难获得真实的信息。笔者在担任连锁便利店管理者时，特别注意在巡店时扮演消费者的角色。我们必须定期到门店，体验消费者在店内与店外的真实感受，了解消费者在与企业互动时是否满意以及他们在购买瞬间的行为。通过亲身体验，我们发现早高峰时段，消费者表现的特征是快速完成消费，拿了就走，因为大家都在赶时间上班。依据这个观察结果，我们推出了早高峰时段的套餐，让消费者可以通过手机预购，无须进入店内，可直接在店门口取餐，这种购物方式也大受欢迎。上述这种观察方法，仍然属于发现痛点。另外一种观察则是找出潜在需求，我们在午时到达便利店网点，暂时先不进入门店，而是在店外观察路过的消费者。因为我们想了解中午这个地方会有什么样的客户从门店经过，而没有进入店内，这些潜在客户到底需要什么，他们已经购买的东西中有哪些是目前我们还没有提供给他们的。通过这种观察，我们发现一些路过的消费者手里拿的是炒面、盒饭，还有一些女性手里拿着蔬菜沙拉，由此我们决定自我挑战，为什么我们没提供炒面、盒饭和蔬菜沙拉？通过这个观察以及后续的论证、调研，我们推出这些新的产品，这些产品很快就成为热卖商品。后来我们又看到在上班时间一些消费者经过门店时，手上拿着某知名品牌咖啡，我们又突发奇想，为什么我们不卖咖啡，之后我们推出了自有品牌的现磨咖啡，并采取更为经济实惠的价格，结果又是大卖。有一次，我们与一家知名的风险投资公司开会，他们的主管特别提到，由于我们的咖啡口味很好，他们公司内部开会迟到的人要请其他同事喝咖啡，我们的咖啡取代了原来那个比较贵的知名品牌，这些产品创意都是通过到店实地观察获得的。

5. 打破思维定式

2000 年前后，笔者住在北京，那时每天早上都会看到几十名客户在银行还没开门时就站在门口排队，在银行门前排队等一个小时只是为了取款或存款。想想现在的“90 后”“00 后”消费者会怎样看待这种现象。我想当时的银行对这种排队的现象一定视为理所当然，因为那时的银行根本不缺客户，所以不会思考应该怎样改善客户体验。

我们再举一个思维定式的例子，在大型连锁便利店工作时，我们有一款 App，在结账时需要出示会员二维码，用来辨识会员身份。技术人员（产品经理）在设计 App 时，只考虑我们想让客户多看到的一些推广内容，于是乎“理所当然”地把活动页面放在首屏，而会员二维码放在 App 的第二层页面。这个做法导致 App 在门店推广时遇到很大阻力，用户以及门店的店员一直抗拒使用，后来通过实地观察发现，客户在使用我们的 App 时，因为要跳到会员 App 第二层才能启动二维码进行身份辨识，而客户的手机性能参差不齐，启动二维码时，有的手机需要 5 秒左右的时间，造成柜台排队时间延长，客户产生抱怨，于是我们将会员二维码改到 App 一打开就看得到，使得 App 使用率提高，也意味着用户接受这款产品了。这个经验告诉我们，产品设计人员视为当然的逻辑忽略了客户的使用立场，影响了 App 的推广。

6. 跨行业借鉴

跨行业借鉴是一个非常好的创新路径，就拿前文我们谈到的思维定式来说，过去在餐厅就餐的流程就是排队、等位、点餐、用餐、结账。这个流程应该如何创新？行业内的人是很难创新的，因为他们都有自己的盲点，这时可用其他行业的流程来挑战自己，为什么某某行业是这样？我们是否能够借鉴其做法？多问这种问题，也容易激发创新的想法。

7. 网络挖掘与共同创新

在数字化时代，网络也给我们带来了两条创新的路径：一条是网络挖掘，另一条是网络共同创新。

（1）网络挖掘。网络挖掘是一种纯技术手段，例如，大数据刚兴起时，数据科学家到网上“练功”，他们对各式各样的网络论坛、产品评论进行内容挖掘，并且使用了文本挖掘（Text Mining）的技术，获悉了不同地区、不同事物的趋势。一个知名的案例是谷歌公司通过大数据分析，掌握民众在网上搜索关于流感的关键词数量，以及感冒相关商品在网上被查询、购买的数量，精确地预测了流感在某些地区的暴发。类似的技术也被用于发现消费者的关注重点，业已成为一门独立的学科。笔者了解到，某家跨国食品调味产品集团，在国内就是通过对网络的“声量分析”预测出“椒盐口味”将逐渐受到消费者喜爱，为此，他们专门推出椒盐口味的调味品，并且向他们的餐饮客户推广，使得许多餐饮客户在行业中率先推出椒盐口味新菜，在市场上获利颇丰。上述这些案例都可以称为网络挖掘的方法。

（2）网络共同创新。在后互联网时代，网络共创已经成为许多成功企业的产品与服务创新模式，它们主要通过互联网连接企业与用户。首先，由企业抛出一个希望开发的产品议题，然后通过平台或是社群，让外部开发者、KOL、粉丝都参与进来，讨论如何打造出一个最棒产品或服务的想法，这些想法经过企业筛选、分析、采纳后成为新产品的重要规格，产品或服务初步完成后，再随机抽选设计参与者对产品进行测试，提出反馈意见，企业根据反馈再进行第二次修改，经过几轮的反馈、开发、测试、修改，最终推出一个最佳的产品。海尔集团应该算是国内生产企业中较早实施网络共创模式的企业，笔者也曾经参与过部分产品的研发，例如，当时的天尊空调、后来的海尔笔记本电脑等，这些产品的最终面世都少不了上万名外部参与者的贡献，这些参与设计的人同时也成为产品推广的重要力量。

四、如何实现企业的价值创新

前文我们介绍了价值提议的概念，所谓价值提议，就是企业提供什么产品或是服务给客户，为客户创造了什么价值。这种价值可以是提供物理上、生理上的满足，例如，吃饱了、穿暖了，也可以是提供心理上的满足，例如，成就感、虚荣心、愉悦感等。过去企业对于价值提议的琢磨，更多的是在生理、物理层面，例如，餐饮行业会说，我的某个菜品口味特别好、食材特别讲究；服饰行业可能会说我的服饰采用特殊材料，提供更轻柔、保暖的触感；汽车维修行业会强调我的技术本位、材料货真价实；银行业会说，我们提供较高利率吸收存款，再对那些需要资金的对象提供优惠利率的贷款。其实每家银行的利率差异还是相当有限的，这种价值提议也经常是企业之间难以形成差异、竞争纷纷陷入红海的原因。所以，企业面对未来发展，必须找出与同行相比更显著而且被客户认可的价值提议。

前文讨论的是及时发现消费者需求的变化以及痛点的挖掘，这个过程经常被拿来作为新产品或是服务的价值创新手段。接下来，我们需要再看看另外一种创新的思维，我们称之为价值创新，价值创新不一定会带来新产品创新（虽然有时候也会产生新产品），更常带来的是“场景创新”。

要说明什么是场景创新就得先讨论一下什么是场景？在我们过去曾经出版的另一本书《营销 5.0：后互联网时代的数字营销》中我们将场景定义为“什么人、在什么时间、和谁在一起、做什么事，有什么心情或需求”。例如，我一般在工作日下午与团队开会，这是一种办公环境，是作为主管的场景；同样的一个人，在周日下午和老友在酒吧喝酒聊天，这是另外一种老友聚会的场景。这时虽然都是“我”，可是在这两种场景下，“我”的心情以及配合心情产生的需求会一样吗？肯定不一样。弄清楚了场景的概念后，我们再来看看场景产生的不同需求以及它们的价值有何不同。在便利店里咖啡价格一般在 12~14 元，而在星巴克要卖 30 多元，如图 8–2 所示。

星巴克拿铁咖啡每杯32元　　全家便利拿铁咖啡每杯12~14元

图 8–2　星巴克与全家便利的咖啡价差将近三倍

有多少消费者能够在盲测[①]中分辨出来哪一杯咖啡是属于哪一个品牌吗？再看看我们在高档的茶艺馆里喝的茶叶，每克茶叶的成本或许也就是几元人民币，可是茶艺馆中的一壶茶却能卖到 200~300 元，经常还需要排队等座，这是怎么回事呢？很简单，因为场景不同，同一个产品的价值就不同。

试想我们与合作伙伴约在星巴克见面的目的是喝咖啡吗？我们在高端茶艺馆聚会，目的是喝茶吗？想清楚这个问题，你还觉得星巴克只是卖咖啡的吗？

---

① 盲测：就是把不同品牌的相同产品装在空白的容器中，抹去品牌标识后让消费者品尝，看看消费者能否判断出哪一个容器装的是哪一个品牌。

星巴克还会说他们带给客户的价值仅仅是香浓的咖啡吗？这样你还会觉得星巴克的咖啡加上你聊天的场地费，只要 30 元是贵的吗？我们在茶艺馆喝的茶为什么一壶就得花上 200~300 元，茶艺馆仅仅需要卖最好的茶叶就够了吗？企业家请想一想，还有什么因素能够让这些产品的价格与众不同？是的，那就是“氛围”，所以星巴克的门店内要创造出那种无论是商务精英，还是文艺青年都喜爱的氛围。茶艺馆除了泡茶需要演示服务以外，更重要的是要提供给消费者安静、私密的氛围，让顾客可以在里面谈比较私密的事，这就是场景需求。

同理，如果处在银行业中的你，心里还只是想着找大客户、谈抵押品，然后把银行的闲置资金“推销”出去，那么你可能会觉得经营变得越来越困难。在后互联网时代，银行业需要思考的场景可能是去找出那些无法提供担保，但是有消费需求的客户，用大数据来核实客户的信用和偿债能力。也就是说，你要站在客户的资金需求场景来分析，到底客户为什么需要资金，这些资金用来做什么以及为什么他能够还贷，还贷的资金又是从哪里来的，如何确保他的资金先拿来还贷款，这就是场景思维能产生的价值创新。

如果处在医疗行业的你，还是仅仅将“看病、治病”作为你的行业价值，那么你可能还是得坐在医院里等待患者，大城市三甲医院将还是人满为患、小城市的医院仍然是门可罗雀。如果你的价值创新变为“健康医疗体系的平台”，你带给客户的价值是“全生命周期的健康管理”，那么你就会思考怎么来整合资源，形成新的生态。如此，你要做的工作，可能就会完全不同了，这些都是价值创新。

价值创新不一定是必须朝着高端走，也可以向低端走。哈佛大学教授克莱顿·克里斯坦森（Clayton M.Christensen）提出的“颠覆式创新商业模式”，就是从这个视角来进行思索的。克里斯坦森主张，从更低端着手，你会发现巨大的创新机会，如印度的塔塔汽车（TATA），如图 8-3 所示。塔塔 NANO 微型汽车的价格有很大的优势，1.5 万元的价格，一台苹果笔记本电脑的价钱就可以买到一辆遮风避雨的小汽车，但就舒适度和安全性来说，相比同样价格的摩托车也有独特的优势。

塔塔 NANO 搭载了一台 624cc 的发动机，这是一台 2 缸四冲程发动机，最大功率 37 马力，最大扭矩 51 牛·米，百公里油耗仅为 2.5 升汽油，说得简略些，它其实就是一辆四轮摩托车加了个顶篷而已。全系标配为方向盘、座椅、单片式雨刮、油表、车速表和加油灯。其他的没有了，全系不配空调、方向盘助力、收音机、防撞梁、保险杠等。

图 8-3　印度的塔塔汽车

精简汽车上的各种配件，甚至连空调都不配备，使得塔塔汽车用超低成本席卷了印度的低端汽车市场。更进一步来看，如果只是代步，为什么一定要买汽车，聪明的人一打算盘就知道买车、养车的成本绝对远高于采取分时租赁的同级车，这也是从场景的概念进行的价值创新思考。

我们再举一个颠覆式创新的例子，家居行业近几年受到互联网的严峻挑战，许多知名品牌都逃不了大量关店的困境。但是有一个品牌在行业当中可以说是“一枝独秀”，那就是名创优品，如图 8-4 所示。

图 8-4　名创优品明亮的店铺设计

该品牌以“三个好、三个低”作为核心策略（参见该品牌 CMO 成金兰女士著作《打爆口碑：0 到 150 亿的品牌方法论》)，所谓的“三个好”，就是产品好、环境好、服务好。该品牌仿照传统的十元店，门店当中有大量 10 元人民币可以买到的产品。该品牌常态性地拥有 3000 个 SKU，这些都是属于刚需、高频的家居小商品，例如，生活用的毛巾、纸巾、梳子、香水、洗护、刀叉等，这些商品虽然价格低廉，但是这些产品的供应商许多是国际奢侈品的供货商。根据成金兰女士在书中所述，名创优品有一款刀叉（见图 8–5），两件售价 15 元，供应商为知名品牌双立人的供货商。试想，如果是双立人品牌，这些刀叉得卖多少钱。另外一款花漾香水分别售价 15 元、29 元、49 元，供货商齐华顿是迪奥、香奈儿的香水香料供应商。还有一款 0.01 毫米极细眼线笔，也是由迪奥、香奈儿、美宝莲的供应商生产供货的，只卖 10 元。通过提供大量刚需、高频、优质、低价的产品，名创优品目前在全球已经拥有将近 5000 家门店，其中 1700 家在海外。

图 8–5　名创优品的产品

上述品牌都是在业界一片红海的状况下，通过克莱顿·克里斯坦森教授所提出的颠覆式创新，及给客户带来新的价值并解决消费痛点脱颖而出的。

本章总结

本章承接前文对商业大环境的观察，进一步帮助企业对商业价值提议进行重新审视。企业价值提议需要洞察消费者需求变化以及消费痛点，与时俱进地调整给客户的价值提议。同时，价值提议也是企业建立与竞争对手差异化的重要方式。

本章也说明了企业如何从价值创新延伸到商业模式创新，提出了“价值经营观点”的商业模式创新框架，并且在后面章节次第展开。

课后思考

回顾一下本章中提出的用于反思企业价值提议的五个关键问题：

（1）客户是谁？客户需要什么？我们提供的商品或服务的价值能否满足客户需求？

（2）客户除了表面上体现出来的购买或消费行为，还有哪些潜在的需求没有满足？

（3）客户使用产品或服务的过程中，是否有不方便或是遗憾之处？还有哪些痛点？

（4）未来几年影响行业宏观环境的有哪些关键因素，是否会改变上述三项问题的答案？

（5）未来的客户群体是什么样的？这些客户在需求和使用习惯上和过去有何不同？我们给客户提供的价值或服务流程需要什么改变？

试着从上述五个问题出发，考虑你所在公司的价值提议是否需要改变。

第 9 章

商业模式创新路径之一

——产品与服务数字化创新

Enterprise
Digital
Transformation

09

在第八章中我们提出了基于“价值观点的企业创新思考模型”（请回顾图 8-1），并且将该模型的中央部分“价值提议”作为切入点，讨论了企业该如何重新审视给客户带来的价值。接下来我们要用第九章、第十章两章，继续讨论图 8-1 的模型当中，最左边的“价值生成”模式。

顾名思义，“价值生成”是指企业如何创造出更好、更具有价值的产品与服务，来呼应企业的价值提议。企业创造的产品，一般可以分为三种类型，最常见的就是企业的产品或服务是由企业自行生产或是买入（含代理经销），再将这些产品或服务提供给客户，这种企业的商业模式，是千百年来最传统的商业模式，我们一般称之为产品型企业；在 2000 年以后，另外两种类型的企业诞生，第一种是 2000 年前后诞生的平台型企业模式，第二种是在 2010 年前后兴起的生态型企业模式。它们的共同特点是：企业提供的产品并非企业所拥有，或者只有一部分是企业所拥有，产品供给更多地由第三方来做。

这一章我们先讨论产品型企业的产品与服务创新的模式，平台与生态企业的模式创新，我们将在第十章进一步讨论。

一、产品数字化创新的盲点在哪里

产品与服务的创新对企业而言至关重要，但也是经常让企业家们感到头痛的问题，因为许多人对自己的产品已经有了先入为主的想法，也就是说，他可能受限于自己划定的产品定义。例如，家电行业的人会说，我是做冰箱的、做电视的，基于所谓的“核心技术”，做冰箱的总是想着怎样提高压缩机的效率、加强节能；做电视的也会将自己的注意力聚焦在提高屏幕清晰度的相关技术上；做汽车的人脑子里想的可能是我的发动机如何才能更高效、强劲、省油。可是我们回想一下，这些技术性功能还能形成显著竞争差异吗？这些功能还是客户在选择时最看重的条件吗？再想想，最近十余年，这些产业原先的领导者，是因为他们生产的冰箱压缩机不好或是生产的电视屏幕不好、生产的汽车发动机不好，而被竞争对手超越的吗？绝大多数不是。笔者在国内一家大型家电集团担任互联网创新高管期间，曾向电视以及冰箱厂的总经理提出挑战，“如果小米开始做电视、冰箱，以它们常用的价格抄底策略，我们将如何与它们竞争”？笔者得到的答案是：“电视、冰箱是极为专业的技术，它们不可能做出我们这种水平的压缩机或是屏幕。”可是当小米进入这个领域开始以绝对优势的价格销售电视时，这些主管只能说出“这不可能！”“这个价格不合理！”“他们没有可持续性！”等托词。另外一种典型是生产食品、酱料的厂家，它们也是以“口味”作为产品创新的“正道”，这些企业会说：“我们就是做吃的，怎么可能有数字化创新？”

为了帮助企业家打破自己给企业设置的“创新界限”，这里我们提出一个四阶段的思考框架，即“产品与服务数字化创新的四阶段模型”（见图 9–1），帮助企业家跳出原有的思考窠臼，更有效地从客户价值的视角，发展出更为创新、更有竞争力的新一代产品。

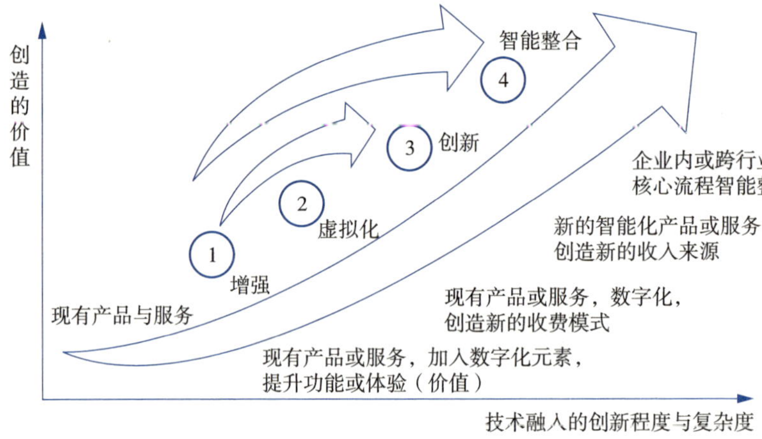

图 9–1　产品与服务数字化创新的四阶段模型

二、产品与服务数字化创新的四阶段模型

在产品与服务数字化创新的四阶段模型中，我们将第一阶段称为“增强”，即企业以现有的产品与服务为基础，首先思考如何通过数字化的技术增强产品与服务的功能。也就是在现有产品的使用过程中采取一些数字化的技术，进行功能增强的创新。我们将第二阶段称为“虚拟化”，即当企业对数字技术有了

较为深入接触后，进一步思考如何将产品完全数字化，这将使企业生产产品的边际成本为零，当然这种路径不一定适合于所有行业，但是如果能够在这条路径上有所突破，往往可以为企业带来急剧的跃升，这种创新还可以为企业创造出新的收费模式，让企业摆脱在传统蓝海中的同质竞争。我们将第三阶段称为“创新”，当企业有了更多数字技术能力的积淀，将有可能进一步发展出一项和原来产品完全不同的新产品，企业将能够获得全新的市场机会。我们将第四阶段称为“智能整合”的创新。它是基于个别流程的数字化，并将这些数据输送到云端进行智能化分析，让整个流程无缝对接并获得优化。

读者在浏览图 9-1 时可能会发现，“1—2—3—4”是一条连续的创新路径，沿着这条路径进行思考，即从简单地利用数字技术增强产品功能，到完全虚拟化、数字化，最后进一步考虑如何进行智能化生态整合。除了 1—2—3—4 的循序渐进，我们也画了另外两条“跨越式”的路径，是从“1”直接跨越到“3”或“4”，这两条路径适用于产品无法进行“虚拟化”的企业，即使不是所有的商品都能虚拟化，企业也不要先排除这种数字化的可能性，以免错失一个好的创新机会。

接下来我们进一步分别说明这四个阶段的特性并列举一些案例，讨论每个阶段对企业产生的价值。

三、产品与服务数字化“增强”阶段

1. 模式缘起

这个阶段，企业只是进行最初始的非数字化产品蜕变，这种蜕变往往是比较直观的改变，就如同早期许多家电是通过转盘式或是按键式的方式来控制产品。例如，电视机最早是用机械式的旋钮转换频道，后来逐步发展出按键式，最后变为可用 LED 显示的微电脑控制板面。这时候的产品虽然看起来是数字化的微电脑，但是并没有智能。所谓的智能化，指的是通过传感器或是其他网络的感知技术，收集设备使用场景当中的数据，基于数据进行状态的判断、比对以及运算，然后再将指令发送回场景当中的设备，并且要求设备按照指令执行工作。

举几个我们现在可以看到的例子，如图 9-2 所示。

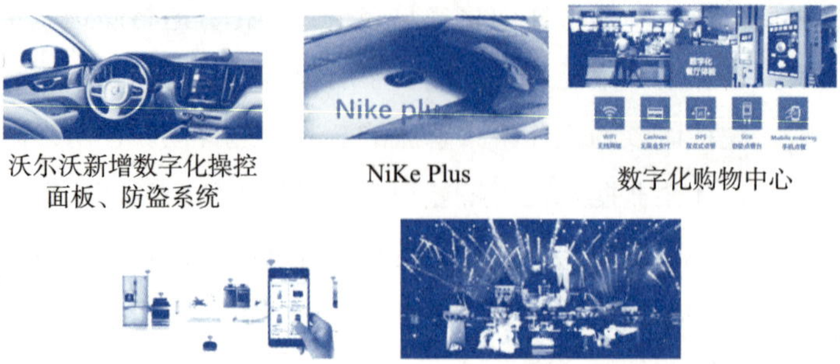

沃尔沃新增数字化操控面板、防盗系统　NiKe Plus　数字化购物中心

智能家电　迪士尼数字烟火秀

图 9-2　产品与服务的功能增强型数字化升级

2. 模式案例

（1）智能汽车。电动汽车与机器人是数字化行业当中最前沿的科技应用，电动汽车放弃了传统动力系统，使得汽车的加速性远胜传统汽油动力车。对用户来说，购买电动汽车的使用成本更低，更加环保，维护成本也更低，电动汽车正在革传统汽车的命。但汽车毕竟是代步工具，即使有自动化、新能源的加持，它也仍然是代步工具，所以承载硬件少不了，但是数字技术的驱动让产品拥有了更强大的功能，也给产品赋予了无与伦比的竞争优势。机器人是另外一种数字化的智能装置，在特定工作上它取代了人类，机器人没有情绪，不需要休息，还能在高风险的环境下工作，所以很多行业可以用这个思路将产品与服务进行局部的数字化。例如，如果你销售的是重型机器（工程机具）或者你从事的是服务行业，例如，出租车、保洁家政服务、快递送餐服务、定制服饰、医疗复建、SPA 养生等，都可以考虑如何在使用或操作过程中加入数字化、智能化的元素，这样也将使你的产品和服务与竞争对手的产品和服务产生巨大差异。

（2）数字化表演。迪士尼数字烟火秀是另外一种典型的产品数字化，它给迪士尼带来了四个效用：①延长了游客在园内停留的时间。根据零售理论，客户在卖场的时间越长，消费越多。对于迪士尼也不例外，如果没有烟火秀，大部分游客下午 5 点或 6 点必然会离场，烟火秀让游客至少停留到晚上 8 点。另外，烟火秀也给迪士尼带来了夜场的门票收入。②游客因为等待烟火秀也加大了进入礼品店消费的概率。③因为烟火秀是在晚餐以后，所以想看烟火秀就必须先吃饭，因此迪士尼园区内餐饮销售业绩也显著增加了。④烟火秀创造了游园一整天的最高潮，带给了游客终生难忘的体验，也吸引他们反复来游园消费。

迪士尼烟火秀是对数字化体验的完美诠释，虽然烟火是真实的，可是如果只是放烟火就少了很多故事性，所以烟火秀依托迪士尼城堡，并用数字动画贯穿始终才是真正吸引游客的原因。这些数字动画中有迪士尼近百年来在各个时代推出的主要卡通主角，从最早的米老鼠、唐老鸭，到最近的冰雪奇缘，这也唤醒了不同年龄层游客的美好回忆。从事娱乐业的企业家可以思考一下迪士尼的种种做法有没有值得借鉴的地方。

除了迪士尼的案例，我们可以再延伸思考一下，卖健身器材的企业是否也有类似的场景，例如，虚拟实境的网球、高尔夫、健身自行车等运动，就是让用户拿着一个网球拍、高尔夫球杆，面对荧幕练球，或是通过数字化的虚拟实境，让消费者骑乘一台停在原地的脚踏车，却仍能有越野溯溪、摇摇晃晃的感觉，尽享骑车闯关的乐趣。

（3）零售网点的数字化体验。阿里巴巴集团提出新零售概念后，零售网点数字化体验一直是新零售的重点之一，例如，在大型卖场，动辄几万平方米的空间、数千家店铺，消费者在购物中心有相当严重的“选择困难症”，如果没有数字化的导航工具，消费者要找到心仪的某个品牌的商店或是餐厅将变得相当困难，所以购物中心应该针对这一消费痛点进行数字化改造，给消费者更好的消费体验。例如，使用 App 做商场店铺的动态导览、定位。另外，许多线下超市也有不同的痛点，例如，很多大型超市卖场，商品 SKU 数量可能达到 5 万 ~6 万个，如何帮助消费者快速找到他们想要的商品，就是提升购物体验的重点。又如，在结账区域大排长龙又是另外一个大型线下超市更为严重的消费痛点，如何让消费者免除排队的痛苦，也可以成为吸引客户再次光顾的因素。

（4）旅游与服务行业数字化体验。前文讨论的迪士尼乐园是一种典型的旅游服务行业场景，由于人满为患，乐园中的排队长龙随处可见，游玩体验无法保证，迪士尼乐园为此专门推出 App 让游客清楚自己所处的位置，附近还有什么设施项目，需要排多久的队，如果你有最想玩的项目，还可以预约，这些都是为了减轻排队带来的困扰。国内其他旅游景点的游客人数可能不会像迪士尼乐园那么多，但是游客走到景点的每个角落也会有停下来喝点饮料、吃饭或是上厕所的需求。另外，国内许多景点是具有历史文化属性的，常常需要导游介绍。我们在景区游玩，也经常有追赶导游以免“落单”的体验，这些导览功能其实都可以进行数字化，让游客在自由自在游览的同时，获得更多关于景点的知识。许多城市的旅游推广，目前都是依靠酒店门口的旅游地图或是导游的指引，这些城市的旅游局似乎都没想到推出城市景点 App，以更好地让外地游客在城市中游览，而这些领域的数字化都属于商品或是服务使用过程的数字化支持。

（5）智能家电。智能生活是小米以及许多家电企业近几年来主推的业务，其目的就是让用户更方便地使用这些家电，属于使用过程的数字化支持。特别值得介绍的是海尔公司推出的 App——“海尔智家”，用户通过这个 App 可以远程操控家中电器设备的开关、给各类温控设备设定温度。此外，值得一提的是，针对冰箱产品，海尔在 App 上推出了食品保鲜管理以及菜品推荐的功能，消费者购买了某些蔬菜或是肉类，可以在 App 上记录并且设置一个保质期，当这个食材临近保质期时 App 就会发出提醒，并且给出使用这些食材烹制菜肴的建议。这个功能如果能够进一步增强，比如让 App 智能辨识放进冰箱的是什么食材并且根据包装上的保质期进行记录，让 App 提醒消费者什么时候该补充哪些经常使用的食材，甚至告诉消费者可能需要补充具有哪些维生素的食材，同时直接链接到网上购物，那么冰箱不就成了超级生活管家？

（6）智能运动鞋（Nike Plus）。很少有人能够想到运动鞋也可以进行数字化，当然鞋子还是要穿的，总不能买一双“虚拟”运动鞋，但是对运动鞋的延伸功能进行数字化却非常有用，特别是在传感器应用越来越广泛的今天。例如，Nike 运动鞋推出的 Nike Plus 就是通过传感技术将脚部运动信息接收后进行应用。除了计算行走的步数以外，还可以生成更多关于身体健康状况的信息。如果你是从事生产服饰、鞋类、饰品，甚至是生产特殊环境工作服等的行业，能否从 Nike Plus 的启示中得到一些新产品的创意？

3. 模式对用户产生的价值

在这个模式下所发展出来的产品创新，都是在现有产品或服务中加入数字化元素，通过这些数字化的功能，提升产品或服务的功能，达到改善用户体验的目的。需要注意的是，这种数字化功能仍然是以辅助原来主功能为目的，例如，智能冰箱无论再多么智能，它的功能始终是基于“低温保存食品”这个生活诉求；汽车的智能功能，毕竟还是安装在一台汽车上，汽车的功能始终还是代步的工具。

4. 模式对企业产生的价值

这种模式是基于现有产品，通过数字化增强产品的功能，因为每一家企业对数字化的理解与能力不同，所以本公司的产品与竞争对手的产品产生差异化。因为有了使用功能上的差异，所以商品与服务的“附加价值”获得了提升，它可以帮助企业做出智能与非智能产品的型号区分，也就是说，设置产品的价位，也可以为产品做出不同的功能选项，提升产品的“选项”价值，通过加值模式（Add up，这个模式在第十一章会说明）进行销售，使得产品既可以降维打击，也可以升维打击，从而提高产品的竞争力，提高现有商品的销售价格。

四、产品与服务数字化“虚拟”阶段

1. 类型缘起

产品与服务数字化创新的第二个阶段或类型，是产品与服务的“完全数字化”，这种改变通常也是效益最高的数字化，在此阶段，新开发出来的产品在功能上基本与原来的产品是一样的，只是产品或是服务从实体转变为数字化的虚拟产品。这使得产品只有研发成本，基本没有生产成本、库存成本、配送成本，这样的产品边际成本为零，一旦发展出来后就可以无限复制。

2. 模式案例

此类型的数字化，并不能用在所有商品品类，它只能应用在一部分的商品与服务类型上，我们列举以下五种类型的行业或是商品来进一步说明，如图 9-3 所示。

（1）纸质书转为“电子书”。亚马逊卖书时，搭配 Kindle 软件使用的电子书，价格远低于纸质版，而且读者携带方便，又不占空间，后来亚马逊再推出“Kindle 无限”（Kindle Unlimited）的包月包年方案，允许读者在合约期间无限量阅读亚马逊平台上的电子书，虽然被下载时每一本书的作者仅能得到较少的版税分成，但是这个模式使得已经出版多年的“旧书”一下子又有了“第二春”，亚马逊同时为新书制定了首发期间不上“Kindle 无限”的规则，使得一些更急于尝新的读者因在“Kindle 无限”上看不到新书，而愿意支付相对更高的价格购买新的电子书，因此新版电子书的销售收入也可以不受影响，这就是整个商品数字化的效果。

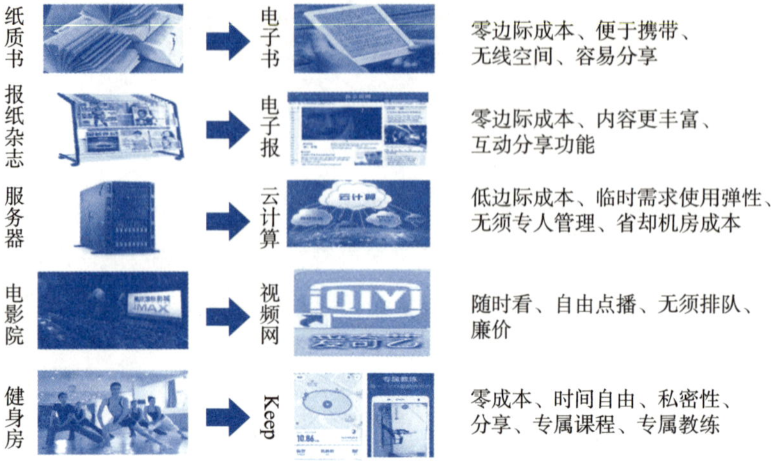

图 9-3　商品与服务完全数字化的商业模型

（2）纸质报纸杂志转为网上报纸杂志。移动互联刚兴起时，传统媒体受到的冲击非常大，当来自移动互联的竞争对手推出可以随时随地获得的免费信息时，传统媒体几乎是措手不及。当借着资本狂潮和移动互联科技横扫传统媒体的互联网企业开始归于沉寂时，一些绝处逢生的传统媒体开始重新思索将自己所拥有的内容进行数字化，这样不但降低了印刷成本、配送成本以及经销商费用，更使得每单位产品的边际成本几乎为零，而这些成本在过去的纸媒时代占了总成本的 80% 以上，这一部分成本的消失给了这些产品更大的降价空间，价格虽然打了六七折，但企业的利润反而更高了。正如欧洲的老牌出版公司——施普林格的 CEO 马塞亚斯·多夫纳指出，“Newspaper 将被抛弃，但是，被抛弃的实际上是 Paper，而不是 News，News 将以数字化的形态继续生存下去”（这个案例我们会在第六篇数字化转型的实践当中进一步讲述）。数字化的报纸与杂志在网上可以通过订阅（Subscribe）的商业模式进行销售，因为没有了印刷成本、配送成本、书报摊的经销成本，报社、杂志社以及它们的客户都能受惠。

（3）云服务。这也是一种将销售硬件产品转为销售软件服务的商业模式转型，过去惠普、IBM、戴尔等企业销售服务器，需要有销售团队与企业客户接触，进行价格比拼，获选后还要按需定制生产，然后运送到客户端，而这些企业客户除了要支付购买成本，还要有工程师对系统进行维护与管理，而且系统使用年限短，成本居高不下。笔者过去所在的一家大型企业，为了支持“双十一”当天的流量，需要花上几个星期规划、计算流量并采购服务器，而这些服务器只有在很短的促销期间派上用场，“双十一”结束后这些服务器就成了闲置设备，造成了极大的浪费。

云计算属于一种共享的概念（共享，这个商业模式会在第十一章说明），是将原本的硬件服务器销售，完全转化为按使用付费的商业模式（按使用单位计费，这个商业模式也会在第十一章说明）。目前这种云服务商业模式已经成为亚马逊公司重要的利润来源之一，国内的阿里云服务，也是同样的道理。这两家企业原本的经营范围，基本上与服务器完全扯不上任何关系，但却利用这个模式革了硬件生产厂家的命，这些硬件厂家现在还要为了争取给云服务公司供货，杀价竞争、牺牲利润，而这些云服务公司的客户（使用服务的企业）更不必关心自己在“双十一”期间租用的到底是 IBM 还是 HP 的服务器。现在电脑硬件厂家生存越来越困难，根本原因就是硬件厂家没有想通，客户到底要什么，这些硬件厂家依然在“坚持本业”，正如我们在前文讲的银行业案例一样，这些硬件制造商无法直接进入客户的使用场景，因此它们的价值也就被“虚拟化”了。照理说这些厂家是设备拥有者，它们的成本最低，如果从事云服务，它们应该是最有机会成功的，但是目前没有哪一家硬件制造商能在云服务上获利。大概除了 IBM 以外，没有哪一家硬件制造商肯花心思在云服务上。如果服务器硬件厂家 IBM、HP、戴尔、宏碁、联想能够早一点想通“用户为什么买你的硬件”这一问题，明白“关键是使用而不是拥有”这个道理，不贪图短期一次性的硬件销售业绩，踏踏实实进行商业模式数字化转型，将商业模式转为服务器分享，按使用付费，那么它们应该发展得远比现在好。

（4）电影、电视剧、音乐、电视节目转移到数字化平台播放。这一类产品也具有类似的效果，过去城市消费者喜欢去电影院，但是当一大堆非法盗版光盘出现后，消费者在家里就能轻松惬意地观看这些影片，影视娱乐相关行业因此受到了不小的冲击。虽然各国政府都采取了反盗版的措施，但是当 iTunes、YouTube 在美国市场出现，优酷、爱奇艺等视频网站在中国出现，许多盗版视频节目也跟着上传，而且全是免费的，在一段时间内影视娱乐行业再度受到冲击。后期，随着网络版权意识的逐渐建立以及会员制商业模式（会员制，这个商业模式会在第十一章说明）的出现，消费者采取包月或包年付费的方式消费视频和音频产品，反而为影视娱乐行业创造了一个更大的市场。

喜马拉雅音频 App 上有一位专家讲述历史故事，每个用户可以先免费听两个单元，当消费者听完了前面两个单元，如果还想继续听就得付费 29 元购买完整版本，如果有 100 万人付费收听，这个音频专辑就会获得近 3000 万元的利润。各位试想，如果按照过去的模式，这位专家在电视上，甚至是在最受欢迎的百家讲坛上讲，能获得多少收益？如果他把讲座录制成视频光盘，综合各种成本，这个视频产品还能定价 29 元吗？又能卖出多少套？在网络上因为价格非常便宜，需求量也就扩大了上百倍甚至上千倍，如果按照传统模式，即使一套光盘定价 299 元，最多卖 1 万套，总收入也超不过 300 万元，生产成本，外加层层分销成本，讲述者能拿到 30 万元就不错了，而基于新的网上付费音频模式，总销售额 3000 万元，讲述者分得 300 万元应该是合理的，这样讲述者的收入不就增加了 10 倍？这就是商品数字化商业模式的魅力！

（5）SaaS① 以及应用软件 App。软件行业在过去就具有低复制成本的优势，然而它们也面临着被非法复制的困扰，例如，微软虽然从全世界企业那里获得了丰厚的软件商业利益，但是对于个别用户端，即使微软工程师用尽各种方法进行软件保护，也依然面临“道高一尺，魔高一丈”的非法复制的问题。软件行业在过去的销售模式下，还存在版本维护的问题。现在更多的软件开始走向 SaaS 模式，即提供标准化的软件，不为特定用户定制，因此可以把使用费降低到中小用户更能够接受的价格。

从商业模式创新的角度来看，微软在后互联网时代没有利用好它的优势，试想个人电脑操作系统 Windows 与办公软件 Office 是人人必备软件，目前 Windows 操作系统软件一套 50~100 元，办公软件 Office 一套约 250 元，在现有行业结构下，这个价格是合理的，因为它有光盘的生产、库存、配送、经销商成本。但即使定价 350 元，微软实际上可能也拿不到 100 元，因为还有中间的经销商赚取差价。另外，350 元的定价对部分用户而言还是过高，让其倾向使用盗版。试想，如果消费者在购买电脑时厂家搭配的是一星期试用版，一星期后让消费者在网上支付 10 元年费，使用正版的 Windows 操作系统与 Office 办公软件，并能够通过互联网取得更好的软件升级和维护，那么 10 元的价格对绝大多数消费者来说是无感且可以接受的，这样一来，合法的用户是不是会大幅增加，微软的收入是不是也会更高？

---

① SaaS，是 Software-as-a-Service 的缩写，意思为软件即服务，即通过网络提供软件服务。

（6）线下健身房转为线上健身 App。各类健身、养生课程也在网上以 App 的形式陆续出现，例如，Keep 就是一个在全球范围广受有健身需求的人士喜爱的软件。学习健身本来是一个非常需要面对面的服务，在许多比较高档的健身会所中，都提供费用不低的个人私教（Personal Trainer，PT）服务，通过私教学习正确的健身方法，同时也对训练者起到督促作用。而 Keep 在这方面提供了一般课程以及定制课程，大多数上班族没时间去健身会所，照着视频做动作还是可以的，这样不仅成本极低，时间安排上也更有弹性。除了健身教程以外，Keep 还加上了网络特有的分享功能以及健身进度分级打赏功能，使用户有一个健身的奋斗目标，也可以和朋友分享、监督自己的健身过程，所以 Keep 不仅把健身会所的健身服务完全数字化，更达成了社交与用户自我实现的价值。互联网商业模式是讲究规模效应的，每个用户的收费可能是原来面对面健身服务的 1/20，Keep 年会员费是 99 元，而线下健身房的私教收费动辄数千元，但是每个教练一次只能指导一名会员，所以一名私教即使一天 8 小时都安排满课程，他每月的收入也不过 5 万 ~6 万元，更何况一般私教的时间是安排不满的。而数字化服务可以让客户数量有百倍甚至千倍的增加，一个课程的用户量很容易地就可以突破百万元，即使一个线上课程的用户带来分出 1 元的利润，教练也可以分得 100 万元。所以作为私教如果将服务从线下的面对面模式转为线上数字化服务的模式，利润会有上百倍的提升。这里我们附带给 Keep 一个小建议，它可以给客户带来更大价值，以现在人工智能的能力，Keep 很容易就可以实现一个实时的健身动作矫正功能，让 Keep 更像私教，用户也更愿意为这样的功能付费。很多做高端服务的企业，过去一直认为必须走高端、必须面对面，例如，SPA 这种健身、养生行业，或许也能突破性地想一想，你所在的行业是否也有这个机会！

3. 该模式对客户的价值

这个模式的特点是商品完全虚拟化，所以对用户而言直接的好处是拥有更高的“自由度”，例如，Keep 最重要的诉求就是自由地健身，用户可以自行选择什么时候使用这个产品，又因为它是虚拟的所以也没有重量、体积负载的问题，而且也能够非常私密地使用这些产品与服务。另外，虚拟产品因为边际成本为零，所以企业可以靠扩大用户数量来赚钱，而不是向每一个用户收取很高的费用，这也是用户能够获得的好处之一。例如，健身房的私教课是比较贵的，可是在 Keep 上找个自动化的虚拟教练就非常便宜。

4. 该模式对企业的价值

因为产品是虚拟化的，所以产品的边际成本为零，也没有配送问题，也就是说，它可以采取薄利多销的方法，占据更广大的市场，只要能够卖得动，企业就可以获得更多的利润。企业还可以采取更弹性的方式来发展用户，例如，初期免费，等客户“上瘾”后再收费（这个商业模式我们称为 Freemium，这个商业模式会在第十一章说明），企业可以用订阅制来绑定客户（订阅制的商业模式也会在第十一章说明），也可以采取会员制，如爱奇艺。所以，产品与服务的数字化可以让企业在商业模式上拥有非常大的弹性，这些商业模式的创新，我们会在第十一章“价值获取模式”中再进一步讨论。

可能会有一些企业家说：“我们的东西不可能数字化啊！”是的，不是所有产品都能虚拟化，但还是建议企业家尽可能地发挥创意，上文中谈到的那些被取代的行业，也都认为他们的产品不可能虚拟化，可是等到更有创意的人提出了虚拟化的模式，也就是他们的企业和产品告别市场的时候。

五、产品与服务数字化“创新”阶段

1. 类型缘起

第三种产品与服务数字化的阶段或模式是“创新”，前面两种创新是基于现有产品的增强以及现有产品的虚拟化，它们的创新都是基于现在的产品与服务功能。而第三阶段则是从无到有的创新，这个阶段所创造出的是原来不存在的产品或是服务。这种模式下产生的产品或服务，通常是包含了软硬件的综合体，它所展现的是智能化、数字化、物联网化的综合应用，产生了过去完全没有的产品或是服务。这种原创性的产品或服务创新，在我们的日常生活中也逐渐显现，而且数量越来越多，帮我们解决了更多的问题，其涉及的范围更加广泛，经常是跨行业或是行业整合式的创新。

2. 模式案例

顾名思义，这种创新是指单一产品或服务层面的创新，这个产品或服务过去是不存在的。其实，已经有相当多的“新”智能产品出现在我们的生活当中，看看以下五种“黑科技”加持的新产品（见图 9–4）。

智能穿戴设备①

送餐机器人

语音转文字电子记事本

智能穿戴设备②

智能音箱

自动驾驶电动车

图 9–4　单一产品创新

（1）语音转文字电子记事本。记事本是每个学生或是职场人士必备的文具，在重要会议或是上课时，我们都需要勤快地记笔记，以免忘记关键信息。可是在记录笔记时时常因为分神或是记录速度不够快，而有所遗漏。语音转文字电子记事本正好解决了这个痛点，它可以在会议或是上课时不停地做记录（虽然偶尔因语音识别问题有几个错字，但基本上可以完整地记录下来）。同时它还可以直接做标签分类，便于以后查询、归档。笔者就利用了这个技术将授课时的语音转为文字，快速地完成了多本书的出版。语音转文字电子记事本的核心就是利用人工智能语音识别技术，创造了一个过去没有的新产品。

（2）送餐机器人。送餐机器人的出现称得上是人工智能的另外一个吸引眼球的作秀案例（Show Case），在一些餐厅我们看到了这些会走路，看起来像是电影《星际大战》中的机器人 R2–D2 的送餐机器人，初见时你可能会怀疑它们的商业价值，但当你深夜在酒店房间点餐后，发现送餐给你的竟然就是这些送餐机器人，你可能就逐渐明白它的价值了，因为这个智能机器人避免了人工服务员在夜间加班，同时也避免了房客被骚扰。

我们不要小看这个送餐的“小家伙”，它们身上包含了很多人工智能技术。首先，它具有路径规划能力，从厨房到餐桌或是到你的房间该怎么走，它需要自主计算出一条可行的路径。其次，在行走过程中，它需要探测是否有人或是物件挡住通道，做出停止、预警或改变路线的动作。它还会乘坐电梯，所以又需要和电梯的控制系统进行连接，并且能够呼唤电梯、感知到电梯到达及电梯门开合。最后，它还要知道自己已经到达房客的门口，并拨打房间电话，让房客来开门。所以这个机器人上需要装载各型传感器，其也是物联网技术的集中运用和体现之一。

（3）智能音箱。智能音箱已经深入很多人的生活，我们甚至不应该称其为“音箱”，有些比较高端的型号，更像是一个生活管家。这些音箱可以接受语音指令上网获取资源，播放歌曲、新闻、气象预报，开启电器设备，一些更先进的型号还可以帮你叫外卖，相信越来越多的生活类功能会陆续出现，这使得这个“怪物”的附加值越来越高。

智能音箱也整合了多种人工智能技术，首先是语音辨识功能，能听懂你的指令，其次要具备上网搜索、下载、输入指令的智能化功能，它需要和家里的家电设备连接，才能给家电设备上的传感器发信号。

（4）自动驾驶电动车。电动车无疑是影响未来人们生活的创新之一，因其放弃了传统动力设计，除了作为代步工具外，更重要的是它的智能化，降低了事故风险，自动驾驶、自助泊车让人们的用车更轻松，再加上互联网的功能，让它也具备了类似智能音箱的大部分功能。

自动驾驶电动车，不仅动力系统改为电力，在人工智能领域更是集大成者，例如，它可以自主进行路径规划、道路状况感知并控制制动系统和加速功能，它还要有语音辨识功能，接受驾驶人的指令，开启或调整车上的娱乐设备，同时还可以帮助用户订餐等。

（5）智能穿戴设备。智能穿戴设备对个人生活已经产生了重大影响，它结合了手表、手机、健康管理、生活管理等多种功能。特别是在健康管理上，它能够实时监测用户的心率、血压、血氧浓度等重要健康数据，并且在用户身体发生异常状况的最短时间内发出警报。当然这种穿戴设备现在还仅限于个人使用，未来如果可以在医疗大健康生态中运用这些穿戴设备，将会产生不可估量的效用。

六、产品与服务数字化“智能整合”阶段

前面三种创新都是单一产品或是服务功能的创新，而智能整合则涉及跨产品与服务的整合创新。这种创新不限于单一产品或服务，主要是为了让客户享有更完整、无缝对接的产品功能或是服务的创新，这当中包含在每个流程的节

点上实施数字化技术，更重要的是，通过云计算将这些核心流程紧密地衔接起来。图 9–5 展示的是一个医院的典型流程，即挂号、门诊、各项检查（如验血、CT 等）、专家咨询、开药取药、康复以及后续的复检。在传统医院，这些流程都是独立的环节，即使部分设备已经达到自动化（如 CT 扫描），整个看病诊疗流程的信息也还是彼此割裂的，病患还是需要去等 CT 扫描或 X 光照片，然后再拿给医生判断，如果能通过云端服务器将这些流程的信息共享，医院就可以提供给病患更好的诊疗无缝对接体验。

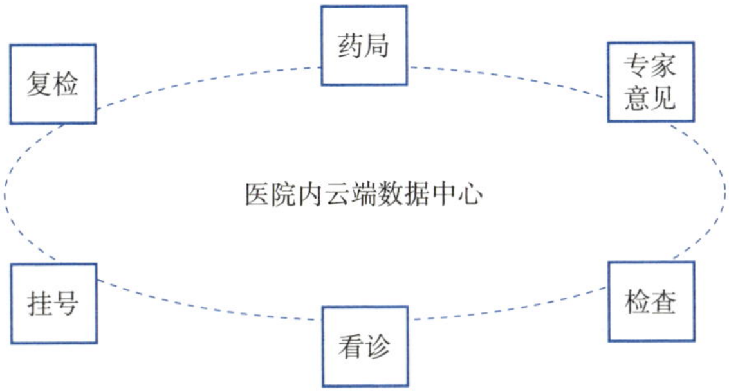

图 9–5　医院内核心流程的智能整合

我们再看看另外一个在国外非常知名的智能化流程整合——卡特彼勒公司（Caterpillar）——一家世界知名的工程建设和矿用设备制造商。卡特彼勒公司生产的矿用卡车与挖掘机（见图 9–6）。

图 9–6　卡特彼勒公司生产的矿用卡车与挖掘机

公司有近 200 万台的重型设备分布在全球各地，该公司过去的核心流程包含机器设备的销售以及售后服务。以往的客户痛点是，客户购买了该公司的设备以后，对设备不了解，何时应进行维护以保持设备的可用性是最大的挑战。如果没有适时、适当地进行维护，在设备出现大问题时，客户就无法使用该设备，客户的工程项目进度就会受到影响，甚至因此产生安全隐患。所以掌握客户设备的使用状况，了解这些客户端设备的耗损，进行计划性的设备保养就成了重要的售后赋能。对于卡特彼勒公司来说，仅仅知道客户设备应该何时进行预防性保养是不够的，还需要根据设备使用信息安排预防性保养时间、通知材料供应商何时进料、安排技术工人提供维修保养服务，形成一连串环环相扣的服务流程。为了进一步提升客户价值，公司甚至将设备产品销售模式转变为保障使用的服务合同，这时所有信息就成了内部管理的核心工作。同时，它们也让用户在手机移动端直接查看机器、车队、性能状况、出勤率和生产率等运营数据。卡特彼勒公司将整个流程智能化，如图 9–7 所示。

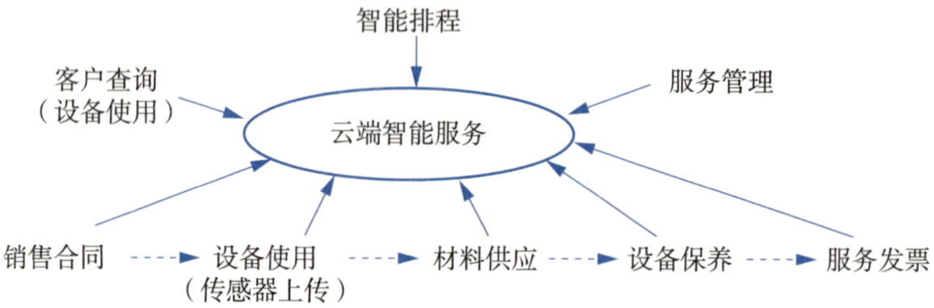

图 9–7　卡特彼勒公司将核心流程智能化无缝对接

上面所列举的例子是企业内部创新，但是这种以智能整合创新为特征的企业数字化转型，最大益处还在于对产业生态圈的整合应用，这里所说的生态圈整合应用，就不仅仅是新增加某单一产品或是让个别厂家创造新的收入来源。生态圈整合应用，着重在跨企业，甚至跨行业的数字化创新与流程的整合应用。

七、产品与服务数字化——以大健康医疗体系的整合创新为例

国内医疗体系一直是民众生活的痛点之一，由于人们对“名医”的崇拜心理，北上广等区域核心城市的三甲医院吸引了周边地区乃至全国的病患，这一方面造成了大城市医疗资源的紧张，另一方面也造成了周边地区医疗资源的浪费。过去几年，大型医疗院所在数字化方面也做了许多投入与改善，可以明显看到许多三甲医院病患排队、挂号、付费、取药的时间都大大缩短。病患可以通过手机 App 或是微信小程序预约门诊，候诊时间一般在 30 分钟之内，大多数患者都可以接受这一时长，付费也可以在 App 上完成，取药也会依照排队人数在各个柜台窗口进行动态调整，所以整个过程较为顺畅。这些流程和节点的

数字化现在都局限在提升企业（医院）自身的运营效率与改善用户体验上，而让数字化发挥更大的作用，则应着眼于整个医疗行业结构的再造，例如，医疗分级以及医药分工（看大病在医院、看小病在诊所，领药在药房），远程医疗、病历共享、个人健康数据监测预警、医病与复检分工协作等，这些工作涉及医疗大健康的多个产业数字化整合以及人工智能的应用，以及制度上的分工协作，例如，三甲医院、地方医院、诊所、药房、复检中心、体检中心、医疗设备制造商等企业在大健康体系内的分工协作以及数据共享，如图 9–8 所示。

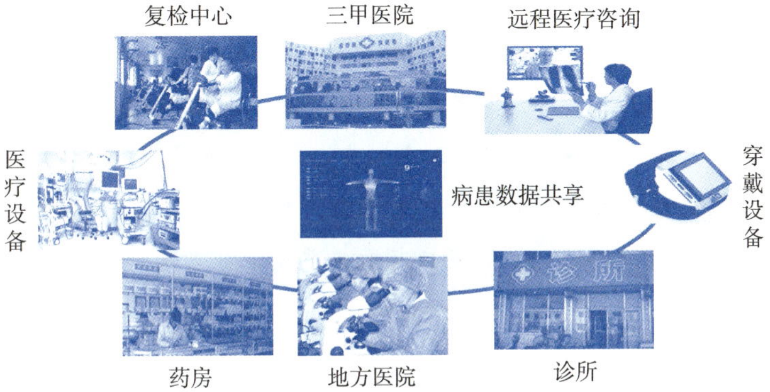

图 9–8　大健康医疗体系的跨行业整合创新

对企业来说，单一产品的创新能产生新的收入来源，创新速度越快，就能越早获得市场红利。跨行业的数字化整合创新对企业来说则是重大的资源整合以及行业全新生态战略的打造。通过跨行业创新，可以让多个企业共享资源，创造更多的收入，甚至是新的商业模式。最重要的是越早构建这种跨行业的数字化整合生态，就越能构筑行业内的竞争壁垒，同时也能够让客户获得最大的效益以及更好的体验。

本章总结

本章讨论企业数字化转型的第一种路径——产品与服务的数字化，我们提出了一个四阶段的模型以帮助企业家进一步思考，这四个阶段包含了产品功能增强、产品虚拟化、产品创新以及智能整合创新。

第一阶段是通过数字技术，提升现有产品或服务的功能，我们列举了汽车、运动鞋、游乐场、家电等行业的产品。这种创新的特点是客户消费的仍然是现有的产品，我们只是通过数字技术让产品更好用、体验更好，这些功能的提升以及产品的差异化可以让企业在与对手竞争时更具优势。

第二阶段是产品虚拟化，也就是将现有产品与服务的载体完全移除，而采取数字内容的方式提供给客户，如将书籍、报纸、杂志转为电子书、电子报，将硬件服务器厂商转型为云计算服务提供商，将电影院转型为视频网站，将健身房转型为线上健身软件等。可能有一些企业家会说："我们的东西不可能数字化啊！"是的，并不是所有产品都可以虚拟化，但还是建议企业家尽可能地发挥创意，那些被取代的行业，都认为自己的产品不可能被虚拟化，等到更有创意的人提出了虚拟化模式，也就是他们的企业告别市场之时。

第三阶段是产品创新，这个阶段是个别产品从无到有的创新，我们列举了智能音箱、智能穿戴设备、自动驾驶电动车、语音转文字电子记事本等。

第四阶段则是更大规模的企业内或跨行业整合创新，这种创新涉及产业中不同类型企业的分工协作、数据连接与数据共享。这种跨产业的数字化创新影响力最为深远。

课后思考

在本章里，我们提出了产品与服务数字化创新的四阶段模型，它们分别是增强、虚拟化、创新、智能整合四个阶段，现在可以思考一下，从这四个维度来看，你所在的企业有哪些可能的创新机会？

第 10 章

商业模式创新路径之二
——平台商业模式与生态商业模式创新

Enterprise
Digital
Transformation

10

在第九章中，我们讨论了产品型企业的产品与服务创新模式，本章我们继续讨论价值生成的另外两种创新模式——平台模式与生态模式。如前面的定义，凡是直接销售或是通过渠道向客户销售自己创造的产品与服务的企业，我们就称之为产品型的企业模式，也是我们最为熟知的标准企业模式。但是产品型企业的优势也可能会变成其弱点，例如，它们可能因为某种产品大卖而风生水起，也可能因在短时间内转型困难、路径依赖等，被颠覆性的创新产品“打落下马”。

2000 年以后，另外两种类型的企业应运而生，第一种是 2000 年以后诞生的平台型企业模式，第二种是在 2010 年前后兴起的生态型企业模式，我们从时间与价值创造两个维度，来审视创造价值模式的发展历程，如图 10–1 所示。

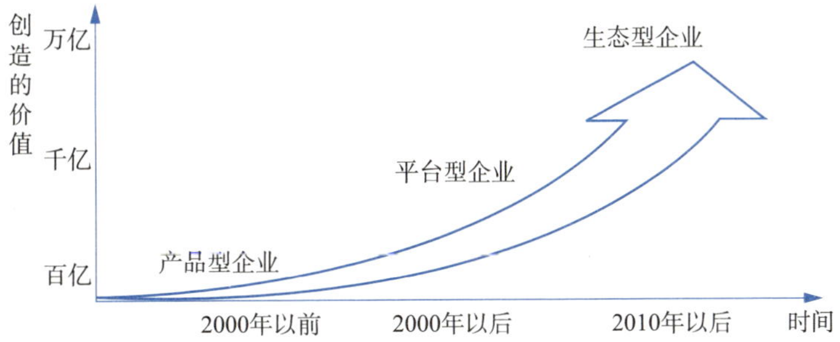

图 10–1　产品、平台、生态三种企业模式的发展时间与价值创造

平台与生态模式都是在 2000 年以后才陆续产生的。在 2000 年之后，互联网浴火重生，eBay、亚马逊等企业开始崛起，这些企业本身并不生产任何产品，可是却卖出了大量的产品，这就是“平台型企业”。继平台模式之后，企业开始构思如何利用更多的外部资源，通过分工、协作为客户创造更多价值，这就是“生态型企业”。学者们一般认为，后来的两种新商业模式为企业创造了更多的价值，甚至一些风险投资人认为，优秀的产品型企业可以创造出价值百亿元的企业，而优秀的平台型企业则可以创造价值千亿元的企业，而生态型企业，创造的则是价值万亿元的企业。所以，我们可以把平台与生态这两种商业模式创新归类为价值创造模式的升级。

请各位企业家不要先入为主地认为“我的公司就是生产、销售某些产品，所以我们不可能考虑平台或是生态模式”。让我们先了解一下平台与生态两种模式的异同，再来想想这些改变是否可能发生在我们的企业中。

一、平台商业模式创新

1. 何谓平台商业模式

平台商业模式，就是剪除中间环节，直接对接买卖双方的一种商业模式。在讲述平台具体内容之前，我们先看一个平台模式与传统模式竞争的经典案例。40 岁以上的朋友一定都记得诺基亚手机，它曾经是手机行业的超级霸主，但是在苹果手机上市后短短两年，诺基亚被苹果彻底击败，诺基亚为什么会输给苹果？是因为产品设计，还是因为价格？都不是。业界有个有趣的说法是“诺基亚是被苹果平台上的 20 万个软件开发商打败了”！

我们再看看国内的一些案例，传统的电影院线被谁击败了？它们是被爱奇艺、优酷等视频网站公司击败了。传统书店又是被谁击败了？它们不是被更大的同城书店击败，而是被卓越（后来的亚马逊）以及当当击败了。那么家乐福与大润发，在超市行业都曾经不可一世，它们又是被谁击败的？我们可以说它们是被淘宝、天猫击败的。这些赢家的共同点是自身都是没有一个产品的“平台”企业。爱奇艺播放电影，可是自己不拥有一家电影院或是制片公司；亚马逊、当当卖书，可是它们自己并不拥有一家出版公司或是印刷厂；天猫、京东销售上百万种杂货，却一件库存都没有，可是它们却聚集了一大群拥有这些商品的卖家，这就是它们获胜的原因，这就是平台的威力。

关于平台（或者我们称之为双边市场）的理论，一直到 2004 年才开始成型。哈佛大学教授罗斯（Alvin E.Roth）因在“市场设计”上的研究获得 2012 年诺贝尔经济学奖。法国图卢兹大学教授梯若尔（Jean Tirole）因对双边市场的研究获得 2014 年的诺贝尔经济学奖，他们探索的都与平台模式有关，并企图解决传统经济学市场机制失灵状况下的分配问题。

2. 平台商业模式与传统商业模式不同之处

大多数企业采用的传统生产与销售模式是一种被描述成“管道”（Pipeline）

的模式。管道是一步一步、循序创造和传递价值的过程，供应商在一端，顾客在另一端。在传统管道模式中，企业首先设计、制造产品，然后投入市场进行销售或交付服务。哈佛大学教授迈克尔·波特称其为价值链，由于它的单向流动特性，我们也把管道业务称作线性价值链（Linear Value Chain）。而平台是一个双边（甚至多边）市场，它是允许最终用户进行直接交易的市场平台。平台是一种基于外部供应商和顾客之间的互动与价值创造的商业模式，平台为这些互动赋予了开放的参与架构，并为它们设定了治理规则。平台的首要目标是匹配用户，通过市场交易，为所有参与者创造价值。

3. 平台商业模式的原理

随着商品越来越丰富，平台企业拥有的用户数量也会增加，而用户数量的增加，又将带动卖家的数量增加，我们将这个效应称为网络效应（Network Effect）。我们以滴滴打车为例来说明，在滴滴平台上线初期，平台上的用户很少，因此有的司机不会想到在这个平台上揽客，这时滴滴通过各种补贴，让乘客低价甚至免费乘坐共享车辆，用户获得良好体验后，就有了口碑传播，这样平台上的客户数量就会增多，司机揽客就更容易了，也就吸引了更多司机在平台上提供服务，因此又使得服务能量放大，如此循环下去，就有可能形成指数级的增长。

4. 平台商业模式的优点

在商业竞争中，平台还具备一些产品型企业所没有的优势，这些优势让平台商业模式在 2000 年以后碾压了大量的产品型企业，其优势如下：

（1）平台企业没有产品的包袱。传统经济模式里，产品是企业存在的根本价值，但是开发、维系产品也是企业的重大负担，企业必须了解市场的动态需求，在产品上不断迭代创新，一旦走错路线，将给企业带来灭顶之灾。另外，产品也为企业带来了库存，有了库存就会有资金占用。虽然市场与客户对你的产品有需求，但从生产投料到车间制造，再到包装暂存、物流发送，甚至代理商账期，都需要资金。而平台企业因为所销售的都不是自己的产品，所以完全不需要担心这些问题。

（2）平台企业在市场上更有弹性。正是因为没有自己的产品，平台企业的核心工作是经营客户端，也就是说，不管消费者的需求怎么变化，产品技术怎么迭代，都与平台企业无关，平台企业只管找到好的产品，让它在平台上展出，协助产品企业把产品卖掉就可以了。平台的原则是，谁家产品更符合潮流，就顺势推广谁家的产品，所以在面对多变的市场时，平台型企业比产品型企业具有更大的弹性。

（3）企业的规模可以指数型放大。产品企业因为拥有产品，造成了极大的包袱，如果要翻倍增长，就需要在生产设备上加倍投资，所以产品型企业的增长属于线性增长。反观平台模式，基于网络效应，它们可以充分利用外部资源，所以只要平台走上正轨，平台的增长模式就不是线性的而是指数型的，我们将这个现象称为“梅特卡夫效应”。后来，一些学者针对 Facebook 以及中国的腾讯用户人数与其公司市值的关系进行分析，证明了这种指数增长的现象。

案例 3：爱彼迎（Airbnb）

爱彼迎是两个新生代设计师——布莱恩·切斯基（Brain Chesky）以及乔·吉比亚（Joe Gebbia）想出的点子，他们最初在旧金山的创业并不顺利，甚至到了无法支付房租的地步，恰逢旧金山举办年度大型会展，酒店资源紧张，这时手头拮据的两人突发奇想，决定通过给参会者提供气垫床和旅游向导的服务来赚钱。切斯基和吉比亚在网站上打出“广告”后，连续三周都有房客登门，这也让他们赚了 1000 美元，足以支付他们下个月的房租。为了扩大战果，他们设计了一个网站，容许任何人在任何时候出租闲置的沙发位或是客房给旅行者。然后他们再从租金中抽取一小部分作为平台的佣金。这家公司就是现在的爱彼迎（Airbnb），目前是全世界覆盖地区最广、拥有房间最多、覆盖的价格区间最广、全球规模最大的酒店企业！可是它本身并没有任何一个房间的所有权！通过网络效应，今天的爱彼迎平台是一个覆盖 119 个国家（地区）的巨型创业公司，管理从公寓、普通住宅到城堡等超过 50 万套的房源，服务超过 1000 万名会员。在上市前的一轮投资（2014 年 4 月）中，该公司估值超过 100 亿美元，2020 年 12 月该公司上市，市值达 470 亿美元，2021 年 8 月该公司的市值与上市时相比又翻了一番，已高达 1000 亿美元，同期只有极少的几家世界最大的连锁酒店的估值能接近这个数字。

二、生态商业模式创新

商业生态系的概念是由哈佛大学教授詹姆士·莫尔（James F.Moore）于1993 年提出的，他认为过去我们都将企业作为一个独立的个体进行观察，但“企业事实上是生存在包含多种行业的企业生态系统当中。在这样一个生态系统里，众多企业一起演化它们的能力，它们的工作方式是通过合作与竞争来提供产品与服务、满足客户需求”。这些企业不是单独生存，它们之间也不是只有竞争关系，它们更应该是协作关系。

莫尔指出，苹果公司是一个生态系的领导者，该生态系包含了至少四个主要的行业：个人电脑、消费电子、信息、通信。这个生态系包含一个延伸到供应商的网络，其中有摩托罗拉、索尼，它们共同投入以满足处在不同市场区隔的大量客户。也就是说，苹果与其供应商的关系，不是讨价还价和竞争关系，而是追求共存多赢。苹果、IBM、福特、沃尔玛等公司，都曾经或仍然是不同的商业生态系统的领导者，在它们自身的生态系统中，也同样有大量企业在共同努力，一起致力于给客户带来更多的价值。这些领导者让生态系中的多个企业，都乐意投资于一个可预见到获利的共同未来。

生态系的概念与传统产业经济的概念有巨大的不同，例如，竞争理论学者迈克尔·波特（Michael Porter）从产业经济学观点发展出的五力竞争模型，就是衡量企业与买方、现存竞争对手、潜在对手、供应商、替代品等五种力量的话语权大小，决定了企业的竞争力。生态系理论让企业家在思考战略时有了一个新的视角，首先观察企业的生态圈体系的组成分子，接着思考彼此间的优势如何互补，而不是竞争话语权，再考虑如何在互动过程中满足彼此的需求，共同提升服务客户的能力。国内外有许多著名的成功生态圈，我们举两个典型的例子。

案例 4：“eBay+Paypal+ 卖家”构成的生态圈

eBay 是全球最早成立，也是全球领先的 C2C 电商平台之一，eBay 也是淘宝的原型，eBay 本身作为市场空间（Market Place），吸引着买方与卖方在这个平台直接交易，然而买卖双方的交易需要资金的移转，因此也就有了 Paypal 在这个平台可以扮演的角色。试想如果没有 eBay 促成的交易，Paypal 的用户数绝对不可能有如此高速的增长。所以eBay成为生态圈的领导者，但是如果Paypal只顾着对eBay上买卖双方收取较高的交易费，那么用户（买卖双方）也就不会完成那么多Paypal交易。同样，如果eBay只顾着压低Paypal的交易费用，Paypal也不会愿意在生态圈中贡献。所以eBay与Paypal共同组成了生态体系，共同服务生态圈中的买卖双方并达成共赢。

案例5：淘宝+支付宝+“菜鸟”+“蚂蚁”+卖家

淘宝虽然在早期复制了eBay模式，但是后来走出了B2C（淘宝）与B2b2C（天猫商城）的模式，支付宝则复制了Paypal的交易资金流服务的角色，又创造性地加入了“扣留货款”功能，让平台在交易双方产生争议时可以更为有效地进行仲裁。物流服务在美国eBay主要由美国联邦快递与DHL完成，而在中国则有众多规模较小的物流公司合力完成，但这些公司的收费与服务水平参差不齐，因此淘宝专门成立了菜鸟，介入并整合了物流服务，以带给用户更好的体验。

eBay的卖家大多是二手个人卖家，这些卖家在网上卖的是自己不用的二手产品，因此他们没有商品进货的资金压力，而淘宝的卖家规模有大有小，既有个人卖家、小商家、小型公司，也有大型品牌企业。而这些小卖家需要向厂家进货再销售，鉴于卖家有备货的资金需求，淘宝又建立了蚂蚁集团，为卖家提供资金服务。所以整个淘宝的生态体系，就是由淘宝、支付宝、“菜鸟”、“蚂蚁”以及众多卖家组成的生态系，共同为提高买方（共同客户）的价值做出不同的贡献。

三、从产品型企业转化为平台或生态型企业的战略思考

前文我们说了许多平台企业或是生态企业的好处，但是大部分企业仍然属于产品型企业，产品型企业到底是否应该转型为平台或是生态型企业，或是还有没有机会进行这样的转型，传统企业的高层在面临这样的问题时，很难做出决策。首先，传统的产品型企业，大多具有良好的产品研发、生产和制造的能力，但是并不具备经营平台的能力，如果贸然放弃自己的优势，走向自己处于能力资源劣势的平台模式，是否明智？

平台或是生态圈确实很好，但是企业家仍需评估自身的优势与劣势，再审慎思考最适合自己的商业模式。

反观当前成功的平台与生态圈型企业，它们绝大多数都是从没有产品的“光杆”企业做起的，俗话说“赤脚的不怕穿鞋的”，这些“赤脚”的企业之所以敢于直接建立平台，就是因为它们没有传统企业的优势资源。例如，阿里巴巴集团的马云在创业之前是英语老师，不仅没钱也没有经营互联网的经验。Airbnb 的创始人布莱恩·切斯基以及乔·吉比亚，也未曾拥有过任何一家酒店，所以让他们建立大型商场或是开连锁酒店，他们完全无法与传统商超和酒店业抗衡。他们直接做平台成功的机会显然更大，平台企业的机会成本极低，做不成大不了找个其他行业再搞个平台试试。但是传统行业就不一样了，例如，卖场规模居全国之冠的大润发，以及在全球拥有高端酒店的香格里拉集团，让它们突然转为平台企业，它们的管理层绝对不敢跟董事会提出这样的建议。可是等到淘宝、Airbnb 做大了，大润发与香格里拉集团的客户就有被硬生生分割的风险，这时他们可能又会叹息，有这么强大的资源，为什么没率先去做平台。正如同汽车行业，这么多的汽车大厂，它们拥有强大的行业资源，它们可以拿到生产成本的购车价格，却为什么没有打造出 Uber ？反而是等共享汽车成了“气候”，这些大型汽车集团才开始投入，但为时已晚。

迈克尔·韦德等在其所著的《全数字化赋能：迎击颠覆者的竞争策略》一书中，提出了一个新的名词概念“价值吸血鬼”。他们指出，很多传统行业正被新的商业模式严重打击，这些入侵者往往通过新的模式为消费者创造出“价格、体验、平台”等三种价值，例如，Jet.com 自己没有任何产品，而是通过比价帮助消费者找到最便宜的商品，然后它们为消费者进行代购，而这些供货的零售商见到可以产生额外销售，也愿意向这些中间商供货。根据一项价格比对，Jet.com80% 的商品价格低于亚马逊。这些被命名为“价值吸血鬼”的平台比比皆是，例如，ClassPass 自己没有任何健身门店，但是它们提供会员卡，可以让会员进入与它们合作的健身房，分享上千种健身课程。而那些健身房因为可以收到一些服务费，也愿意提供服务，可是一旦 ClassPass 做大，可能就会对所有的健身房造成挤压。

行业中原有的企业到底该怎么做？要不要立即转型做平台呢？ 20 世纪 90 年代，一个叫作“资源基础理论”（Resources Based Theory）的传统商业理论建议企业必须基于它们现有的资源基础进行发展，例如，大润发有数万个商品、数百家大型卖场，香格里拉集团有很好的酒店品牌以及颇具规模的连锁五星级酒店，基于“资源基础理论”，它们就应该循着这个路径发展，不要进入不熟悉的领域。但在当今快速变化的环境中，这一理论可能会误导企业，让企业错失良机。可是，企业总不能放弃这么大的家业，去搞一些自己都不知道未来的新业务吧？

2006 年，加利福尼亚大学伯克利分校的大卫·悌斯（David Teece）教授针对“资源基础理论”，提出了“动态能力理论”（Dynamic Capability Theory），这或许可以帮助企业家们更好地思考。动态能力理论认为，企业在当前多变且不可预测的环境下，死守旧有资源并无法保证它们能够应对未来的竞争，企业更应该关注的是对于能力的动态重构，并依此部署它的资源，这当中包含了业务模式、组织、人才的重构与部署。

基于上述问题，笔者有一个亲身经历可以和企业家分享，笔者曾经担任某集团数字化业务负责人，为了培养数字化能力，我们建立了 N 公司，N 公司的最初目的是替集团内经营多种业态的其他事业部门进行数据赋能，经过三年的努力，N 公司积累了 3000 万名客户的数据，N 公司也通过会员 App 平台与大数据的运营，将客户的购买频次显著拉升。与此同时，我们发现不同事业部之间的客户其实是可以互相支援的（前提是保证数据安全），也就是说，把集团内 A 业态（公司）的客户推荐到 B 业态（公司）去消费，而 B 公司在获得新客户后，再反馈利益给 A 公司，这样就构成了一个良性、互利的生态系。在集团内部关系企业之间产生综效以后，我们开始对外部企业赋能合作，首先让我们的客户能在外部企业使用客户的积分，该做法达到了五重效果：①客户感觉到在我们集团内得到的积分更有价值，使得客户更愿意回来消费；②客户意外发现他的积分在其他外部商家的价值可以被放大使用（原来 100 积分可以抵扣 1 元消费，拿到这些外部商户抵扣则有可能抵扣 10 元），这就使客户更加满意了；③外部商户因为获得了大量的新客户，也很高兴地提供积分翻 10 倍的消费场景；④这些外部商户鉴于自己开发积分系统耗费时间，同时也缺乏技术能力，于是直接将会员积分放在 N 公司平台，双方在保证客户数据安全的前提下，由 N 公司代理储存管理客户数据；⑤这些外部商户发现 N 公司大数据精准营销能力非常强大，于是委托 N 公司提供服务。于是我们将内部的一个职能转变为公众赋能平台，当 N 公司会员规模达到六七千万人后，它的生态能力更加强大，外部厂家提供的产品资源与会员数量相互牵引、放大，产生了网络效应。此时，我们顺势把会员积分商城扩大为会员专属购物商城，并且模仿 Costco 采取付费会员制，顺利地将原来的传统零售连锁提升为全渠道的购物平台。此时，一些著名的 PE（私募基金）找上我们，希望能投资 N 公司，而且给出了上百亿元的高估值，这个平台策略使得一个传统型搞生产、零售的企业，多了一个全数字化的新旗舰级事业。

传统企业转型做平台或是生态圈，也不一定要从价值生成的视角来看，还可以从创造客户（销售）的角度来看，这时企业并没有放弃自己的产品，企业可以通过自己建立的互联网平台，让广大消费者（卖家）在这个平台上帮企业卖产品，然后分利润给这些卖家，近几年的社交媒体营销，例如，海尔的顺道微商城，就是采取这个模式。海尔的顺道微商城提供给经销商以及任何有兴趣销售海尔产品的企业或是个人一个具有个人风格的网站，它们可以通过自身客户资源，推广海尔的产品，该网站一旦接到了客户订单，海尔就安排发货，这些卖家无须任何库存，当产品销售出去后，卖家就直接获得利润分成，这种模式也可以看成是另外一种形式的生态圈。

综合上述案例经验，我们给企业家的建议是，绝对不能满足于现在的小安乐，应该不断地细心观察宏观经济与社会大环境变化的主要趋势，评估这些趋势或变化对行业的影响，企业可以选择一些自己有能力执行的新模式，选择适当的切入点试水，成功以后再扩大。在这个过程中原有的商业模式继续运营，并进行局部的优化，并不需要一下子全盘推翻原来的模式，与此同时由独立的团队进行新业务模式创新的试水，这样或许才是两全之计。

本章总结

本章讨论商业模式创新的第二条路径——从产品型企业转型为平台型企业或是生态型企业。产品型企业是过去传统上的企业商业模式思维，这种企业专注于产品的创造、发展、生产、销售，在 2000 年前后开始有了平台商业模式，平台商业模式剪除了中间商，直接对接买卖双方，使得交易效率提高，企业在平台商业模式下，可以避免产品开发以及库存的负担，保持极大的弹性。生态圈商业模式则是通过企业外部的其他合作伙伴，共同协力创造更高的客户价值。从理论上来说，生态型企业能够创造最大的规模与价值，平台型企业次之，产品型企业最低，企业家们不妨思考一下是否有机会采取这两种模式改变企业的商业模式。

课后思考

本章提出了平台模式与生态模式，我们分析了平台模式与生态模式，以及企业如何通过这两种模式来避免产品型企业模式可能遇到的困境和可能创造的更高经济价值。现在请企业家想一想，我们的企业是否有机会采取某种模式？如果不能，困难是什么，是否有化解之道？

第 11 章

商业模式创新路径之三

——价值获取模式创新

Enterprise
Digital
Transformation

11

在前文讨论价值生成的商业模式创新时，我们讲到产品数字化，因为产品边际成本为零，所以企业的收费模式可能更富弹性。我们也提到了平台商业模式，为了促进网络效应的尽快产生，我们可能在收费上采取先免费后付费（Freemium）的收费模式。但是前文的重点为讲述平台与生态模式本身，所以并未进一步讨论配合这些模式的收费方式。本章的主要内容将从价值生成，转移到价值获取，也就是企业的收费模式，即前文提出的“基于价值观点的商业模式创新模型”的最右侧部分（见图 11–1）。

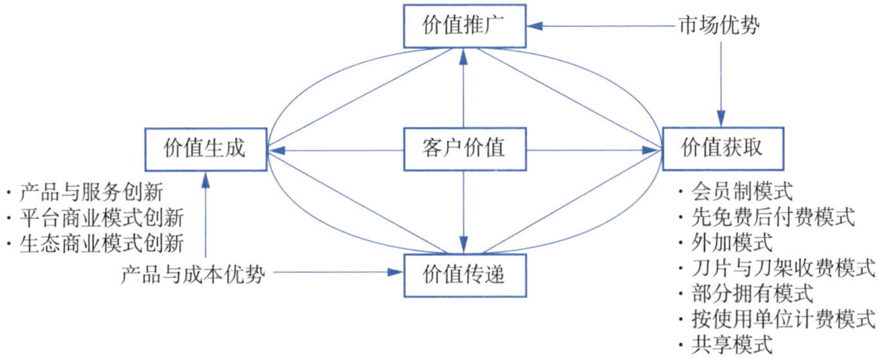

图 11–1　基于价值观点的商业模式创新模型

价值获取讨论的就是企业怎么对客户收费，其实就是买卖双方的交易关系。传统上客户与企业最重要的关系就是交易买卖之间的关系，近年来绝大多数企业都有客户流失的问题，良好的买卖关系可以有效地避免流失问题。我们需要指出，客户流失问题源于把交易看成是一锤子买卖关系，这种关系并不是人类社会发展的标准模式，从远古的物物交换到赶集买卖，买卖双方的关系远不是一锤子买卖，很多交易双方都有着亲密的邻里关系，所以经常产生的是双赢的结果，而且是可持续性的关系。现代企业与客户产生的那些不良关系，应该是源于工业化大生产以后，买卖双方的关系逐渐疏离，特别是 20 世纪 60 年代启蒙的传统营销 4P 概念，关注的也是这种一锤子的买卖关系，所以讨论价值获取的各种商业模式创新，不但是为了呼应价值生成商业模式的收费方式，更重要的是帮助企业建立和客户的长久关系。

这里将介绍七种收费的商业模式，按照它们各自的属性，我们将其分为三大类型：第一种类型是身份关系绑定，包含了会员制（Membership）以及先免费后付费；第二种类型是降低门槛，绑定后续使用，包含外加模式（Add on）、刀片与刀架收费模式（Razor & Blade）；第三种类型是部分拥有模式（Fractional Ownership）、按使用单位计费（Pay per Use）、共享模式（Share）。这七种模式在过去几十年创造了许多成功的企业，在做法上虽然不像第十章讲述的直接从产品与服务数字化下手，但一旦实施也必须考虑企业数字化的支持能力。

一、会员制的经营策略及价值

会员制无须改变产品就可以建立新的买卖关系。会员制是客户与企业之间的双向承诺，买方愿意将更多的交易转移到卖方，而卖方也给予买方适当的奖励作为回报。会员制可以是一般的松散型，也就是说买方只是“愿意”将更多的交易转移过来，可是并没有承诺将所有的交易都移转过来。例如，航空公司的会员制会吸引许多乘客在选择航班时偏向选择已经成为其会员的航空公司航班。会员制度一般比较松散，所以也有一些经过调整的会员制度，可以更有效地让买方把交易移转到卖方，例如，付费会员、订阅服务等。

许多企业将绝大多数客户转化为会员并给予积分，这时会员制又区分为一般会员与付费会员两种，这种做法可以先扩大会员基础，再从当中发展一部分会员成为付费会员。所谓付费会员，就是买方需要支付卖方一定金额以取得付费的年会员或是终身会员身份，然后可以获得相较于一般会员更高的奖励。付费会员比较典型的例子是Costco，其在全球范围实施付费会员制度，吸引了优质的白领将生活必需品的交易全部转移到这家超市。国内的全家便利店连锁店铺实施了尊享卡制度，也使得这些付费会员的交易更集中在全家便利店的连锁店铺中。

二、先免费后付费的经营策略及价值

前文我们讲到，一些企业的会员制分为一般（免费）会员与付费会员两种，Freemium 就是这种会员制的变形模式，它起源于一种非常“互联网化”的新型商业模式。互联网的商业运营有一个特殊的概念——传统商业没有的——“转化率”。什么是转化率，就是过来 100 个潜在客户，这 100 个人当中有多少人最终完成了购买，完成购买的客户和潜在客户之比就是转化率。为什么互联网企业这么强调转化率？因为互联网最早是以门户网站打天下的，例如，雅虎、新浪等，那时没有电子商务，门户网站其实就是广告平台，平台每天的造访人数就成为决定平台价值的关键，造访的人数越多，广告的曝光量就越大，平台就越值钱。后来，随着电商的兴起，销售产品的电商平台所关注的不只有流量，它们更关注的是有没有销售，所以就出现了流量“转化率”的概念。

由于转化率的重要性，电商企业都绞尽脑汁希望提升转化率，但是多年来互联网用户在各种电商平台的影响下也学聪明了，他们会进行更多的评估，才决定是否要完成交易。这时就有一些电商企业为了让客户放心，采取货到付款、免费试用、物流保险（货到验收后，如果后悔不想买，退回商品时买家无须承担运费）等营销手段。类似的概念在视频网站也得到了应用，视频网站为了提高转化率，也延伸了试用的概念，它们先让客户免费收看，等客户不知不觉中收看上瘾了再开始收费。例如，爱奇艺、优酷初期的用户都是通过网络广告链接过来的，这些视频网站也需要考虑如何让广告投放的效率最大化。如果新客户还没有实际体验过，就直接让客户缴纳一年的费用，估计很少有人会愿意付费。为了提高流量的转化率，视频网站在取得一个热门连续剧的播放权后，会让用户先看两三集，当用户上瘾了就告诉客户，后面的剧集必须缴费成为会员才能收看，否则就不知要等多久才能看到下一集。用户忍不住想抢先看，就只好付费成为会员。这就是先免费后付费商业模式。在这个模式下，前面一段时间或是局部功能模块的使用是免费（Free）的，而后面的则是让客户增值体验的收费（Premium），两个词叠在一起，就构成了 Freemium。

电商平台也是采取类似的策略，例如，淘宝、京东商城。如果你开一个网店，初期规模很小，开店是不用花钱的，但是当交易量放大，想要更多的引流或是想要更多的客户数据分析服务时就得付钱了。对淘宝、京东平台而言，那些不收钱的卖家是用来充人场的，付费的商家才是它们真正想从中盈利的对象。

Freemium 有三种基本类型。

（1）按使用时间收费：初期免费，到一定阶段后再收费。例如，优酷、爱奇艺等视频网站。

（2）按服务功能收费：基本功能免费，增强功能收费。例如，领英（LinkedIn），对 C 端用户不收费，对 B 端提供找人才服务则收费。又如抖音，对于那些偶尔发些视频的用户是不收费的，但是对想要用视频推广产品的企业用户，则按照需要流量的大小进行收费。

（3）按用户身份收费：一般个人号免费，企业号收费。例如，微信、淘宝与天猫的商城，对个人用户不收费，对企业用户收费。

推行 Freemium 模式应具备的基本条件：①当市场上有众多同质产品或是服务，客户面对的选择较多而且商品或是服务需要通过先期体验来化解客户疑虑时；②企业的产品或服务的边际成本为零，例如，虚拟化的视频产品，能够承接大量免费用户，后续再逐步转化。具备这两个条件的企业非常适合 Freemium 模式。

三、外加模式的经营策略及价值

外加模式的缘起是许多企业为了提高商品或是服务的竞争力，不断地增加产品或服务的功能和种类，导致成本被垫高，最终使产品失去竞争力。外加模式是让企业“反其道而行”，逆向思考对客户来说到底什么是最重要的基本功能或服务，其他已有的标准功能或是服务则属于选项。

根据上述原则，外加商业模式首先要考虑如何将产品或服务拆分，我们需要将产品或服务拆分为“基础模块 + 多个选项模块”。第一次销售时，我们只销售基础模块，这样可以使客户感知到价格门槛较低，客户能够很快决定购买，其余部分未来再慢慢地叠加上去销售。

这个方法可以让消费者在购买产品时，觉得产品或服务的入门价格较低。消费者决定购买或是已经购买后，再引导其选择购买其他升级选项功能。这样的商业模式需要数据的支持，包含分析哪些商品模块比较受欢迎，不同模块购买有没有因果关系，哪些客户属于基本模块购买者，又有哪些客户会成为购买多个模块的深度购买者，并借此深化客户的购买频次。

案例 6：汉莎航空

近两年，受新冠肺炎疫情影响，欧美国家有许多航空公司濒临破产，但有两家航空公司表现出较强的生存能力，那就是美国西南航空以及德国的汉莎航空，如图 11–2 所示。

美国西南航空

德国的汉莎航空

图 11–2　两家成功的廉价航空公司

当其他航空公司努力提升客户服务，增加服务内容，服务成本居高不下时，西南航空与汉莎航空则反其道而行之，它们将飞机上所有的增值服务移除，改为选择性的收费项目。它们的票价只包含最基本的经济舱座位，不提供免费托运行李服务，也没有餐食服务，如果客户需要这些服务就需要额外付费。

这两家航空公司是怎么思考的呢？首先，它们知道航空公司如果要获利，最重要的就是要让每个航班尽可能地满员，而目前民航市场上的许多航空公司的座位无法全数卖出就是因为附加服务太多，导致成本过高。这些外加成本经常来源于许多并不是每个人都需要的外加服务，例如，餐饮服务、行李托运，尤其是近距离的国内航班，飞行时间短，客户的需求也只是到达另外一个城市。这两家航空公司认为，少数客户需要的这些额外服务，不应该由所有乘客买单，更不应该影响正常机票的售价。通过服务拆分，降低经济舱的成本与价格，这两家航空公司成为短途客户的首选。从经济学的角度来说，那些需要更多服务的客户，可以自行决定是否要多付钱来购买额外服务，这更能体现出对其他客户的公平。

四、刀片与刀架收费模式的经营策略及价值

刀片与刀架模式是最早被提出来且广为流传的商业模式，它的概念是将产品区分为“基础平台与耗材”两个部分。基础平台模块以极低的价格甚至可以

免费提供给客户，企业主要是赚取后续的耗材持续使用费，因此我们也可以称之为“耗材模式”。这个商业模式与外加模式，相同之处都是在降低门槛，不同之处在于外加商业模式的基本模块就是主要销售的商品，外加的部分是可有可无的，而刀片与刀架模式的基础模块虽然也是必需的，但是它并非主要的销售收入，主要的收入反而是后面消费的耗材，所以耗材模式中所指的后面消费，不是可选项，反而是必选项目。为什么这个商业模式被称为刀片与刀架模式？因为它源于知名的吉列牌刮胡刀的创新思路。

案例 7：吉列牌刮胡刀

刮胡刀在过去是一个很沉重的产品，它的组成包含了一把锋利的剃刀和厚重的刀柄，如图 11-3 中左图所示。这种笨重的刮胡刀需要定期磨刀，这使得该产品的维护非常麻烦，而且因为比较笨重，出行携带也很不方便。

传统刮胡刀　　　　新式刮胡刀

图 11-3　刮胡刀新旧模式对比

于是，金·吉列（King C.Gillette）想到了一种轻型可替换的“刀片 + 刀架组合”，用户使用时，如果刀片用久后不够锋利，只需要更换刀片即可。当然这个模式的前提是产品的两个部分必须搭配使用，刀架是基础部分，刀片是耗材，不同品牌之间的刀架与刀片是不相容的。吉列选择将刀架搭配两片刀片在一起，以很便宜的价格出售，此时消费者选择购买这个组合是很简单的决策，因为它的价格远低于传统的笨重刮胡刀。消费者第一次购买的套装，可能使用过一两个星期后，刀片就不够锋利了，而这种刀片属于耗材，价格便宜，所以不值得用磨刀石使其锋利，只需添购新的刀片，只要消费者没有将刀架丢弃，就会不断地购买同品牌的新刀片，这样一来，刀架用得越久，后续销售的刀片就越多，让吉列得以创造持续性的销售与利润。

当企业的产品从单一产品转为耗材模式时，所需要的客户数据也完全不同了，传统刀片出后客户几年之内不会再买，而耗材模式则需要不断地提醒客户，并且让他们很方便地购买到耗材。

案例 8：雀巢胶囊咖啡机

雀巢的胶囊咖啡机也是一个“刀片与刀架”的经典案例，如图 11–4 所示。

	咖啡豆	总价/元	每杯价格/元	机器/元	每月咖啡花费/元	每年咖啡花费/元
咖啡豆	200克	68	1.36	859	82	979
胶囊	100粒	295	2.95	499	177	2124
差价				–360	95	1145

图 11–4　雀巢胶囊与传统咖啡豆的价格比较

传统上，咖啡机与咖啡豆基本上是两个独立行业，传统的咖啡制作相对耗时，清洗麻烦，而且无法随意转换口味。绿山咖啡（Green Mountain Coffee）在发现传统咖啡的这一短板后，创造了新的商业模式，并率先推出了胶囊式咖啡机，这款咖啡机的造型设计十分可爱，一下吸引了大量的年轻消费人群。它能在数十秒内完成水的加热并萃取出咖啡，而且提供多种口味的胶囊，更适合现代人的“快生活”。企业家在这里可能会问，案例的题目说的不是“雀巢胶囊咖啡机”吗？怎么刚刚讲的都是绿山咖啡？因为绿山咖啡才是胶囊咖啡的“祖师爷”，只是该公司在专利权到期后并没有有效地阻止模仿者复制，以致后来者雀巢咖啡成了“吃瓜人”。

雀巢咖啡学习了绿山咖啡的产品设计，进一步采用了“刀片与刀架”模式，与绿山咖啡不同，雀巢并不打算在销售咖啡机上获利，它希望赚的是客户购买机器以后购买咖啡胶囊的利润。对消费者而言，胶囊每粒 2~3 元，与消费者在咖啡店购买 20~30 元咖啡的价格相比，成本极低，不同的胶囊更为客户带来更多的口味变化。对雀巢来说，胶囊咖啡的毛利远高于原来销售的咖啡豆、咖啡粉。如图 11–4 左边所示，以传统的 200 克包装的咖啡豆为例，其在网上销售的价格是 68 元，同样重量的以胶囊形式销售，100 粒胶囊需要 295 元。传统咖啡机煮出来的咖啡每杯是 1.36 元，胶囊咖啡每杯是 2.95 元，一年下来，消费同样重量的咖啡，传统咖啡的花费是 979 元，胶囊式咖啡的消费是 2124 元。雀巢咖啡机在设计上拥有独特的接口尺寸与外形，同时获得专利保护，所以其他咖啡厂家如果想生产雀巢咖啡机搭配的咖啡胶囊，还需支付一定的专利费用。这样的咖啡机能帮助雀巢公司稳稳地抓住客户，避免客户流失，并且获得了更高的利润。

五、部分拥有模式的经营策略及价值

部分拥有是一个很新的商业模式，它是共享商业模式的一种变形。当企业销售的产品属于高价资产，而且客户不一定要随时使用时，可以将一部分的使用时间与他人分享，这样几个人共同拥有这个资产，成本也可以降低些，特别是许多固定资产需要比较多的维护投入时，就更适合采用这种模式。

部分拥有模式一般是由出售者作为管理方，为资产的共同拥有者承担维护，并且协调共同拥有者的使用时间。这种部分产权销售也可以降低价格门槛，使得产品销售更加容易，在欧美国家，大型企业或是明星购买私人飞机，已经是盛行多年的事，但是一个人不可能天天坐飞机，而且拥有飞机你就需要聘请一位有经验的飞行员，并且做好飞机的保养，这样独自拥有一台飞机的成本非常高。怎么办呢，我们看看以下案例。

案例 9：ACS 艾尔包机

ACS 艾尔环球包机在全球拥有 130 多种型号共 50000 架飞机，如图 11-5 所示。这些飞机可以提供部分产权销售，也可以再拆分提供短租、日租以及年租等服务。每年包租需签订最少使用小时数的合同，也就是说承租人必须承诺在一年当中最少要使用多少个小时。这样艾尔就可以将一台飞机的使用权分租给不同企业或是个人。除了维修、排班以外，艾尔还提供驾驶员、空乘人员以及私人通关的服务通道，对于企业来说，如果买断飞机，还要自行承担维修费用、招募飞行员，是非常麻烦的事，这样的部分拥有模式对买卖双方都有利。

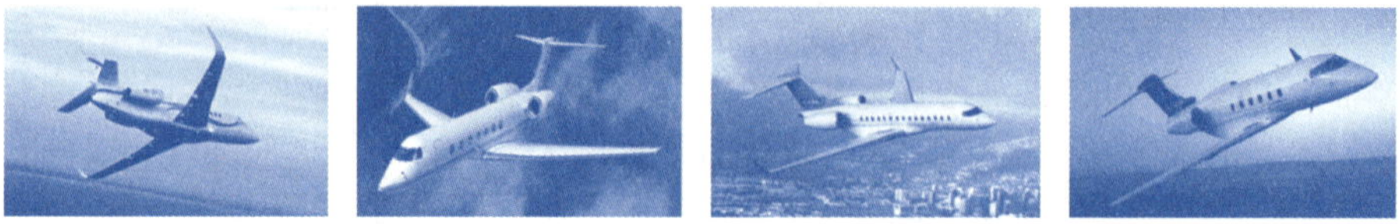

达索猎鹰2000　　湾流G550　　庞巴迪环球XRS6000　　庞巴迪挑战者300

图 11-5　艾尔提供各式各样的私人飞机服务

近年来，国内滨海度假别墅的销售也采取这种模式。滨海度假别墅既然是定位为“度假”就表示不是天天使用，一间房子如果长期没有人住也比较容易损坏，所以出售度假别墅的公司就直接为这些拥有者维护房屋，以免因为年久失修造成损坏，与此同时地产公司还负责将房屋出租，为房屋持有人带来收益。

六、按使用单位计费的经营策略及价值

按使用单位计费，是指当企业销售的产品价值较高或属于公共财产时，使用者不是持续性地使用，且企业对产品的使用可以精确地衡量使用时间，用户使用时才开始计费。按使用单位计费与部分拥有模式的不同在于，部分拥有模式事先购买了固定单位的时间使用，按使用单位计费则无须保证最低购买时数，产品的所有权仍归属卖方，也不保证使用方使用固定编号的产品，而是保证用户需要的时候一定有产品可以使用，计费则更具弹性地按照使用的时间单位进行收费。

按使用单位计费的适用条件是，客户想要使用的某产品单价较高，但用户并非连续使用该产品，而且卖方要负责协调多方使用，卖方要负责维护产品的可使用状态以及一定数量的备用品。

案例 10：劳斯莱斯（Rolls-Royce）飞机发动机

大家熟知的劳斯莱斯是英国的一家高端汽车制造商，其实劳斯莱斯也是拥有近百年发展历史的飞机发动机领域的关键厂家之一，如图 11-6 所示。

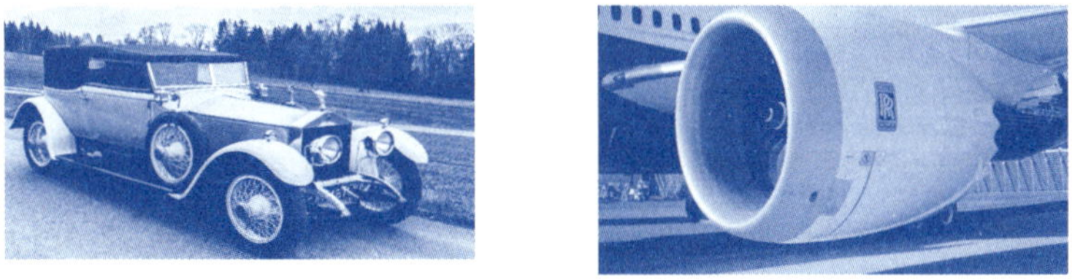

图 11-6　劳斯莱斯旗下的汽车与飞机发动机

早在 1915 年劳斯莱斯就推出了第一款航空发动机 Eagle。20 世纪 50 年代，劳斯莱斯成功发展出世界上最早的涡轮风扇发动机 Conway，装备在当时波音 707 和道格拉斯 DC-8 飞机上，劳斯莱斯从此开始大举进入民航市场与美国的

对手通用电气、惠普发动机竞争。1973 年劳斯莱斯正式拆分成了制造汽车的劳斯莱斯和制造飞机发动机的罗尔斯－罗伊斯。分家之后罗尔斯－罗伊斯发展得很不错，继续占据了航空发动机市场的半壁江山，美国最新的 F-35 隐身战斗机上，提供垂直升降功能的矢量发动机，就是劳斯莱斯的产品。

发动机是一架飞机的最关键部件，发动机维修也占了飞机维修总价的 40% 以上。所以对许多航空公司来说，如何控制发动机维修成本是航空公司保持获利的关键因素。发动机厂家在销售时，维修成本是飞机制造商的重要考量，在这种状况下劳斯莱斯首先推出发动机的包修模式，所谓的包修模式，就是按发动机的飞行时数计费。保修合同是建立在小时费率的基础上，按飞行小时数计费的。

发动机小时包修模式给航空公司带来很多管理上的好处，首先，可以平滑或阶梯状设置发动机修理费用，从根本上解决发动机修理费用剧烈波动的问题。其次，航空公司可以准确地预测每一年度的发动机修理成本，而且一旦出现多台发动机修理且没有备用发动机时，保修合同通常能够保障航空公司及时得到备用发动机的支援。对发动机公司而言，定期维护，充分掌握发动机的使用状态，更有利于技术人力资源的有效利用。同时，备用发动机也成为重要的附加价值，而不是库存。

七、共享模式的经营策略及价值

共享模式源于作为理论基础的共享经济。什么是共享经济？共享经济是指以获得一定报酬为主要目的，基于陌生人之间的物品使用权暂时转移的一种新的经济模式。其本质是整合闲散的物品、劳动力、教育医疗资源。共享经济使得资源利用最大化，其特色是商品的使用而非占有。

共享经济概念最早是由美国得克萨斯州立大学社会学教授马科斯·费尔逊（Marcus Felson）和伊利诺伊大学社会学教授琼·斯潘思（Joel Spaeth）于 1978 年发表的论文 *Community Structure and Collaborative Consumption: A Routine Activity Approach* 中提出的。其主要特点是一个由第三方创建的以信息技术为基础的市场平台。这个第三方可以是商业机构、非政府组织或者政府。参与到这个平台上的个体，借助平台交换闲置物品，分享自己的知识、经验，或者就某个创新项目向企业筹集资金。共享经济涉及三大主体，即商品或服务的需求方、供给方和共享经济平台。共享经济可以作为对前端获客的商业模式，也可以作为供应链上的资源获取商业模式。从商品来源来看，共享经济可以是企业端自行采购资产设备提供用户共享，例如，美团共享单车、哈啰出行，也可以是发动众多个人或是企业来提供资源共享，如滴滴打车、Uber、美团打车、Airbnb。

从供应链角度来看，共享经济就是要衡量我们提供的商品或是服务，是否可以从拥有者那里拿过来给更多的客户使用，而无须企业自行准备、购买、维护，例如，滴滴打车。也可是采取出售以后再说服买方拿出来分享出租的方式，例如，热门景点分时租赁房屋，以此解决资源紧缺或是销售难的问题。

共享经济已经在多个行业打造出成功模式，例如，共享出行的代表 Uber，滴滴打车、美团打车；共享空间代表 Airbnb，共享度假的代表 VaShare，共享游戏的代表 Steam、AUV，面向全球的在线工作平台 AAwork，共享资金价值代表 Prosper，共享饮食的 Eatwith 等。从上面所列出的案例，我们也发现国内的共享经济其实还有很多行业可以发展。

本章总结

本章我们提出商业模式创新的第三条路径——价值获取模式创新，我们介绍了七种与收费相关的商业模式。

（1）会员制：通过买卖双方的认可，买方成为卖方大会员，买方愿意将部分或全部相关交易移转到卖方，而卖方给予买方奖励，会员制又区分为一般（免费）会员以及付费会员。

（2）先免费后收费模式：Freemium 是会员制的一种变形，卖方让买方可以直接享受服务，当买方养成习惯后，再以提供更多的服务作为条件，让买方付费成为会员。

（3）外加模式：将产品拆分为基本模块与多个选项模块，通过拆分降低入门价格，以扩大占有率。例如，廉价航空公司。

（4）刀片与刀架模式：也是讲产品拆分，但是基础模块通常不是用来获利的，而是用来绑定客户，真正获利的是后续的耗材，例如，吉列牌刮胡刀、雀巢胶囊咖啡机。

（5）部分拥有：用于高单价产品销售，将产品的使用时间进行拆分，例如，私人飞机、度假别墅。目的也是降低入门成本，增加销售量。

（6）按使用单位计费：这种状况所有权仍属于卖方，买方仅按照使用的时间付费，通常由买卖双方商定一个最短使用时间。

（7）共享商业模式：基于共享经济的商业模式，例如滴滴打车、Uber 等，产品拥有者将产品提供给多个使用者使用。

在总结了这七种模式后，我们需要特别提醒读者，这些类型的商业模式，虽然说重点是在以收费形式改变交易关系，但是每一个商业模式都与数字化有紧密的关系。首先，这里所介绍的一些商业模式，是企业在采取新的价值生成模式后，必须考虑采用搭配的收费方式才能让那些新的价值生成模式充分发挥作用，例如，企业将产品全面“虚拟化”，边际成本为零，就应该在收费上采取“先免费后付费”这种更具弹性的做法，以加强竞争优势。又如，我们在原有产品上进行数字化“增强”，就应该考虑采取外加模式，保持更大的加值与价格选择弹性。同时，实施这些商业模式的基础是对数据的掌握，例如，Pay per Use 模式，你需要了解客户使用状况，案例中的劳斯莱斯飞机发动机，就是在设备上安装了传感器，了解发动机的使用时间，并且实时监控机件的磨损状况，厂家才能预测最佳保养时间。实施会员制度的企业，也需要不断收集客户购买行为，对会员进行深度管理。实施刀片与刀架模式（例如，雀巢胶囊咖啡机），也需要掌握刀架客户（咖啡机用户）对耗材（胶囊）的使用频次与偏好，即时提醒客户补充耗材。

课后思考

本章介绍的七种商业模式在运用得当时，可以让客户消除入门门槛顾虑（例如，外加模式、按使用单位计费、部分拥有、先免费后付费模式），也可以让你绑定客户创造持续性的收入（例如，会员模式、刀片与刀架模式），还有的是可以让你避免投入大量资源（例如，共享模式），所以它们对于企业来说都是很值得思考的策略。现在请深入、逐一地想想，你的企业可能适合采用哪些模式，为什么？

第 3 篇

管理层

——构建企业数字化转型三大支柱：文化、组织、管理

03

第 12 章

企业文化是成功转型的关键

Enterprise
Digital
Transformation

12

管理学家彼得·德鲁克（Peter Drucker）曾说过：“企业文化可以把战略当早餐吃掉。”企业数字化过程，就是一整套战略的构思与实现，在这一过程当中，企业文化将更加发挥出前所未有的作用。数字化转型不仅仅是实施一个信息技术项目，更涉及商业模式、战略框架、工作流程与日常运营模式的改变。所以，我们借用德鲁克的这句话，应该很能说明企业文化对数字化转型战略的重要性。如果传统企业继续维持原有的企业文化而不做任何改变，数字化转型就会被原有的企业惯性拉回旧的轨道，接下来我们看看，有哪些常见的组织文化问题会阻碍数字化转型的推进。

一、从风险规避到风险承担，从完美主义到敢于试错

多年来商学院不断地教给学生该如何使用财务指标来审核、管控一个企业的运营，财务指标是一件很好的工具，也是对企业价值的衡量，但其也往往是阻碍企业革新的重要因素。尤其是在进行创新项目投资时，由于财务指标的作祟，企业经常发生只看短期利益、不看长期利益，等到短视造成的隐患爆发时，已措手不及了。

颠覆式创新之父——哈佛大学克莱顿·克里斯坦森教授曾用一个很好的例子来说明这种现象。他指出，企业经常面临两种商业上的创新，一种是渐进式改善的创新，另一种是颠覆式的创新，传统财务模式更倾向支持渐进式改善的创新。以硬盘行业为例，在 5.25 英寸硬盘盛行时，硬盘制造厂商分享着成功的果实，当内部有研发人员提出应该改变架构发展 3.5 英寸且容量较小的产品时，在企业架构发展方向选择上，两种方案形成了对峙。5.25 英寸硬盘是当时硬盘制造商的所有大客户，如 IBM、WANG、DEC 等厂商采用的标准，这些客户向硬盘制造商提出更高容量改善的要求，这是一个来自“客户的声音”告诉硬盘厂家应该走的路，而技术人员提出的 3.5 英寸是尺寸小，容量也较小的全新技术架构。这时几家大型硬盘公司选择了倾听“客户的声音”，在没有看到前景而且资源有限的情形下，选择了“渐进式改善”的技术发展方向，逐步增加

原来产品的容量，放弃了“颠覆现有架构，而且在可见未来看不清楚报酬的方案”。但当个人电脑推出时，其需要的是 3.5 英寸的小型硬盘，而且初期对容量要求并不高，这时绝大多数原来的硬盘制造商被淘汰，反而是那些选择冒险创新的新兴小型企业成为新一代的市场领导者，使用小型硬盘的个人电脑也快速地掠夺了 IBM、WANG、DEC 等大型电脑的市场。这个问题就是出在成熟企业以短期财务投资收益作为选择标准、规避风险，自然偏向选择“渐进式改善”的技术投资模式，这种逻辑在可见时间内（如一年内）对收益的影响是清楚且可预期的，而颠覆式创新因为面向的是全新的市场，新技术与新市场需要时间来验证，对于未来的收益可预见性较差，所以基于传统的财务测算模式，颠覆式创新很容易被否定。

二、企业管理层要对创新保持开放心态

在 EMBA 课堂中或是为企业提供咨询时，每当我们提出一些创新的想法时，经常会听到一些高管说“我们这个行业不一样”或是“我们这个企业不一样”，许多高管甚至没有经过思考，就下意识地排斥了一些创新的想法。

例如，我们在为某一家拥有 3000 多家连锁店的大型西式快餐企业提供战略咨询时，该企业的高管提出如何提升销售额的问题，我们指出销售额是由“客户数 × 平均消费频次 × 客单价”决定的，所以如果想要增加销售，就必须提高这三个变量当中的某一个，当我们讨论到提高频次时，许多主管都认为该企业无法增加单一客户的每月消费频次，因为他们是“卖炸鸡的”，他们认为在消费者的心里，过于频繁吃油炸食物对身体健康不利，因此很难增加频次。我们直接问这些主管：“为什么不提供早餐呢？”他们的回答是：“消费者早餐怎么会吃炸鸡呢？我们这个行业和一般餐饮企业还是不一样的。”经过多轮的反复讨论，最后这家企业的高层主管同意在一些区域试点卖早餐，而这种早餐是“鸡肉粥”，而不是炸鸡！这个试点给他们带来了很大的惊喜，“原来我们也可以卖早餐”。更让他们兴奋的是，吃完早餐再给消费者一些午餐、晚餐优惠券，竟然有效地提升了这些客户一个月内的消费频次。

还有一次，在给一家汽车维修企业进行咨询时，我们同样提出了在考虑提升销售额时，可以考虑如何提高消费频次的建议。这些主管们下意识的回答又是：“我们这个行业不一样，汽车是耐用消费品，一般汽车维修有一定的公里数

规则，我们不太可能将客户的消费频次提升。”这时我们反问，你们只提供保养性的维修吗？为什么不能从消费者（车主）的生活场景出发，思考如何提供给他们更多有价值的服务？于是这家企业从汽车维修的自我定位转变为“车生活”的定位，在商品与服务上进行创新，有效地提升了客户的来店频次以及全年消费金额。

三、企业转型的关键在“软件”上

数字化转型并不等同于技术上的投资，我们应该同时将目光聚焦在阻碍企业增长、变革的问题——“软件”上，即“企业的健康度”。我们这里提出，企业文化转变是数字战略的成功要件，对于大多数企业而言，企业文化的转变应该包含以下四个维度，讲求速度（Speed）、数字逻辑（nUmber）、结果导向（Results）、拥抱改变（changE），我们各取当中的一个字母，组成一个英文单词“SURE”。

1. 讲求速度

讲求速度是一个企业应对环境挑战的基本态度。这也是在我们与所有企业管理团队沟通或是咨询过程中最常见到的问题。在数字化转型当中，速度不仅仅关乎高效地做一件事情，更重要的是推进的速度和对结果的期望。推进数字化转型，时间拉得越长，就越容易失败，因为团队的热情会逐渐消失，所以讲求速度是创新团队非常重要的基本心态，也应该拿来作为工作计划的基本逻辑，讲求速度的企业背后必然有比较强的推力，所以讲求速度的第一层意思就是企业意识到必须改变的压力，能够快速地展开行动，剑及履及，而不是等待观望。

速度的第二层意思是对于结果期望的速度，也就是对于增长进度的期望。在我的课堂当中经常举例增长速度，在许多咨询案例当中，中层主管常常“不敢承诺”，我认为之所以有严重的不敢承诺问题，其实还是源于前文说的惯性思维，这些主管在惯性思维的作用下，直观地认为事情不会改变，所以每次只能承诺 10% 以下的增长速度。我曾经管理过一个电商平台，初到任时询问团队目前平台的日活用户是多少，主管说大约有 10 万人，我说：“好的，我们来定一个年度日活用户增长目标，大家觉得应该是多少？”结果出来的数字是 20 万人，翻倍增长在主管们看来很有魄力！但我告诉团队主管，一个 20 万日活用户的平台是起不了任何作用的，对线下门店的支持也将非常有限，我直接给出了一个数字“100万”，这时所有人都大为惊讶，觉得那是不可能的，我对团队主管说，我们不要用经验上的“合理增长率”作为思考逻辑，而要用“我们需要什么样的规模才能在市场上制胜”来决定我们的目标！让我们用100万日活用户作为目标来构思如何达成目标的路径，再看看做这些事需要什么资源，以及当达到这个数值时我们能够产生的价值。这个四段论的做法是“目标—路径—资源—价值”。通过这种倒逼的思维，我们争取到了足够的资源与支持，最终我们在年底达成了这个目标！有了敢于承诺的文化，团队或企业才容易成功。

2. 数字逻辑

数字逻辑就是采用数字作为决策的依据，我们需要在许多领域改变旧有的决策行为方式，在战略、目标市场的选择上思考如何数字化，在产品生产的设计决策上思考如何采取数字化，在供应链的供需协调上思考如何数字化，在营销方案制定上思考如何数字化，在客户管理工作上思考如何数字化，在客户体验和客户服务上思考如何数字化，在内部管理、人员发展与考核上需要思考数字化。这些围绕着企业运营的工作都需要讲求数字化逻辑。

上面我们看到了方方面面的数字逻辑，为了让企业家明确企业转型时的数字逻辑所包含的意义，我们可以将数字逻辑应用领域分为以下三个维度。

（1）目标数字化。目标数字化就是企业对目标制定，采取更具体的数字化形式，例如，生产目标、销售目标、利润目标等的数字化。

（2）过程因果数字化。过程因果数字化，也可以称为过程管理的数字化，假设我们希望公司这个月有多少销售额，我们应该将这个销售额如何实现进行数字化拆解，例如，平台公司要达成一个亿的销售，我们需要将这个数字拆解为（订单数 × 客单价），假设客单价是5000元，那么就需要达成20000个订单数，接着还需要将订单数再拆解为（来客数 × 转化率），例如，转化率如果是10%，那么来客数就需要是订单量的10倍，亦即我们需要创造200000个来客，接着再从来客渠道进行拆分，如此我们就可以很清楚地掌握每个渠道每天需要有多少来客，如果销售业绩有缺口，我们就能够立即察觉出，问题出在哪个环节。

（3）结果衡量数字化。最后一个是对于结果的数字化衡量，也不能只有好或是坏，而是达成的数字以及达成的比率，这样才能够充分掌握数字化管理的要义。

3. 结果导向

结果导向在许多企业家心里可能已经形成一定的共识，但是在企业的日常工作中还是存在大量的“没有功劳但有苦劳”“业绩不成就讲考绩”的现象，结果导向不只是为结果论，我们认为应该从多个维度来体现结果导向。首先是目标的制定，企业对于战略目标、年度或阶段目标的制定，制定过程的严谨是结果导向的前提。其次管理过程也要重视结果导向，这里我们想要强调的是注重结果，并不是只看结果，在此过程中进行适当的管理，保证结果的达成，才是真正的重视结果。许多企业采取目标管理（Management By Objectives，MBO）制度，认为这样就是结果导向，但在数十年实际工作以及咨询辅导的工作中，我们发现大部分企业 MBO 只是流于形式，我们会在本章后面详细讨论 MBO 与目标与关键结果（Objectives Key Results，OKR）间的差异。

完整的结果导向观念除了目标制定、过程管理外，还有一个关键是对于达成结果的考核与奖惩。否则只有对结果的要求，没有对结果达成的肯定激励，以及未达成原因的检讨回顾，甚至是处罚，不构成一个闭环，那是没有用的。所以完整的结果导向应包含三个部分——目标设定、过程保证、成绩考核与奖惩，三个部分都做好才是真正有效的结果导向管理。企业家们看到这里，不妨根据这三项标准，评估一下自己的企业在结果导向方面的完整度。

4. 拥抱改变

最后一个重要的文化是拥抱改变，传统企业转型很多是败在“优秀的文化”，如同前面我们说的，许多企业都以“我们所处的行业不同”“我们公司不太一样”或是“这个方法我们尝试过了”作为不愿意改变的借口，在我们与企业主管沟通时常常发现上述论点。“我们行业不同”“我们企业不同”，这两种说法，我们在前面已经讨论过，这里我要再说一下最常见的抗拒改变的借口——“这个方法我们尝试过了”，通常会讲出这种理由的人，都是最被动的员工，企业家们可以回想一下，每次讲这些话的员工，是不是从来没提出过任何改变现况的建议？当这些人说这个方法试过了但没有起作用，那么有没有回顾一下以前尝试时到底哪里出了问题，还是只是疲于应付，就说不行！我们发现，这些思维已经固化的人，他们已经养成习惯，遇到事情先想困难，而不是先想突破的方法。其实很多工作的推动，中间有许多可能出问题的点，过去失败，可能是因为环境不成熟，更可能是忽略了某些重要的工作环节，所以过去失败并不代表这个方法一定不可行，关键是找出过去失败的原因，而不是因此封杀一个创新的想法。“我们何不试一试？”是我最常拿来勉励或是说服企业家的一句话，所以当你在思想上，无论是以行业惯性、企业文化，还是“过去失败过”为由来拒绝创新或变革，都不妨给自己一个小的激励——“我们何不试一试”？

讨论到这里我们可以发现 SURE 是一个评估企业文化是否支持创新的多维度工具，如图 12-1 所示。企业家们不妨拿这个工具，依据每个项目上的要点，自行评估一下，你会立即发现哪个领域需要改善以及改善的线索。

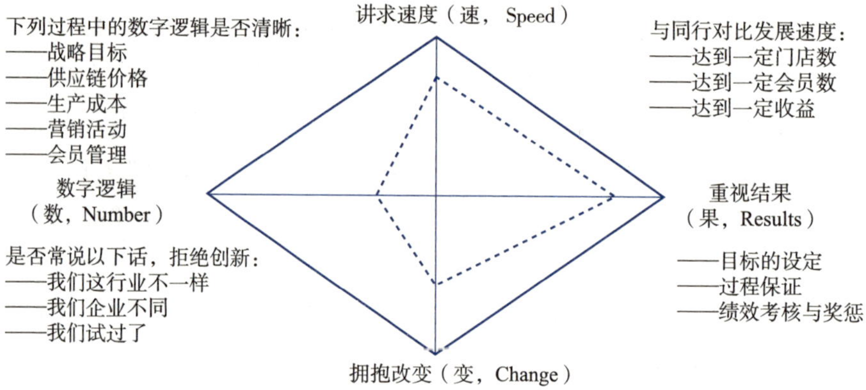

图 12-1　SURE 文化评估模型

本章总结

本章提出了企业文化是企业数字化转型的重要支柱，我们提出 SURE 的文化转型概念，SURE 包含了讲求速度、数字逻辑、结果导向、拥抱变化。我们对 SURE 的衡量提出了标准，企业家们可以根据这些标准，衡量一下自己企业的文化是否健康。

课后思考

请用 SURE 评估一下你的公司与数字化文化的要求是否能相匹配。

第 13 章

虚拟组织是企业数字化转型的重要支持力量

Enterprise
Digital
Transformation

13

组织是企业数字化转型的重要支柱，在快速变化的今天，企业必须保持高度的弹性，所以如何利用好外部资源成为建立弹性化组织的重要方法，在本章，我们将讨论两种主要的虚拟型组织策略。

一、数字时代的组织特色及主流模式

1. 根据企业的目标来设计组织

传统的组织按照职能划分工作，典型的组织有供应链、生产、营销、销售、服务等主要部门，这样的组织经常被诟病的一点是销售组织负责赚钱，营销组织负责花钱。但是花了钱的营销组织却不认为达成企业业绩是他们的责任。营销部门做广告只负责 CPM（Cost Per Million），也就是每百万目标客户的覆盖成本，所以营销部门关心的是这些客户是否看到他们的广告，至于客户有没有来，不是他们关心的事。互联网企业的做法彻底改变了这个规则，市场部门直接用订单数以及每订单成本（Cost Per Order，CPO）来计算绩效，所以来多少客人，这些人有多少购买都是市场部门的工作，最终市场部门负责了业务成败。在一些比较关注以“客户数”（或称为基盘）为基础的组织，业绩计算的规则是：来客数 × 客单价 × 频次，这时无论是来客数、频次还是客单价，都是大市场部门的工作。最典型的改变是，过去的 CMO 是以职能来命名的，但很多的企业现在已经更名为 CGO（Chief Growth Officer，首席增长官），名称的改变，直接影响了他的工作心态与任务指标，也就改变了他的工作内容，所以需要的团队成员也就不同了。

2. 大量应用虚拟组织

新型数字化企业，通常组织都较为精简，但是人少并不是因为他们的工作少了，而是他们利用了外界的资源，展现了虚拟组织的优势。许多平台电商企业，例如，eBay 或是淘宝，它们销售上千万种商品，但是商品却都不属于平台，所以企业自身无须备货，也不需要自己送货，企业只是扮演一个平台的角色，让买方与卖方直接交易，然后直接从卖方的仓库发货。在汽车出租行业，中国的滴滴打车和美国的Uber，可能已经是全球可用车辆最大的汽车服务业，但它们自己基本上没有一台汽车。在酒店行业，Airbnb可能已经是全球最大的提供酒店住宿的企业，可是它连一个房间都没有。近年来在国内兴起的洗衣店连锁——e袋洗，它可能已经是国内最大的洗衣连锁店，可是它的门店数和管理人员数却远低于类似规模的连锁店，因为它的销售与服务人员都已经社会化，这些社会化的员工正利用着e袋洗的模式自己做生意，与公司互利共生。

这些企业是如何管理庞大的外部虚拟组织的呢？首先，一定是对各方利益进行妥善安排的机制设计，让这些外部人员有加入的动机，其次，需要制定平台的参与规则，买卖各方有什么义务与权利，这样参与者才能放心地照规则运营。

虚拟组织最大的好处是让企业具备高度的弹性，在业务繁忙时，通过网络效应让更多的外部资源加入，当业务下滑时这些外部资源自动减少。我们以外卖为例，当外卖生意好的时候，送货骑手的业务繁忙，能够赚取更多的服务费，所以会有更多人加入；当业务下滑时，能赚取的服务费下降，愿意加入提供服务的人自然减少，通过供需关系自动调节企业服务能量与规模，也是数字化企业的一个重要的优势。

我们再回顾一下，2000年的门户网站（如Yahoo）大行其道，后来它又是怎么衰落的？这些门户网站，通过大量广告吸引流量，对报纸、杂志等传统行业造成了严重的冲击，但是门户网站也需要大量的编辑团队来保证内容的丰富性，它们即使是互联网企业，也还是需要在各个城市设立分站，收集当地信息以及推广广告业务，因此组织快速膨胀而且缺乏弹性。谷歌在2010年兴起，采用搜索引擎取得新闻信息，再用“受欢迎程度”作为排序规则的技术手段进行内容编辑与排序，它是通过用户产生内容（UGC）机制，生成大量内容，对这些提供内容的人，企业不再需要支付他们薪资，他们的加入，使得内容数量海量增加，而且同一条新闻可能有不同的观点，不再只有编辑的观点，使得用户接受度更高，谷歌、百度因此取代了那些门户网站，这些UGC的外部资源就是一种虚拟团队。

3. 以数据粘合组织接口

前面讨论的虚拟组织，听起来很不错，但是如果真的要建立一个这样的组织，还是需要花费不少精力的，主要原因是传统的组织中，企业对员工支付薪资，员工因为拿了薪资，就有义务听从公司指示，按照公司的要求执行工作。但是，这种关系在虚拟组织就不一定存在，作为平台，企业除了需要考虑各方的利益如何取得并进行分配，以及参与平台的游戏规则以外，还需要有良好的数据将各方工作链接起来，这样整个交易与服务流程才能顺利完成。例如，在电商平台上，商品数据的清晰、库存量多少、价格如何，都需要精确的数据对接，这样卖方才知道应该发什么货，物流公司什么时间、在哪里取货、发货，分段物流在何时何地转交。再如我们日常已经很熟悉的滴滴打车，更是以数据作为虚拟组织的接口，用户有打车的需求时，在 App 上发出信息，平台需要在最短的时间决定这些需求信息应该对哪些司机发布，当一名司机接单后，这个信息还需要立即反馈给打车用户，平台也需要立即停止再发布信息，接下来车辆目前的位置还需要实时更新，这些虚拟组织间的运作，只有依赖精准的数据进行对接，才能得以完成。

案例 11：某 A 品牌牛仔裤如何建立虚拟组织

A 公司是一家位于上海的服饰企业，老板本身是学服装设计专业的，20 世纪 90 年代公司提供国际知名品牌设计服务与代工生产，赢得了主要国际品牌的青睐，由此，A 公司淘得了第一桶金，也培养了行业所需要的设计与生产技术人才。2010 年 A 公司开始自创品牌，在华东地区的各大商场开设专卖店，几年下来经营得相当不错，获得了丰厚的利润。该公司初期以自营门店起家，在门店数量达到十余家后，经销业务也顺利展开，所以过去五年有一段相当不错的荣景。从 2015 年开始，A 公司受到了电商的冲击，但是公司碍于传统门店的渠道结构，一直不愿意发展电商模式。因为商品与品牌都是自己的，所以即使有来自电商的压力，公司还是经营得下去。

2020 年春，新冠肺炎疫情席卷全球，A 公司的国际品牌代工业务严重萎缩，国内销售更因为商场关闭使得自有品牌销售几乎为零，许多员工在春节期间返乡后，也因为疫情原因无法回到上海。A 公司的管理层为了维系好不容易建立起来的销售团队，带头全面减薪，希望公司能渡过疫情难关，但是在“门店零销售”的状况下，公司几乎到了生死存亡关头。

考虑到大量员工滞留外省，在不得已的状况下，A 公司管理团队决定让这些在家乡的员工组成虚拟销售团队，这些虚拟团队是不用支付底薪的（为了公司能渡过难关，全体员工做出很大牺牲），大家通过朋友圈进行 A 公司产品推广与销售，形成了类似微商的销售模式。经过 1~2 个月的尝试，公司管理层发现，这些由外地员工组成的虚拟销售团队，销售业绩竟然达到过年前正常销售的 40% 左右。这使得公司免于因为商场门店停业亏损导致倒闭的厄运。2020 年 6 月以后，疫情放缓，商场再度开业，A 公司管理层评估了这段时间的销售，决定维持三个渠道的销售模式——门店、电商、微商，使得企业的业绩达到疫情前的 1.5 倍，A 公司管理团队庆幸在疫情中杀出了一条数字化转型之路。

二、跨企业的虚拟组织的价值及构建策略

商业模式当中的“开放式系统”（Open System）也是一种典型的虚拟型组织架构，它让许多企业获得了极大成功。采取 Open System 模式，通常标示着企业在商业逻辑上的根本改变，这时企业将外界合作伙伴包含到一般是封闭式的价值产生过程中，例如，合作研发产品，是基于交互协作式的业务关系与传统的客户——供应商之间的买卖竞争关系不同，在跨企业的虚拟组织当中，企业会为合作伙伴留下利润空间，并且让他们能在合作框架中扮演适当角色。

这样的生态系统发展围绕着核心企业的产品与服务，它涉及系统化地寻找是否有其他适合加入这个资源体系的合作伙伴，并且提供产品与服务，满足共同客户的需求，这样的合作模式基于以下两个要件：

1. 可协调性

典型的是价值链合作，各方对于目标客户的期待具有一致性，并且在业务执行上必须统一方向、统一步调，例如，针对客户需要解决的问题，可能不是价值链主体凭借自身能力就能够解决的，这时合作价值链当中的某个个体，愿意并有能力投入研究并解决问题，然后供应产品或服务给价值链主体。

2. 双赢

要达成双赢，就意味着创造出的增加价值，对组成价值链的群体都是有益

的，价值链上的客户会更加满意，价值贡献者再通过一定机制完成各方都能接受的利润分成。如果只是单方面取得了绝大部分利益，这个虚拟组织就无法存在，例如，在一个小说创新平台，新书的开发者创造了价值，如果他没有分得他认为合理的利益，他根本不会愿意再提交任何作品，平台也不会获得好处，也将失去维护这个文学创作平台的意愿。双赢在一般状况下看起来是比较容易实现的，但是在一些风险不确定的新市场开发上，则需要平台合作者之间更高度的信任，我们看看以下的丰田汽车案例和宝洁案例。

案例 12：丰田汽车跨企业的虚拟团队——丰田的“中央 + 卫星工厂”模式

汽车行业有三个典型的企业组织模式——福特、通用、丰田。第一种是福特模式。福特是最早发展出来的汽车企业，福特早期采取完全纵向一体化，所有的生产制造能力都是仰赖福特公司自建，在大生产时代，讲求效率、压低成本的福特模式造就了 T 型车横扫 20 世纪 30 年代美国汽车市场的神话。第二种是通用汽车模式，通用汽车将大量材料与生产过程外包，在外包项目时，通用让供应商自由竞争，符合一定标准的供应商采取价格竞标。短时间内来看，通用的做法的确降低了通用汽车的采购成本，但是从长期来看，通用则无法与供应商形成稳定的双赢合作关系，当通用汽车要发展海外市场时，供应商在风险不确定的状况下，往往不会与通用同步向前，在海外市场建立供应商的基础设施，这时对通用海外扩张就造成了制约。第三种模式是丰田模式，丰田与通用都属于外包，可是在如何看待与供应商关系的观点上，则有很大的差别。通用与供应商的关系是买卖关系，丰田与供应商的关系则是合作伙伴关系。丰田认为，如果像福特汽车，把所有的供应采购环节都内化到企业内部，企业就失去了灵活性。丰田采取了“中央 + 卫星工厂”模式，与供应商结为战略合作伙伴关系，丰田到哪儿，供应商跟到哪儿，保持一个合理利润的原材料供应价格，丰田将市场信息告知供应商，由供应商备料，接到供货通知后，材料立即进厂，提高了生产弹性以及效率，这就是丰田著名的 JIT（Just in Time）体系。

20 世纪 80 年代，美国学者麻省理工学院教授詹姆斯·沃麦克对丰田模式进行了系统研究，认为丰田精益制造方式即丰田生产方式，是减少浪费、降低成本、提高品质和利润的流程化生产能力的代名词，被誉为世界制造业的标杆。

丰田建立了一套严谨成熟的“准时生产”（JIT）体系。实现这个准时生产体系，需要一个与之配套的信息手段——看板管理（各位注意了，丰田发明看板管理时，整个产业还没有信息化或互联网的概念）。看板通常是塑料袋里的一张长方形卡片，上面详细记载着零部件的名称、存放地点、领取或生产数量等信息，看板把生产线与生产线之间、总装厂和零部件厂之间以及丰田公司和它数以百计的外协厂家联系起来，形成一个自律运转的准时生产系统。由于实现了准时生产，丰田公司 1980 年的流动资金周转次数达到了 87 次 / 年，流动资金周转天数仅为 4 天，在资金运营上创造了业内的奇迹。丰田生产方式的诞生是为了杜绝浪费，从新车型设计、原型打造，到最后组装加工、成品上市的整个过程都实行无缝式流程对接。多数汽车厂商推出一款新车需要两年多时间，但丰田却不到一年。丰田在 1990 年时生产规模只有通用的一半，但投向市场的车型却和通用一样多，这就是丰田精益生产的魔力。

案例 13：P&G“Connect + Develop”计划

宝洁（P&G）是全球家品市场的龙头企业，过去一百年，它以多品牌的策略著称，每一个品牌都有独立的品牌团队负责产品研发、生产，以及营销。个人清洁的产品有海飞丝（head & shoulders）、飞柔（PERT），身体清洁的产品有佳美香皂（Camay），护肤产品有玉兰油（Oil of OLAY），纸尿裤产品有帮宝适（Pampers）。这些产品在过去，都依靠宝洁在媒体市场大力投入以及强大的经销体系，在个别品类中都居于头部商品的地位。

随着时代的变迁，年青一代消费者逐渐对这些老品牌疏远，更愿意尝试新鲜的配方，这使得宝洁这个百年老店也遭遇到了重大的挑战。过去完全依赖内部研发产品配方的模式已跟不上市场对产品日新月异变化的要求。为了提升创新能力，宝洁推出“Connect + Develop”计划，主动向合作伙伴寻求新产品的创意，然后共同推向市场（见图 13–1）。

举例来说，针对 BASF 公司开发的工业用三聚氰胺肥皂，宝洁与 BASF 达成使用协议，宝洁的 Mr.Clean 品牌很大地受益于这个新产品。另外，宝洁与 Bulter 公司合作发展出全系列的清洁产品，Butler 提供产品创意以及生产力量，宝洁贡献它的品牌以及分销网络，彼此都在更小的投资下，获得了更多的利润。

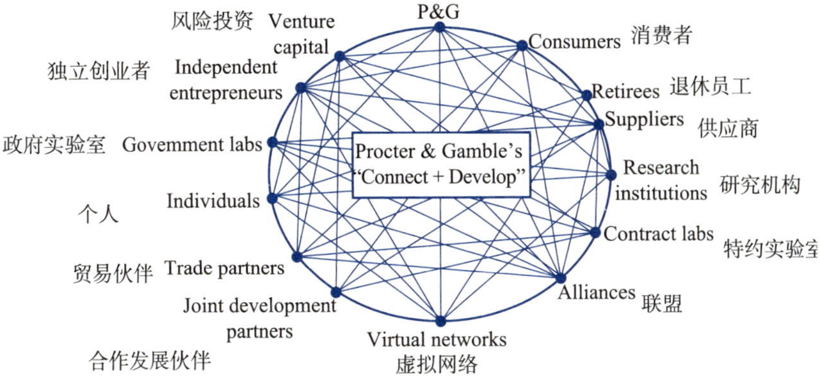

图 13-1　宝洁的"Connect + Develop"模型

宝洁是一个百年公司，产品创新依旧能够充满活力，有半数以上的新产品来自开放式系统的创新，靠着这样的产品创新模式，宝洁公司至今仍维持着领先的市场地位。

本章总结

组织也是企业数字化转型的重要支柱，在快速变化的今天，企业必须考虑如何善用外部资源。外部资源，可能来自企业内部员工，我们以 A 品牌牛仔裤为例进行了说明。虚拟组织也可能是与外部合作伙伴建立更紧密的合作关系，我们以丰田汽车的"中央 + 卫星工厂"以及宝洁的产品开发为例做了说明。

课后思考

本章主要讨论虚拟组织，虚拟组织可以让企业扩大对外界资源的利用，让企业保持较快的市场反应速度、扩大建设性方案的来源，也能够显著地降低成本，既然有这么多好处，企业家读者们是不是应该想一想，我们企业有哪些工作可以通过虚拟组织来完成？

第 14 章

数字化管理模式与机制

Enterprise
Digital
Transformation

14

目标管理法与目标与关键结果法是被商学院讨论最多的两种管理方法，其中 MBO 的历史较为悠久，基于 MBO 的相关概念，许多企业发展出了自己的 KPI 体系，对员工进行考核，国际上许多大型企业也采用 MBO 来管理团队，IBM 就是一个典型的例子。OKR 则是近几年被讨论很多的另外一种管理方法，它源于英特尔，最近几年在硅谷被大量的创新型企业，如 Facebook、谷歌套用，也是卓有成效。笔者曾供职 IBM 与英特尔两家企业，它们分别采用了 MBO 与 OKR 模式，所以笔者对这两个制度有更深的体会，下文我们将重点比较 MBO 与 OKR 的异同。

一、MBO 组织管理模式的特点

讲到数字化管理，目标管理一定是第一个被所有人想到的管理制度，知名管理学者德鲁克可能是最早讨论 MBO 的学者之一，目标管理的原理很简单，它基于两个基本原则：

第一个原则可以用德鲁克名言概括，即“不要告诉下属具体怎么做，只要告诉他们，你要什么，他们就会给你满意的结果”。

第二个原则可以用一句话来概括，即“用关键结果衡量工作绩效”。

这两个原则，前者是在强调如何调动团队的积极性，后者则是在说明应当怎样评估工作绩效。MBO 具有很好的基本原理，那么大多数公司实践时是怎么做的呢？就我们观察而言，公司有两种典型的做法，第一种是上级给定目标（Top down），让下级完成；第二种是下级提出目标，征求上级同意后将其作为目标（Bottom up）。上面两种做法在实践过程中会出现五方面较为常见的问题：

（1）对于目标缺乏沟通。目标无论是上级给定的，还是下级提出的，绝大多数企业都遵照了德鲁克的观点，即“主管不需要管属下怎么做，只要告诉他们，你要什么，他们就会给你这个结果”。这种做法，是假设不需要额外资源投入、不需要其他部门协作，这样的假设，对于稳定型的传统企业，问题并不大。

但是对于创新业务，这样的假设就存在很大的问题！除此之外，还有一个更严重的问题，就是一些下属会告诉主管，“既然是目标管理，你就不用管我怎么做，反正我会把结果给你！”这种做法常常导致的是表面上的“数字”做到了，“实质”却没做到。举例来说，渠道销售管理经常出现的“塞货”问题，就是销售数字确实做到了，可是实际上只是把货塞到代理商那里，根本没有真正卖掉，企业对业务员的要求难道只是“塞货”吗？

（2）最终结果“一翻两瞪眼”。这个结果通常源于上文所说的，只要告诉属下要达到的目标，不要管他怎么实现这一目标。在这种假设下，上下级沟通中经常缺乏及时反馈，上司认为我已经把任务交给下属，就不需要替下属担心，但等到最终考核的时候，却发现有大量问题没有解决，想要挽救都来不及。

（3）乡愿心理。在许多企业中 MBO 只是为了拿来进行最终的业绩考核、领奖金，业绩考核必然会影响到下属的薪资，许多主管又有乡愿的心理，觉得平时批评一下就行，不要影响到下属的实质经济利益。许多主管认为，反正自己也是打工的，发奖金也不是发自己的钱，为了避免造成上司与下属关系不和谐，因此给出的 KPI 达成率都不错，最终使得目标管理形同虚设，同时会引起不公平的抱怨。

（4）各人自扫门前雪。在 MBO 体系下，最常听到的抱怨就是其他部门不配合，以致影响任务的达成，我们会听到一些员工说：“我只做和 KPI 相关的事。”这个结果其实一点也不奇怪，因为既然有个人 KPI，员工当然会把心思都花在自己的 KPI 上，如此会造成缺乏团队并肩作战的氛围，甚至不管队友的死活，最终整个组织获得的结果自然也不会很好。

（5）个人 KPI 满分，公司或团队却一败涂地。这个结果是上面第四项结果的自然结论，当属下和主管在讨论目标时都很小心谨慎地做数字攻防战，在执行时只管自己的数字是否达成，加上考核时的乡愿，导致许多个人的 KPI 都完美达成，可是企业的整体成败只有总经理承担。

二、OKR 的操作原则及优势

1. OKR 方法的起源

OKR 起源于美国的半导体巨头英特尔（Intel）公司，后来谷歌、Zynga、领英、General Assembly、Facebook、Google 等高新公司使用后，都实现了持续高速的增长。OKR 的第一个字母“O”是指“目标”（Objectives），KR 表示“关键结果”（Key Results）。“目标”就是你想做什么事情，如上线一款游戏、拿下某个市场；“关键结果”就是如何确认你做到了这件事，如你这一款新上线的游戏，一天达到 2.5 万的下载量，并且一天获得 500 万元的销售收入，你在某个市场的占有率达到 60% 以上等，都是“关键结果”。

2. OKR 与 MBO 的主要差异

当我们在 EMBA 的课堂上讲到 OKR 时，一些企业家会认为 OKR 与 MBO 只是名称上的差异，基本上是同样的东西，巧合的是笔者在过去几十年的工作历程中，正好服务过两家世界级的企业，它们分别是实施 MBO 与 OKR 的代表。第一个是 IBM，它是实施 MBO 的最佳范例；第二个是英特尔，它是 OKR 的创始者。供职于两家典型的企业，相信笔者的亲身体验是很值得企业家们参考的，笔者认为 MBO 与 OKR 有以下主要差异：

（1）MBO 更适合成熟型企业，OKR 则更适合高速增长、环境不断变化的企业。MBO 的实施方式以及它的假设前提是“主管只要告诉员工目标，下属自然会设法达成”，上述假设在稳定性的企业的问题不大，可是在市场变化较大的创新企业，则有很大的问题。而 OKR 则正好相反，它主张在最初要建立共识，接着要不断地进行盘点、修正，所以 OKR 的实施过程本身就非常适合动态环境。

（2）MBO 是针对个人的绩效管理方法，OKR 则是团队协作的管理方法。基于 MBO 对环境的假设，个人的绩效很大程度上就取决于个人自身的工作，所以 MBO 更适合作为对个人的绩效管理。而 OKR 因为假设环境是复杂多变的，所以团队会不断地遇到变化与挑战，以及达成目标路径上的调整，这时就需要依靠整个团队的协助，一起进行步调的调整。

（3）两种模式的目标制定方式截然不同。MBO 的目标本身就是一个可以衡量的数值，而且一个目标只有一个数值作为衡量。而 OKR 的目标是概念性的，较为抽象，针对每一个目标还可以用几个关键结果（KR）进行多个维度的具体描述或衡量。

3.OKR 操作的原则

OKR 的实际操作可以分为三个阶段，分述如下：

（1）制定目标。我们要设置有挑战、可衡量的阶段性目标，具有挑战性的目标能激发团队的斗志和向心力，明确的关键结果，又会让员工觉得这个目标不是空谈。OKR 是一个团队希望达成的共同目标。在 OKR 框架下，目标可以按照年度或季度设置，但关键是它一定要"向上关联"，最高层级 OKR 通常要与公司的愿景使命或是与这一阶段的主要任务关联，部门级别的目标则需要和上一级的目标关联，如此才能保证企业整体目标贯彻。所以 OKR 在目标制定上具有三大特色：①团队性——它是团队的共同目标，而不是个人目标，所以它强调协作性，这个团队的目标是由团队成员共同讨论出来的；②分工性——虽然最终目标是团队共同的，但是用来支撑目标的个别关键结果，却通常由团队的部分人员负责执行，只是在执行时也可能需要其他部门协作；③层级性——上一级的成员接到任务（O）后，需要在自己部门内再进行分工，这时形成下一级的 OKR 的目标（O），所以整个工作是层层链接的，从顶层组织分散到下层组织，如图 14–1 所示。

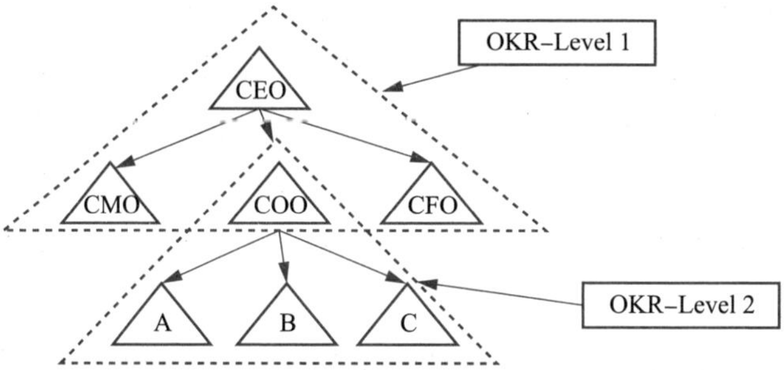

图 14–1　OKR 的团队特性与层级特性

（2）贯彻执行。团队管理者必须确保自己和团队一直朝着这个目标前进，不要被其他事情干扰。所谓的"不要被其他事情干扰"，并不是说除目标以外的事都不做，而是聚焦在与自己目标相关的工作上，随时确定自己的工作符合目标给出的方向。这里又体现出 OKR 与 KPI 或 MBO 的不同，贯彻执行意味着团队互相砥砺保证原定方向的坚定执行，因为 OKR 在执行上有每周定期会议，这个会议就是让团队成员都能够共同来检视每个目标以及相应的关键结果的进展。KPI 与 MBO 则是指标交付以后就不多做干预，直到期末再做达成状况的评估。

（3）相互支持。所有成员一直明确知道整个团队需要努力达成的目标，并相互支持、相互鼓励。OKR 有一个显著的价值就是团队的沟通，这是 MBO 所没有的，MBO 的模式是目标与工作的完全交付，OKR 则强调团队方向一致，共同向目标前进，过程当中提供队友与整体目标达成相关的工作支援。因此 OKR 强调沟通，那么团队之间要沟通些什么呢？首先，沟通哪些事情是重要的；其次，沟通能做到什么程度；最后，与那些在工作内容上偏离公司目标的团队成员进行沟通，应该先做好哪些事才是对的。

4.OKR 每周进度的具体操作

OKR 用来推动项目成功的关键就是要聚焦，我们先将精力集中到一两件事情上，这样才能尽可能地保证目标达成。在执行过程中有四个很重要的概念与名词，更能显示出 OKR 的执行能力。每周进度讨论所用的格式如图 14–2 所示。

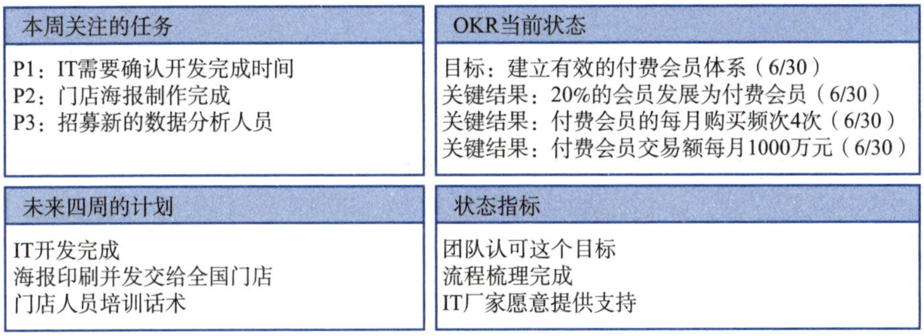

图 14–2　OKR 每周进度讨论格式

（1）OKR 当前状态。目标与关键指标的达成进度，一般我们用 1~10 作为进度的衡量指标，1 是刚开始，10 是完成，每周我们盘点一次关键目标的达成进度，这样才能让团队随时保持对整体工作或项目进展的高度关注。

（2）状态指标。状态指标不属于量化的“关键结果”，但却是需要我们持续关注的事，例如，团队人员状况、预算资金是否到位等，这些事虽然不是目标或“关键结果”，但是对项目的推进具有重要影响。

（3）本周关注的任务。顾名思义，这些工作是本周最重要的工作，它们的完成，可能代表着关键指标已经向前推进。我们一般用 P1、P2、P3 列出不同工作项目。

（4）未来四周的计划。我们在执行当前工作时，不能只关注一周内要完成的事情，因为很多工作需要一些前置准备，所以这个描述就是在提醒团队，需要关注哪些未来需要完成，现在就应该开始准备的工作。

OKR 需要每周回顾项目进展。OKR 是执行特定项目或是团队相关工作协同管理的工具，通常是在周一进行工作检讨与前瞻，重点是根据上周的进展列出未来一周需要重点完成的工作事项以及未来四周需要提前准备的工作的提醒，周五团队则共同庆祝、分享本周重要事情进展、成果，这种每周“庆功”并不是要团队提交“假成绩”，而是对事前计划当中完成较重要事情的喜悦分享。

三、数字化时代释放了员工的在线生产力

员工在线对企业的生产力提升具有重大影响，这个观念过去被一些管理学者或咨询公司一再提及，但是并没有引起大多数企业高层的特殊关注。直到 2020 年年初，新冠肺炎疫情暴发，各地出台封控措施，大多数人无法到办公室上班，才引起企业的关注。员工在线不仅仅是员工个人在线，还包含了团队在线，所以通常包含以下三种范围——远程办公、远程会议、在线审批。这些工作涉及的工作平台，如 ZOOM、腾讯会议、钉钉等，大部分企业都已实现，在此不再赘述。

本章总结

数字化管理，是企业转型的另外一个关键支柱，在本章中，我们比较了 MBO 所衍生出来的 KPI 和 OKR 的不同。

由于方法论的理念 MBO 或 KPI 更强调员工的自主性，所以主管不需要告诉属下该怎么做，只需要告诉他们想要什么结果，员工自然会努力达成。而 OKR 则源自快速变化环境下的新科技企业，所以更适合于创新、转型项目的管理。OKR 更强调整个团队的共识，以及密集的工作协调，以保证快速完成转型任务。

◆ 课后思考

请与你的团队讨论一下，贵公司目前实施的 KPI 制度，是否有本章中所说的，诸如部门划地自限，不愿支持其他部门；个人或部门 KPI 得分高，但是企业绩效结果很差；考评期间漠不关心，期末评价时“一翻两瞪眼”等问题，贵公司是不是可以考虑转为 OKR 模式进行工作协同管理？

第 4 篇

运营层

——企业价值链的数字化转型

04

第 15 章

数字化生产与供应链

Enterprise
Digital
Transformation

15

本章讨论的主题是企业后端生产方面的数字化与智能化，这个范围大致与工业 4.0 的范畴相重叠。在讨论之前，笔者需要提醒读者们，如果你的企业是以营销为主的行业，例如，连锁服务、金融业等不涉及生产的行业，本章的内容你可以略过。如果你的企业是制造业企业，无论是连续型制造业，例如，石油、化工、炼钢等，还是间断型的制造业，例如，机器、设备、零件制造，这一章所讨论的内容则应该是你关注的重点。我们更需要提醒制造生产行业的企业家读者们，当我们考虑企业的数字化时，生产过程的数字化固然是重点，但是更应考虑企业战略与客户价值，这些仍然是生产行业数字化的战略核心因素，因为这些战略将决定你的生产过程以及供应链的数字化需求。同时，环境生态圈因素，例如，提升与供应商的紧密协作、与大客户和中小客户有效互动，也是需要重点考虑的范畴。

一、生产与制造型企业面临的挑战

在中国乃至全球，生产与制造型企业面临市场波动频繁、大规模整合并购持续发生、环保与安全压力日趋加重的大背景下，竞争对手极有可能使用数字化手段弯道超车，数字化转型已经不是战略选项，而是必由之路，因为它将决定生产型企业未来的能力以及能否生存下去。

我们将生产与制造型企业面对的挑战区分为内部以及外部两种，从这些挑战中我们可以清楚地了解生产与制造型企业数字化转型的重要性。

1. 来自外部的挑战

（1）企业需要具备生产少量、多样产品的能力。由于消费环境追求个性化，无论是 2B 还是 2C 的生产企业，都面临市场对于产品多样化甚至定制化的需求。在消费者多样化、定制化的需求前提下，对于单一产品的需求自然会减少，这种趋势对于传统大量制造的工业生产模式，造成了巨大的挑战。另外，企业在与客户的交互过程中，如何精准捕获客户的需求点也面临挑战。为了配合生产计划的动态调整，保持供应链的效率，企业在如何让供应商精准地掌握供料时间方面同样面临挑战，对于供应商的能力掌握，也需要不断积累数据，这些能力也是支持新的柔性生产模式的必要条件。

（2）质量稳定。在现代社会，消费者对产品的要求日益提高，然而质量提高往往也伴随着生产成本的提高，企业需要按照市场要求的标准，更精准地提供质量稳定的产品，才能在与对手竞争时更符合客户的要求。

（3）价格竞争力。想要在市场上提供更具价格竞争力的产品，前提条件之一就是更低的生产成本，而更低的生产成本有赖于主材料、辅料、人工以及能源的节省。生产自动化、智能化，如采矿机器人，将能够节省大量人工。智能化的设备循环排程，例如，在炼钢行业，高炉虽不能停止，但是却可以适当地降温，进而达到节省燃料的效果。精准的材料切割也可以降低损耗。在半导体制造行业，产品的产出良率更对成本产生了极为关键的影响，数字化、智能化的精密加工，也能提高产品的产出良率。

（4）交易便捷的要求。对于 2C 的产品，消费者会在网上购买，对于 2B 的客户，即使是大订单，客户也会要求减少烦琐的沟通，尽量在线上处理以减少买卖双方的交易成本。同时这些 2B 客户也会要求对生产进度、交付时间等，有更精确的掌握，所以生产过程数字化，提供信息对接，也是企业在市场体现竞争力的必要手段。

2. 来自内部的挑战

（1）如何打造更具弹性的生产能力。面对市场客户的多样、少量需求，生产企业需要具备柔性生产的能力，柔性生产甚至定制生产模式与大量生产模式所需要具备的能力是完全不相同的，它需要机动调整生产计划、动态配置生产资源。要达到这种结果，就必须掌握每一个产品在生产步骤的时间、次序节奏，并且掌握生产设备在不同时段的可用状态，这些问题都有赖于生产设备间的信息畅通。

（2）如何保证和提升产品质量。柔性生产对于传统的连续生产行业的质量稳定要求，也造成了极大挑战，传统的连续性生产工厂，例如，石油、化学、炼钢等行业中的工厂，高炉温度掌控、材料与辅料的投入时间与数量，经常依靠人的经验。在传统的规模化生产环境中，生产时间固定、流程稳定，凭借人的经验，勉强还是可以操作的，但是当生产变得多样化时，这种凭借人的经验的方式就很难精确掌握每个生产过程了，所以需要更精准的数字化监控，才能保证产出质量的稳定。

（3）如何减少损耗与能耗。减少材料的损耗与能源的耗损，就能直接降低生产成本，特别是在半导体这种高科技行业，电力损耗占据了成本的主要部分，在半导体等高精密行业，固定材料投入的有效产出率更是这个产品制程能否过关的必要条件。对于连续制造行业，热能、辅助材料的投入也是直接的生产成本，而降低材料耗损与能耗都有赖于对生产过程的精确控制，不是单凭人的经验直觉就可以的。

（4）如何保证生产过程的安全性、符合环保要求等。生产过程的安全性一直以来都是对生产企业最重要的要求，特别是连续型生产行业，例如，炼油厂、石油化学工厂、炼钢厂，生产过程都需要高温锅炉，产品以极高的温度在生产车间传递，化工厂则需要有触媒投入，产生化学反应，也经常伴随着高温或是腐蚀性液体。通过机器人的操作可以避免工人暴露在危险环境之中。近年来国家对环保的要求越来越高，对气体、液体的排放都有较高的标准，排放前都需要经过中间处理、检验，这些过程也需要更精确的实时数据加以管控。

二、生产端数字化应考虑的范围

生产企业数字化应该考虑如何创造“端到端”（End to End）的全程价值，具体来说，端到端包含销售、供应链、生产、物流四个阶段的工作，如图 15–1 所示。

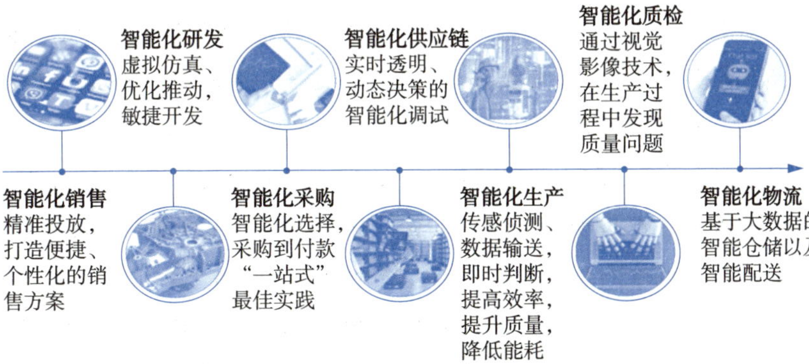

图 15–1　“端到端”的制造企业智能化范畴

1. 智能化销售

制造业普遍对于生产工艺较为关注，但是对于客户端的数字化，则不像零售企业那么关注，特别是大型工厂，关注的是大客户的服务，因此更着重人对人的业务接触。但是，在数字经济的大环境下，客户端的入网也是极为重要的，不仅可以让客户对产品内容、规格更为清晰，而且能够立即确认订单是否被接受以及价格是否合理，同时在下单后还便于随时查询订单生产的状况。这些信息对于客户来说具有重大的价值。

2. 智能化供应链

接到订单后，企业首先需要确定生产所需要的材料物料是否齐备，因此企业需要与供应商建立密切而有效率的沟通渠道与沟通方式，提供给供应商实时的市场需求信息，这些都依赖有效的信息沟通。企业还需要不断积累供应商提供的产品价格、质量、配合弹性与是否能按时交付等信息，对供应商进行评价，找出最佳组合。

3. 智能化制造

智能制造属于整个生产价值链的核心，它涵盖的范围是从接获订单到交付给客户的整个过程，一般可以分为以下四个环节。

（1）智能化研发。智能研发涉及快速的产品设计，即如何通过整合企业内部与外部的设计能力，快速设计产品并且做出样品。这当中可能涉及如何通过网络与外界的设计能力有效协作，提供反馈意见，另外，3D 打印等技术已经成为快速做出样品、达成敏捷开发的重要技术。

（2）智能化制造。智能制造无疑是整个生产企业的核心工作，在多样、小量的市场要求下，智能制造需要充分掌握每个生产单元的可用能力，进行动态的排程计划，并且能够在生产过程中实时监控生产进度以及加工的工艺是否达标。而过去工业 3.0 时代的自动化生产，并没有完全达到这个目标，因为过去自动化停留在生产设备的操作自动化，并未达到全流程的智能化。主要的问题是管理生产过程的制造执行系统（Manufacturing Execution System，MES）与管理生产计划资源协调的 ERP 是断裂的。所以生产系统只能做到某个单元（Unit）或工场（Shop）的自动化，而无法做到整个工厂（Factory）的全面智能化。

（3）智能化质检。生产线上最后的关卡是对产品质量进行检验，在大部分传统制造业中，这道工序采取的方法是人工检查或是用一些衡量测度的量表进行检测，其实很多的质量问题，在生产过程当中可能就已经产生，但是过多的检查关卡，将影响生产的进度或是垫高成本，如果在生产的最后阶段才发现当中的产品有瑕疵，将造成重大损失。所以如何利用视觉人工智能进行生产过程中间与最后的质量检测就是极为重要的工作。特别是在精密加工流程，非常微小的差距就可能产生产品瑕疵，这种产品的生产更需要对过程的精密化进行检查，视觉人工智能能够在生产过程的多个环节进行有效的检查，这无疑是最佳的解决方法。

（4）智能化物流。智能物流涉及仓储管理以及产品交付。库存管理向来是制造业的重要工作，如何妥善地保存材料或成品，如何有效地在仓库内进行调度，在很大程度上将影响生产效率。智能化的物流交付既是制造业的重要成本因素，也是令客户满意的先决条件。

三、制造型企业数字化的发展策略

基于上述对一个完整的制造型企业数字化范畴的界定，工业 4.0 无疑是最有效达成企业数字化的路径。

1. 从工业 1.0 到工业 3.0 的发展历程

在说明工业 4.0 之前，我们先回顾一下工业 1.0、工业 2.0 与工业 3.0 阶段。

（1）工业 1.0——蒸汽机时代。工业 1.0 就是我们一般讲的第一次工业革命，它以蒸汽机的发明作为里程碑，通过蒸汽机革命，机器代替手工。从此机器的使用提高了人们的生产力，人类也从传统的农业和手工工场生产的时代，进入大机器生产的时代，社会的生产力得到大幅提升。在交通方面，蒸汽机驱动的轮船、火车，使得人们能够走得更远、更快速，运输能力也大幅提升。

（2）工业 2.0——电气时代。从 19 世纪 70 年代开始，工业从蒸汽机时代走进了电气时代，由于电力这种新动力的引入，早期工业化国家开始投入建设的电厂、照明设备也陆续普及，汽车出现，人们沟通上也开始有了早期的电报以及后来的电话，电力的出现也引发了新工业化模式诞生，福特汽车业开始建立大规模生产线，各类生产线的登场使得工业生产的效率获得更进一步的提升。

（3）工业3.0——信息时代。20世纪40年代，早期的计算机出现。计算机的高速运算能力带动了科学家们对新材料、生物技术、空间技术、海洋技术的进一步探索。60年代IBM推出第一代大型商用计算机系统，让商业的信息处理更加有效，后续在70—80年代，专门应用于工业生产程序控制的计算机系统（Process Control System，PCS）也陆续诞生，进一步提升了工业生产的质与量。80年代微型计算机的出现使得生产程序的自动化控制得到进一步提升，90年代以后的个人电脑，以及后来区域网络、互联网陆续出现，更将计算机的应用延伸到了个人生活。

2. 工业4.0

（1）工业4.0的诞生。进入21世纪后，计算机的处理能力进一步提升，此时计算机能够处理更复杂的运算，储存容量也持续扩大，使得人们能够获取、储存更大量的数据，一般我们所称的A–B–C（Alogrithm–Big Data–Computing Power）亦即“算法—大数据—运算能力”的突破，促成了新一代的人工智能。人工智能的目标是通过计算机学习使得机器具备相当于人类的认知、决策能力，而它的运算速度更是远超过人类的头脑。这时科学家们提出，如果能够在制程中所有的设备上应用传感器技术，并将原有的PLC（可编程逻辑控制器）/PCS（制程控制系统）数据传送到云端给人工智能计算机，那么人工智能计算机就可以将所有制程设备纳入运算，这时就不仅仅是某一个工作单元（Work Unit）的自动化控制，而能够达到全厂的智能化控制，实施这样的工业生产体系后，无疑能够大幅提升制造业的生产效率、减少能耗、提升质量，并且达到少量、多样的柔性生产目标，赋予企业更强大的竞争力。

（2）工业4.0的主要概念与做法。上述这种全厂的智能化控制，有别于个别单元的自动化，它是能够达到“端对端”的智能化控制。德国是制造业强国，特别是汽车、精密机器制造行业，都居全球领先地位。为了迎接未来全球智能化的大潮，德国在2013年汉诺威工业博览会中提出了工业4.0的概念，并陆续提出了实施工业4.0的一系列标准与架构，我国也在2015年将工业4.0列入国家产业发展的重要策略之一，并且计划通过工业4.0的推动，在未来的20年内完成“2035中国制造”的目标，将中国从制造大国转变为制造强国。

工业4.0核心的概念是网络与实体系统的融合（Cyber Physical System，CPS），按照这个架构设计的制造型企业生产工厂中，所有的生产设备都属于实体系统，而相对应于每一个实体系统，例如，管理个别生产单元的制程控制系统（Process Control System，PCS），生产设备上用来测量温度、湿度、酸碱度等的物联网传感器（Sensors），可编程逻辑控制器（Programmable Logic Control，PLC）等，在网络空间里，都有一个与之对应的虚拟系统，这个虚拟系统储存了这些设备的实时状况数据，可以供各种应用软件实时调用，这些应用软件包含了供应链管理（Supply Chain Management，SCM）、企业资源规划、生产计划、生产执行控制、设备可用状态、设备维护、物流管理等，通过对所有生产设备的“端到端”实时数据的采集、分析，并且依照各个设备或是全工厂制程配置的人工智能逻辑运算，发出对所有设备的实时控制指令，达到工厂全面智能化的要求。如图 15–2 所示，底层是实体设备，通过数字采集的物联网将设备信息传送到云端的网络层，这些数据将供给应用层中的各种软件或人工智能算法，成为全厂范围数字化管理、控制的基础，当这些算例得出结果（可能是生产排程、设备设置、工作分派）后再将这些指令发送到相应的生产单元执行第一线的生产工作。

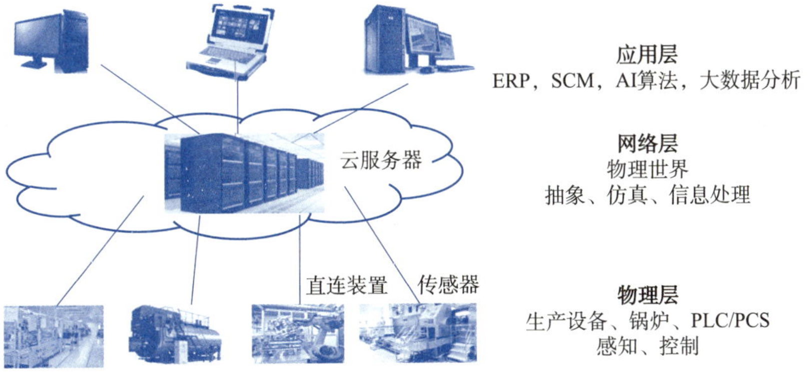

图 15–2　CPS 架构下的智能化工厂

四、制造型企业数字化的障碍

工业 4.0 可以说是等同于制造型企业的数字化转型框架，如果能达到这样的水平，制造型企业必然能够在未来的多变、不确定、不可测环境下具有更强的竞争力。然而，要达到这样全面的智能化并不简单，大部分企业将面临以下的问题或挑战：

1. 现有制程控制设备较为杂乱

大多数传统制造企业，因为厂房陆续扩充、设备新旧不一，这些用于生产控制的设备，在最初设置时是为了满足特定工作单元的加工程序控制需要，但随着工厂的扩充，逐步引入不同品牌、型号、功能的控制系统，数据能力接口与数据格式不尽相同，而且随着时间的流逝，部分设备逐渐老化或因为维修条件不同，许多设备的数据功能不完整，造成取得数据的障碍。

2. 数据来源多，质量参差不齐

这些设备的数据格式不尽相同，数据来源离散，数据单位多元、数据准确度也差。面对这个问题，企业在推动工厂数字化时需要考虑如何将数据收集手段统一？是否应该将全部数据存储在一起？这些数据要如何归纳梳理？是否要把所有的缺漏差错数据补充修正？是否要等全部设备的计量表接入网关才能进行数字化？如何避免用错误的数据得出错误的结论？

3. 核心工艺的数字化尚不成熟

在数字化过程中，对许多核心制程的数据要求较为严格，传统工厂内的设备新旧不一，不一定能够提供完整数据。例如，在炼钢产业，高炉、烧结、转炉等关键设备，特别是中小型设备，2000 立方米以下高炉，150 吨以下转炉的计量仪表配备并不齐全。另外，主要生产原料，如熔剂、焦炭、废钢等原料的化验样本结果不具代表性，在线实际监测仪表也因缺少维护导致数据不准确。

4. 核心工艺尚未真正被量化建模

要达到智能化生产，需要对生产设备的操作建立模型，进行数字化管控，比如炼钢行业的高炉，制程本身同时存在气、液、固的三相反应，我们经常发现，在横断面及纵断面上，反映环境及物理化学过程参数的指标关系不十分明确，难以找出一个模拟目标来表达高炉过程的特征。这些模型需要更多的实验或是数据积累才能建立。因此我们常常见到的问题是，在制程管理上，仍然依赖通过“老师傅”看火与看渣，在模型尚未有效验证前，确实“老师傅”的判断更为有效，因此也经常引发“何必费尽周折做数字化”的争议。

5. 管理能力与关键技术需要提升

传统的中国制造业，源于过去依赖大量人力的发展历史，许多传统大规模生产企业，在管理上通常以“服众”作为管理者的评价依据，服众一般体现在“技术能力”的服众或是“带领团队、管人能力”的服众，许多企业也以这两项条件作为选拔管理干部的重要标准。但是要真正推动数字化转型，企业需要培育能通过积累自身经验进行模型化的专才，把这些数字化模型应用到日常的操作标准中，以指标体系来推动日常工作，以科学化、数字化方式对过程的偏差进行修正或指导下属，并且对下属与员工进行辅导。

另外，在生产工艺、质量管理、设备管理等重要环节，应用数据分析技术是生产数字化的核心要求。许多企业仍然将数字化等同于自动化与设备升级，忽视了对于自身分析能力的提升，没有采用经验与数字化结合的方法，生产经验与关键管理人员能力没有得到同步提升。

6. 从宏观层面来说，缺乏总体战略指导方针

制造型企业数字化的投资风险高于其他行业，所以在启动前，企业更需要在宏观层面基于自身工厂的实际状况，制定出总体战略指导方针。但是制造型企业数字化转型的复杂度以及现有设备新旧状态不一，都导致数据提供能力不完善、缺乏大量可用的历史数据，且存在核心程序缺乏建模经验、管理人员的素质有待提升等各种问题，使得数字化转型更加困难。这些多元且彼此交错的问题，使得绝大多数的企业无法有效创建一个比较完善的数字化转型蓝图框架与实施步骤。

五、让企业走出困境的战略思考方向

通过分析上述六项挑战，我们可以进一步梳理问题，尝试找出解决之道，这六项挑战的前面三项：设备状况杂乱、数据质量参差不齐、核心工艺数字化不成熟，都属于如何从设备上获取数据并且对设备发出执行指令的数据链接问题。第四个问题则是智能化算法能力，第五与第六项则是管理上的问题。根据笔者曾经在一家拥有 40 万名员工的传统大型国企实施数字化的经验，可以按照以下步骤解决这些问题：

1. 对于现有设备的摸底

前面我们曾经提出，目前国内大多数制造型企业的基本操作设备单元因为使用时间比较长、状况维护不佳或是厂家本身提供的技术接口能力不同，造成

设备提取实时数据的能力不同，无论我们最终打算进行全面还是局部智能化，都需要对自身状况有比较客观的了解。对现有设备的摸底就是要进一步弄清楚，我们目前到底在哪些设备上具有较先进的数字化信息采集与反馈控制的能力，另外，又有哪些设备存在严重的不足，应该增加传感设备、计量设备、控制模块。如果整个设备已经过于陈旧，则需要进行淘汰和更换。

阶段产出：在这个阶段的工作后，应该列出一个按照工场 / 工序的设备能力清单，特别是做出针对数据传输接口与控制能力的评估，我们需要对其有通盘的了解并对所有设备提出必要的调整方案，同时进行成本估算。

2. 区分出“端到端”智能化的模块

接下来我们可以参考图 15–1 将整个企业需要智能化的流程区分为供应链、采购、产品研发、生产计划、制程控制、设备状态、维修养护、品质管控、仓储、物流等多个一级主流程。

阶段产出：这个阶段产出的是所有的一级主流程模块清单，并且清楚地说明这个模块的操作现况以及我们计划达成的能力提升。

3. 审视企业价值创造的关键能力或核心流程，并列出各模块的优先次序

紧接着我们需要从企业整体策略进行效益的测算，例如，我们需要获得什么竞争优势或是能力，我们需要从哪些一级主流程优先实施，并且估算实施个别模块的成本以及可以获得的效益。

阶段产出：这个阶段的产出是所有实施智能化流程的计划清单，并且说明每个模块所期望的具体能力、操作流程以及实施个别模块可以获得的经济效益或价值。

4. 判断各个项目之间是否有技术前提要求（Pre–requisite）

根据上述模块清单，评估如果执行上述个别模块，是否有其他模块或是流程是实施这个工序的先决条件。

阶段产出：具体说明个别模块是否受到先决条件限制，并据此调整计划实施顺序。

5. 列出最终可行的实施顺序

重新排列模块实施优先次序，并且估算实施每个模块所需要的时间，最后

列出完整的时间表，以优先项目作为数字转型的试点项目。当然从项目管理的技巧来看，我们选择的试点项目有时并不一定是战略价值最大或是经济效益最大的模块，为了能够让项目顺利全面展开，我们往往需要先选择一个范围较小、比较容易完成的工序，这样能够让项目有“速胜”（Quick Win）的感觉，这种“速胜”的体验可以在后续执行中给团队带来更强的信心。

6. 组建试点项目的团队以及项目考核的里程碑

最后一项准备工作是组建试点团队，并且针对试点项目设定考核的里程碑。

案例 14：某国营炼钢企业

案例公司属于一家国营大型钢铁企业，有着 30 年以上的历史，年产值达 2000 万元以上，产品包含建筑用钢、汽车用钢，产品直接销售给大型建筑公司以及汽车制造企业。同时，集团也生产钢锭，这些钢锭销售给规模较小的钢制品工厂，这些工厂再把钢锭加工、切割，生产出体积较小、数量较大的钢制材料与零件。

公司拥有产出量达到数百吨的大中型锅炉，但是生产控制设备新旧杂陈，有新式、数控 PCS 设备，也有一些旧式生产设备。企业围绕战略目标提出数字化转型，期望能将生产系统进行全面改造提升。

战略上，集团希望以生产小批量定制化、高端化板材的战略转型为目标，形成多品种、小批量、定制化的生产能力，以满足交付周期和交付质量日益提高的要求。正如前文所述，因为大量的生产设备数字化程度不一，集团在数字化上采取“面的布局”以及“点的突破”两个主要策略。

1. 面的布局——夯实基础

具体来说，该企业希望未来实现智能化，从基础信息系统开始，围绕订单设计系统、高级排程计划与质量管理系统等，一体化集成打通集团和工厂，实现生产制造全流程管理。但因整套过程涉及大量设备，所以该企业以信息化基础为起点，搭建跨工序的数据收集与软件平台，为后续深入分析和突破做准备。企业希望将互联网、数字化转型技术以及大数据技术算法应用在整个制造流程，以全面支撑高质量产品的生产。

该企业希望基于一体化数据平台，利用工业物联网（IIoT）、机器学习、大数据、云平台，用 5 年时间完成深化转型，推动降本增效。该企业的数据平台架构划分为五个层级，如图 15–3 所示。

L5	集团数字化考核系统		集团BI	
L4	OA	ERP	SCM	CRM
L3	公司级订单管理系统		公司级计划排程系统	公司级质量管理系统
	生产过程执行管理系统（MES）		生产辅助系统	
	铁前	冷轧	物流系统	质保系统
	炼钢	不锈钢	能源系统	铁水调度系统
	热轧		计量系统	测量管理系统
L2	工厂物联网与数据收集平台			
L1	PCS	单元生产过程控制系统		
	PLC	仪表、仪器、传动系统		

图 15–3　案例钢企的数字化五层级架构

第一个层级是生产设备层，主要包含各工作单元的仪表仪器、PLC、传动系统等生产一线的信息获取设备。该企业启动了规划数据管理架构与完善整体信息系统的规划，筹划通过 3 年时间逐步完善整体物联网架构的计划。

第二个层级是工厂物联网与数据收集平台，主要由生产过程控制系统（Process Control System，PCS）构成，这些设备主要承担的任务是从 PLC 与传感器获取数据后，通过设备内部的计算机运算，对生产设备的执行工作发出指令。

第三个层级是智能化的制造系统，它对全场的生产与运营发出指令，包含了各个生产线的计划配置以及各个阶段的排程时间段。另外，也包含了各种产销辅助系统，例如，物流、能源、质检等。

第四个层级则是原有的 SAP 以及 SCM，与过去不同的是这些系统与生产系统有了直接的数据对接。

第五个层级则是分析应用，主要是从生产与管理系统中获取数据进行分析，供管理者做决策。

2. 点的突破——试点

战略上，该企业进行了系统的数字化潜力诊断，在原先多年精益运营挖掘效益之上，又挖掘出了巨大的数字化潜力，设立了以数字化转型的深化精益运营，以支持企业实现中国建筑用钢标杆的战略目标。企业决定直接实施和应用大数据分析，以此作为试点进行突破，从炼钢开始打造样板，逐步实现了铁、钢、轧、动力——四大厂部的数字化落地，公司还设立了全职的数字化团队与首席数字化转型官，并招募了大数据分析师，走出了一条从试点到推广的转型之路。

该钢铁企业通过 3 年精益转型，使用数字化作为精益方法与机制的深化与固化工具，取得地区成本最低的优秀成绩。

3. 由点到面的转型

接着该企业选择了转炉提产与稳定钢坯质量作为第二个试点目标，通过实施“转炉枪位”历史推优、“终点碳命中率”大数据预测、转炉周期时间管理、“二冷水喷嘴堵塞”预警、车间业绩管理系统等五大模块，用半年时间实现了产量和“一倒率”（一次成功倒出炉内铁水）大幅提升。

在此基础上，该企业进一步坚定了实施数字化转型的信念，并在之后的一年中实施了高炉硅稳定预测、煤气平衡优化、轧钢负差管理等超过十个数字化转型项目，同步引入了钢坯喷码机器人，衔接炼钢与轧钢之间的数据跟踪体系，最终达到了更完整的数字化覆盖，达成了“端到端”的数字化转型。

4. 数字化转型团队建设

该企业设立了全职数字化转型团队，任命了集团副总担任首席数字化转型官，并且在 2019 年着手建立全职的大数据分析师团队，进一步深化推动转型，如图 15–4 所示。

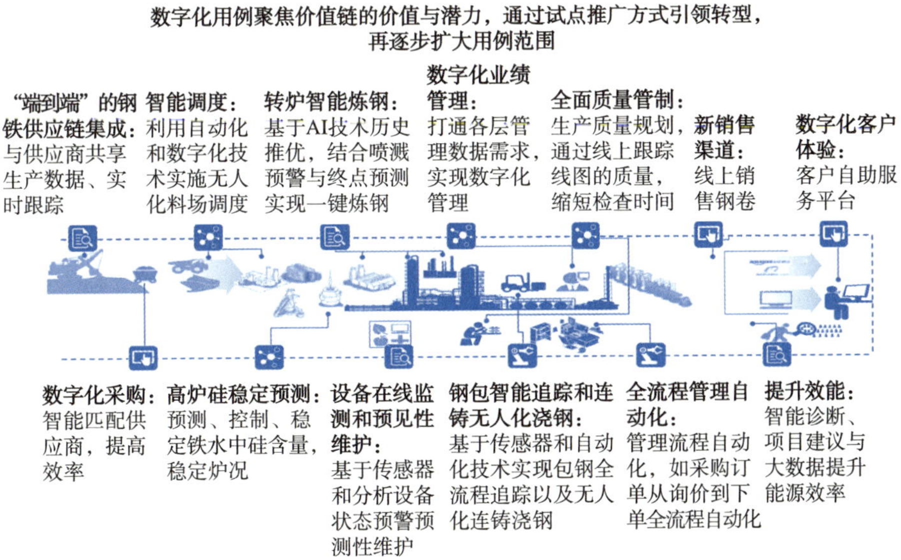

图 15–4　案例企业完整的“端到端”数字化转型

通过本案例的学习，我们看到了一个大型传统制造企业是如何逐步完成全面数字化转型的。首先，在转型过程中，该企业先反思的是企业自身的战略，并着力思考如何塑造长期的竞争力，然后运用价值创造思维，做出优先进行数字化的决策。其次，企业根据前面定义的优先数字化流程，考虑技术转型的实施路径、基础技术架构、数据双向流动的能力以及如何在技术上做到敏捷交付。除了技术架构的改变，还要同时考虑组织转型的配合，包括思考建立什么样的新组织以及需要引进或培植什么样的技术能力。最后，如何有效实施变革管理。

该企业的数字化转型主要集中在四个维度，如图 15–5 所示。

业务转型	战略愿景		聚焦价值创新与对未来的影响	
	用例应用选择		基于价值与技术关联性进行排序	
	商务与客户体验		运营管理	
	销售增长	价格管理	良率、能效	维护与可靠性
	客户交互	业务模式	供应链	采购与销售联动
技术转型	技术架构		双速IT	敏捷交付
	连接整体形成完整的数据系统		支持快速应用开发落地	快速迭代
组织转型	体系建设		人才培养	
	灵活的组织、转型办公室		数字化分析与管理人才	
变革管理	集团主导	以集团总部为主导，自上而下		
	“一把手”挂帅	企业“一把手”带队，落实转型		
	灯塔效应	通过展示数字化成果，建立更强信息		

图 15–5 制造型企业数字化转型的四个维度

六、“灯塔工厂”是如何打造的

前面我们较为深入地介绍了一家大型国有钢铁企业的案例，我们再放眼世界，看看世界范围内的典型数字化转型案例。工业 4.0 的概念虽然自 2013 年就被提出，但至今仍然属于较新的领域，世界各国政府与企业对其都高度关注。从微观层面来说，它是一个制造型企业如何在未来掌握竞争优势的关键；从宏观的国家层面来看，它是国家总体工业制造能力的体现，也就是国力的展现。

2018 年 9 月，世界经济论坛（World Economic Forum，WEF）首次与麦肯锡公司合作，公开评比了全世界上千家制造型企业，最后评选出 9 家企业作为工业 4.0 的典范，并称之为“灯塔工厂”。海尔成为中国企业中首次参加并入选的唯一企业。后续几年，陆续有更多企业被授予这项荣誉，截至 2021 年 3 月，已经累计有 60 余家企业获此殊荣。这些企业分别来自中国、德国、美国、日本、法国、巴西、印度尼西亚、新加坡、土耳其等国家。覆盖了电子、医疗、汽车、机械制造、钢铁等五大主要行业以及其他不同行业。

令人感到欣慰的是，2020 年选出的 44 家“灯塔工厂”中，中国企业占据 12 席，居全球各国之首。其中包括宝山钢铁（上海）、富士康工业互联网（深圳）、海尔电器（沈阳）、上汽大通（南京）、博世（无锡）、福田康明斯（北京）、强生医疗设备（苏州）、西门子（成都）、丹佛斯工业设备（天津）、海尔（青岛）、宝洁（太仓）、潍柴工业机械（潍坊），主要涉及数字智能化的业务，如图 15–7 所示。

灯塔故事

宝山钢铁
钢铁制品，上海
这家拥有40年历史的工厂是数字化的先行者。鉴于其工厂对人工智能和高级分析技术的广泛部署，宝山钢铁在数字时代仍保持强劲的工业竞争力，并一举创造出5000万美元的价值

富士康工业互联网
电子设备，深圳
整个组织从一家传统的电子制造服务公司转型成一家工业互联网公司，生产力提高31%，机器意外故障率降低60%

海尔
电器，沈阳
沈阳海尔电冰箱厂是以用户为中心，奉行大规模定制模式的典范。通过部署一个可扩展的数字化平台，该工厂实现了整个价值链的“端到端”连接，使直接劳动生产效率提高28%

上汽大通
汽车，南京
面对竞争激烈的市场环境，南京上汽大通针对大规模定制化展开了新模式。利用一体化数字主线，该工厂对从客户到供应商的“端到端”价值链实行数字化，在提高销售量的同时降低了成本

博世
汽车，无锡
通过实施30多个数字化用例，满足了200%的客户需求增长，使总库存降低了16%，加工成本降低13%

福田康明斯
汽车，北京
福田康明斯横跨设计、生产和售后服务等各个阶段，在其“端到端”产品生命周期中自主部署物联网和人工智能。该方法助其将产品质量和客户满意度提升了40%

强生DePuy Synthes
医疗设备，苏州
这家工厂成功扩展了其他强生工厂所开发的标准化数字解决方案，绩效由此得以攀升，生产效率也提高了15%

西门子
工业自动化产品，成都
消费者需求增长要求其通过数字化转型以更高效的方式提高质量，促使生产周期缩短20%，百万缺陷率降低40%

丹佛斯
工业设备，天津
希望通过数字化用例来提升质量、压缩成本，以达到客户预期，客户投诉减少57%，劳动生产率提升30%

海尔
家用电器，青岛
为满足以客户为中心的大规模定制，建立了工业互联网平台，使交期缩短33%，劳动生产率提高64%

宝洁
消费品，太仓
利用第四次工业革命技术，宝洁在中国太仓建立了亚洲第一家自动化工厂，成功实现“端到端”供应链的互联互通。它将生产效率提高了2.5倍，促进了由敏捷生产带来的电子商务增长，员工满意度也随之提升

潍柴
工业机械，潍坊
潍柴推行了“端到端”价值链的数字化转型，以精确识别客户需求并降低成本。受人工智能和物联网技术驱动，它的研发周期缩短了20%，运营成本提高了35%

注：● 表示“端到端”“灯塔工厂”；● 表示单个生产场所“灯塔工厂”。

图 15–7　属于中国的“灯塔工厂”

资料来源：麦肯锡。

接下来，我们进一步深入介绍“灯塔工厂”当中两个比较知名的企业。

案例15：上汽大通南京工厂（“灯塔工厂”）

上汽大通依托上汽集团自主核心技术，将新能源作为重要发展方向，旗下所有车型，包括宽体轻客、MPV、皮卡、SUV等都推出了新能源产品。南京工厂也在多款车型上深度布局了新能源产品。纯电动、插电混动、燃料电池，尤其是氢燃料等多条技术路线早已全面布局。

2020年9月，南京分厂获世界经济论坛评选的“灯塔工厂”称号，上汽大通南京利用C2B模式，直联“需求者”和“生产者”两端，实现了更加扁平化的生产过程。这使得上汽大通价值链由经销商触达变为主机厂直联，由传统一次性品牌传播触达变为建立互联网粉丝关系的生产线。在工厂当中则通过大量的智能化功能来支持定制化的柔性生产。从预测发布、用户下单、计划排产、零件入厂，直至整车生产、质检、发运的每个环节，都展现了上汽大通覆盖产品生产全生命周期的“智能定制”理念，如图15-8所示。

图15-8　上汽大通南京智能制造工厂

资料来源：上汽大通。

1. 通过互联网让消费者定制爱车

消费者下单之前，上汽大通就已通过自主开发的“蜘蛛智选”智能选配器，从产品定义前期就与用户实时交流互动，打通了产品、用户需求、制造过程中的数据链壁垒，从而能够准确响应用户定制的个性化需求，最终实现企业的全业务链数字化在线。

消费者可以在“上汽大通MAXUS”公众号的菜单栏中找到“蜘蛛智选”

入口。同样，PC 端“上汽大通 MAXUS”官网、“上汽大通 MAXUS”App、公众号“我行 MAXUS”均可以找到“蜘蛛智选”入口，如图 15-9 所示。“蜘蛛智选”提供“全民推荐”和“个性定制”两种模式，前者会根据用户大数据，提供一些被大多数用户选择的方案，后者则完全由用户深度自由选配。用户可以根据个人的喜好，选择相应的定制模式，之后再点击“定制”按钮就可以正式开始定制。

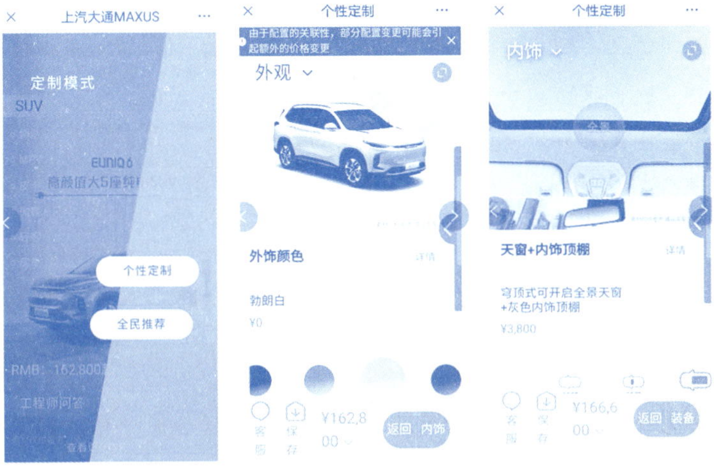

图 15-9　蜘蛛智选 App 功能

资料来源：上汽大通 MAXUS App。

“蜘蛛智选”大致分为外观、内饰和装备三个进入选项菜单，用户可以进行自由选择。

（1）外观菜单栏。用户可以选择外饰颜色、外观套装、轮毂轮胎、前后大灯样式、制动卡钳颜色等多种外观样式。特别贴心的是，“上汽大通 MAXUS”对于每种配置都进行了详细的说明，用户只需点击配置右上方的“详情”，即可深入了解该项配置。就拿轮毂轮胎这一项来说，“蜘蛛智选”上面提供了六种可选类型，点击“详情”之后，用户可以知道每种轮胎配置的特点和属性，从而方便用户根据个人日常使用场景选择合适的轮胎和外观配置。

（2）内饰菜单栏。不同车款的选项不同，例如，上汽 MAXUS EUNIQ 6 纯电版车型提供了包括内饰格调、天窗样式、座椅面料、内饰顶棚颜色、抬头显示、液晶仪表、中控屏、多功能方向盘等配置选项。

（3）装备菜单栏。用户还可以自由选择手机无线充电装置、氛围灯、BSD

盲区监测，以及贯穿式侧气帘、电池加热、自动泊车系统、行车记录仪、空气管理系统等装备以及防眩目内后视镜、定速巡航模式、前后雷达、座椅电动调节等多种驾驶辅助设备和安全配置。

定制选项选择完成后，继续点击“立即下单”，就会转入经销商页面，甚至连金融贷款方案和优惠套餐都安排好了，用户只需选择确认，就可以坐等提车了。用户还可以通过“上汽大通MAXUS”的“日历订车”系统，随时随地在手机上查看车辆生产或运输状态，根据自己的行程指定理想的交车时间，做到全流程透明、可控、可追溯，用户的使用感受非常好。如果选购和定制过程中有任何疑问，客户还可以进行在线咨询，数百位专业工程师和客服将会实时答疑解惑，让用户放心定制、舒心购买。

2. 智能工厂提供订单定制生产能力

当订单来到上汽大通南京工厂后，集成了“数字化基因”的冲压车间、车身车间、涂装车间、总装车间，将共同协作为用户打造“理想之车”。

（1）云计算。上汽大通借助基于网络物理系统、物联网、云计算以及人工智能技术的综合性制造技术，如行业领先的工程数据智能分析、数字化生产技术、数字化质量管理系统和数字化供应链等，驱动生产线的智能化转型，令生产更加透明、高效和智能，可支持制造的车型款式更加丰富。上汽大通大力应用数字化生产技术，以工程数据智能分析系统为例，该系统通过配置管理器及其计算服务、创新的研发手段及数据化的知识模板，快速响应并实现众多配置组合的开发。

（2）智能排产系统。这是对工厂空间特点进行充分利用的成果。C2B模式下，工厂为重点供应商提供场内空间，发动机仪表盘、座椅都采用空中输送线排序到岗位，直接将座椅生产线迁入制造现场，简化运输路径，节省二次搬运，降低运输成本，实现效益最大化。

（3）智能供料。厂内有智能电动搬运车，它会自动将用户选择的配件精准送达到需装配的工位。“安灯”系统实现了智能管理目视化，通过“安灯”显示和声音的辨识，组长、工段长及时响应员工，确保生产线的安全和产品质量；智能小车配送系统，随机运线行走，配合操作工完成装配；SPS配料通过信号灯指引员工正确取料，防止出现错误。智能供料不仅减少线边物料堆放，消除选装错误，减少员工走动，而且打破了防错的传统模式，提前进行错误预警，无须停线便可将错误纠正在装配之前。

（4）设备运行管理。即时传递故障信息、运行信息、维护信息，使故障率降低 35%；信息可视化管理，有序统计显示当班、周度及月度的呼叫信息、故障信息、停线信息。

（5）质量管制。这一质量控制流程包括了 14 个在线质量检验点，对内饰、外饰、底盘、电器等部件全方位层层把关；智能化检测线最大限度体现人机交互的功能，高效便捷完成整车的下线检测；BQMS 制造质量管理系统则能够降低漏检和错检率，对制造现场缺陷数据进行汇总及分析，并对缺陷等级、分类、责任、质量目标等方面进行实时监控。总装车间轮胎智能防错数字化系统利用视觉识别分析等技术，结合实物特征和生产序列，实现了对 C2B 重点零件错误的自动分析预警，并给出智能解决方案，对整个纠错过程进行追溯管理。

3. C2B 智能定制模式助推提升销量

上汽大通 MAXUS 的很大一部分订单是由“定制服务”创造的。官方数据显示，以私人用户为主的 G50、D90 用户在线交易比例更是高达 60%；另外，有 42% 的车主在购车前使用过“蜘蛛智选”，如果将范围缩小到 G50、D90 的车主，这一比例还要更高，分别达到 57% 和 75%。公司成立 8 年以来，上汽大通保持着 60% 的复合增长率。2019 年 1—6 月，上汽大通 MAXUS 累计零售销量同比增长 15.7%，并实现了连续 6 个月的单月销量逆势增长。

作为上汽集团旗下的国际汽车品牌，上汽 MAXUS 立足“新四化”，基于上汽实力建设全球首家全新 C2B 定制工厂——上汽大通南京工厂，将 C2B 大规模个性化智能定制理念融入“上汽制造”，以用户需求为中心驱动整个制造体系智能化升级。

案例 16：富士康深圳与成都厂区的“灯塔工厂”

继 2019 年富士康深圳厂区入选世界经济论坛“灯塔工厂”后，2021 年 3 月，富士康成都厂区再次入选。第一次获评 WEF“灯塔工厂”证明了富士康拥有一座世界一流的智能制造工厂，第二次获评则表明富士康成功建立了一套“灯塔工厂”孵化体系。富士康董事长刘扬伟表示，数字化转型不是一道选择题，而是一种必然的发展趋势，只有主动拥抱数字化转型的公司，才能在未来持续保持行业领先地位。2021年，富士康预计将再复制20座“灯塔工厂”，推动富士康工业互联网及智能制造的发展。

富士康成都厂区的工厂智能化是经过几年时间孕育而成的。自2015年开始，富士康成都厂区开始逐步建立由600余位专业人才构成的工业互联网团队，富士康称之为“OT+IT+DT”的工作方式（OT指Operational Technology，IT指Information Technology，DT指Data Technology），该方式广泛应用多类先进人工智能和物联网（IoT）技术，从“工匠”向“智匠”变革。成都厂区的获选理由是，“面对快速增长的业务需求，富士康成都厂区采用了混合现实（MR）、人工智能（AI）和物联网（IoT）等技术，把设备的整体效能提升了17%，将生产效率提升了200%”。

1. 富士康智能生产线

富士康目前已经在成都、深圳、郑州、太原开始运营6座“关灯工厂”，包含了精密机构件加工工厂、智能刀具加工工厂、精密组装及测试包装工厂等。这6座工厂已经发展出设备监控维修预测、能耗监控、物流配置、质量检测预判改进、产量优化、智能调度、制程参数调整优化等多项基于现场的人工智能应用。

以深圳“关灯工厂”为例，厂区导入了108台自动化设备，制程中的表面贴装技术（Surface Mounting Technology，SMT，一种将元件焊接到主机板上的技术）设备导入9台，节省人力50人，节省比例达到96%；生产组装设备导入21台，节省人力74人，节省比例达到79%；测试设备导入78台，节省人力156人，节省比例达到88%，总体项目共节省人力280人，节省比例达88%，提升效益2.5倍。

2. 工厂内智能化实施分为三个步骤

（1）数据汇集到云端。它们将海量设备连接至云端计算机，应用到表面贴装、数控加工、机器人、组装测试、环境数据采集等场景，覆盖全行业数据采集。

（2）“机器人＋传感器”的模式。开发出机器人AI的自感知、自诊断、自优化、自适应功能，能有效提高产品良率，降低成本。

（3）全自动化制造流程。生产智能手机等电气设备组建的工厂采用了全自动化的制造流程，配备了机器学习和人工智能型设备自动优化系统、智能自我维护系统、智能生产实时状态监控系统，真正实现了“关灯工厂”，使生产效率提高了 30%，仓库周转周期降低了 15%，如图 15-10 所示。

图 15-10　富士康深圳智能化工厂生产线

资料来源：富士康。

3.“关灯工厂”的三个自动化阶段

所谓“关灯工厂”，顾名思义，就是生产区域采用了关灯状态下的全自动化作业，因为生产线上均由机器人自主操作而无须人力，所以可以实现关灯作业。深圳工厂已经实现了熄灯状态下的无人自主作业，全部生产活动由计算机控制。

目前，富士康工业互联网股份有限公司基于工业互联网平台打造的“关灯工厂”，已在深圳、成都、郑州、太原等地试点。截至 2021 年 7 月，富士康已经拥有 10 条“关灯”生产线（完全自动化生产线），部署了逾 4 万台由公司自行研发和生产的“Foxbot”工业机器人。富士康已经具备每年生产约 1 万台 Foxbot 机器人的能力。除工业机器人外，富士康还在研发医疗机器人。尽管机器人技术在不断改进，但工业机器人不能完全取代人，因为人可以灵活迅速地由一个任务切换到另一个任务，机器人则不能如此迅速地做出调整。

富士康实施“关灯工厂”的三个阶段：

第一阶段：工业自动化，可以理解为“点”。

这不是要把人大批地换掉，而是让机器人去做人们不愿意做的工作或是危险的工作，比如环境十分恶劣的车床的加工和打磨工作。富士康最先开始做的是打磨机器人，开发出来后，打磨机器人逐渐替代了人工在粉尘环境中的工作，避免员工受到粉尘的危害。

第二阶段：生产线的自动化，我们称之为“线”。

生产线优化后，可以减少机器人的使用量，并且提高整体生产效率。

第三阶段：整场自动化，我们称之为“面”。

富士康在生产、物流、检测等过程中实现无人化或少人化，如图 15-11 所示。现在，虽然许多环节已开始使用智能机器人，但还没做到整场自动化。其中，富士康在成都的工厂已经在往这个方向努力，而深圳和郑州工厂正在推进自动化，处于第二和第三阶段之间。

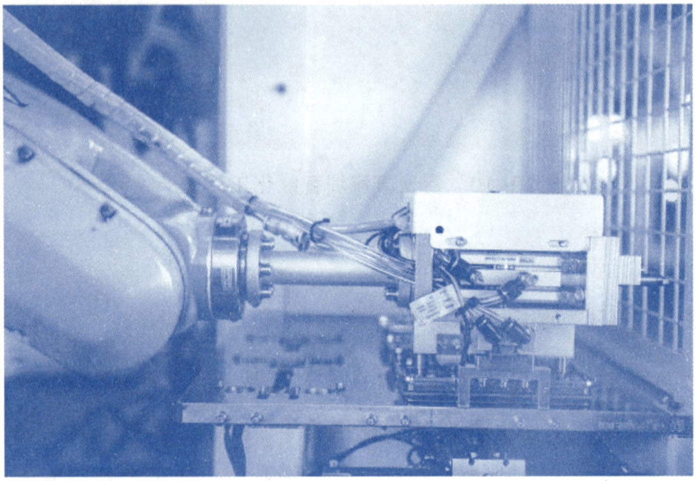

图 15-11　富士康数控机床精密加工智造“关灯工厂”使用的机械臂

资料来源：富士康。

位于深圳富士康龙华科技园的数控机床精密加工智造“关灯工厂”，主要进行手机金属壳的加工工作。这座“不开灯”的工厂可实现从自动上料、零件加工、智能补正、自动检测到智慧物流的全生产流程，实现“刀具的全生命周期管理”，如图 15-12 所示。

加工刀具的“关灯工厂”

富士康“关灯工厂”中的数字化刀具切削生产线布局在一间三四百平方米的长条形样板车间里，车间未开灯，仅有一排暗绿色的生产指示灯亮着，如图 15-13 所示。生产线上，机器手臂将粗坯送入第一台机台，机台自动接收后关闭窗口，由机内的刀具进行切削。

图 15-12　搭载着 5G 路由器的智能搬运机器人（AGV）
在深圳富士康龙华科技园数控机床精密加工智造“关灯工厂”中工作

资料来源：富士康。

图 15-13　富士康加工刀具的“关灯工厂”

资料来源：富士康。

每个机台内部上方悬着一个罗盘，标着数字 1~20，每个数字下对应一种旋转刀具。每一种刀具承担一项任务，粗如钢笔的刀具切削大孔，细如针尖的刀具钻刻细孔。左右两根细长的喷头不断喷射切削液，既为润滑，也为降温。富士康的全自动加工生产线将工人和切削液分隔开，保证了工人的安全。事实上，这条生产线的高级之处，不仅仅是自动化生产，而且是更高层次的全流程数字化、智能化生产。整条产线100余把各型刀具，每把都装了传感器，能实时采集并分析不同种类的数据，实现过程参数的统计，以便实时监控，达到对产品质量变化趋势的预测预警，及时发现并预防产品品质异常。

富士康的人员表示："过去，某条自动化生产线良品率特别高，但我们并不知道为什么高。加装传感器后，我们得以采集到每把刀在每一个细微之处工作时的区别，并把这一经验运用到每条生产线上。"能够将每把刀具都装上传感器，得益于所用刀具都是富士康自己生产的，富士康拥有能够用于制造加工手机的精密刀具生产链，并声称能够研发并制造电子行业所需的任何刀具，年产能1800万支，居世界第一，如图15-14所示。

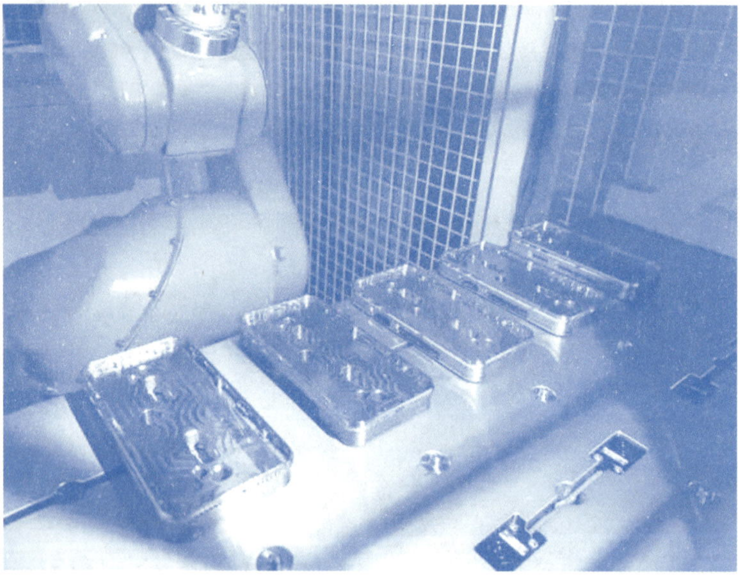

图15-14 富士康拥有加工智能手机所需的精密刀具制造链

资料来源：富士康。

精密组装的"关灯工厂"

富士康的精密组装工厂也达到了"关灯"作业的水平，车间里除了指示灯发出的光外，全部是日夜不停歇的机器。只能偶尔看见一两名工程师在机器连成的生产线间走动。与切削车间不同，这个负责贴片和组装的车间相当安静。

以富士康生产的一款智能产品为例，生产的核心材料为锡膏，工具为吸嘴，吸嘴孔径细如发丝，要将针尖大小的锡膏焊接在一片片面板上。这道工序最早靠人工操作，但如此细微的工作会对工人的视力造成损伤，后来用机器替代人工操作，但还需要人工看料，随时处理出现的故障。经数字化改造后，每件产品从原材料起就有一个专属“身份证”，全流程监控，每台机台的进程、良品率等信息都能清晰显示，负责生产线的线长，人手一只装有相应 App 的手机，可以随时做出决策。

数字化工厂——提质增效、降本减存

数字化制造达到了富士康集团董事长郭台铭先生所要求的“提质增效、降本减存”的效果：

（1）效率提升。首先是效率提升、用时减少。贴片机的核心部件吸嘴，一天制件 2.5 万次。根据老师傅的经验，过去生产线每 24 小时需停机保养一次。停机保养需拆机、清洗、安装，一条生产线有 188 支吸嘴，每次保养至少需要半小时。对于拥有 1700 条贴片生产线的富士康来说，每天的停机保养时间就需 850 小时，时间成本极高。但经数字化改造后，现在每支吸嘴都加上了传感器，显示使用过程中的堵塞程度，能做到故障预判，如今吸嘴保养可延长至制件 8 万次（约 76 小时）才进行一次。

（2）良品率提升。数字化改造使生产更精准、高效。行业抛料率（不良率）标准为 0.3%，而富士康的抛料率仅为 0.04%，极高的良品率保证了高产能，同时降低了生产成本。

根据工业富联官方微信公众号提供的数据，“关灯工厂”的推广显著提升了经济效益。以上述精密组装工厂为例，整个项目导入 108 台自动化设备，并完成联网。整体项目完成后，人力节省 88%，效益提升 2.5 倍。自 2012 年第一座“关灯工厂”在成都园区投入使用以来，富士康已经在深圳、成都、郑州、太原等地运行了 6 座“关灯工厂”，其中包含精密机构件加工工厂、智能刀具加工工厂、精密组装、测试及包装工厂等。

富士康数字化智能工厂的未来发展

富士康表示，未来 2~3 年内将在现有生产线的基础上，更新 IT 系统架构（见图 15-15）、升级自动化流水线，进一步推动工厂车间的智能化与“关灯”作业，实现机器与机器、机器与人、人与人的互联互通，以及信息流、资金流、技术流、人员流、物料流和过程流等“六流”的贯穿整合。

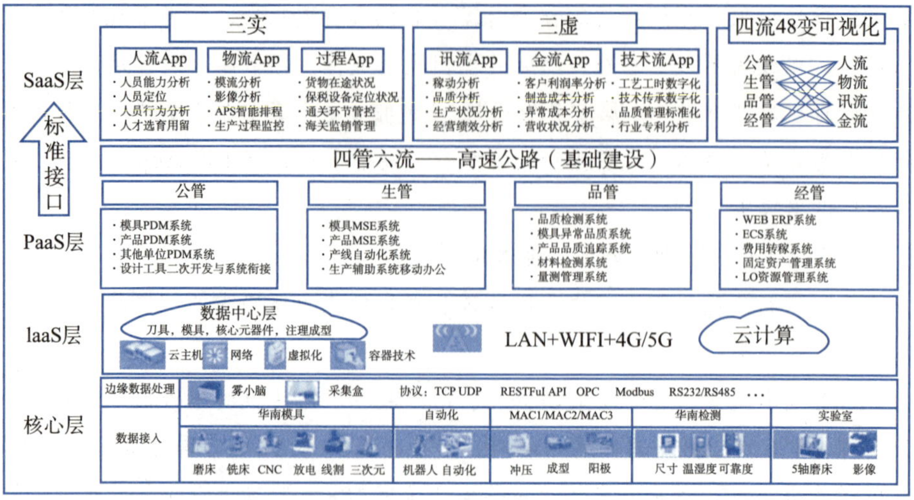

图 15-15 富士康精密工具智能工厂工业互联网平台架构

资料来源：富士康。

达沃斯世界经济论坛对富士康成都厂的评价是："在专门生产智能手机等电气设备组件的工厂中，（富士康）采用全自动化制造流程，配备机器学习和人工智能设备自动优化系统、智能自我维护系统和智能生产实时状态监控系统，真正实现了'关灯工厂'。"富士康成都厂注重优先利用第四次工业革命的相关技术，令生产效率提高了30%，库存周期降低了15%。

本章总结

本章是本书第四篇的开篇章节，依照我们在第一篇中提出的数字化转型战略思考框架，在运营层面我们使用了哈佛大学迈克尔·波特教授的价值链进行分析，价值链的第一个环节是关于价值的创造，也就是从供应链与生产的视角来审视企业数字化的路径，在生产环节我们将工业4.0作为生产端数字化的同义语。

我们从企业在生产制造端所面临的挑战切入，首先说明了工业4.0其实不仅仅涉及工厂内的生产制造流程自动化，还应该包含供应链、产品开发、质量控制、设备管理维护、物流、智能销售等整合多个环节的智能化，这是一个"端到端"的思维架构。其次介绍了以虚拟实体融合（CPS）为核心的工业4.0

架构，并且讨论了传统制造业实施工业 4.0 可能遇到的问题或挑战，接着我们提出了从“点到面”的发展策略，并且以一家国有钢铁企业作为案例说明实施步骤，基于这个案例，我们提出制造业企业的数字化转型应当包含“战略、技术、组织、转型”四个维度。再次，我们介绍了世界经济论坛与麦肯锡所做的“灯塔工厂”项目，进行不同行业的案例拓展，我们很高兴地看到，中国有 12 家工厂入选 2020 年的 44 家“灯塔工厂”案例，数量居世界各国之冠。基于“灯塔工厂”，我们也介绍了上汽大通以及富士康工厂的智能化案例。最后，关于工业 4.0 转型，我们提出不仅应该从企业发展的视角来审视，更应该从打造国家竞争力的视角来推动。

课后思考

工业 4.0 对于制造业而言，是一个高标准的理想，我们不可能一步到位，但是却可以聚焦一些重点环节发力，请想一想你的工厂应该如何规划全厂智能化？哪些业务可以列为优先试行项目？

第 16 章

销售与运营端的基础数字化思维

——“数人头”商业范式

Enterprise Digital Transformation

16

基于迈克尔·波特的价值链分析，第十五章我们讨论了供应链端的数字化，接下来的章节，我们将进入营销、客户体验与客户服务智能化的范畴。在讲述每一个具体流程之前，我们先讨论一个营销上的数字化商业思维，也可以称之为“商业范式”，作为后续章节营销数字化的理念基础。

一、商业范式的改变

什么是商业范式？就是对商业本质的思考与商业运营的基本核心思维方式，在讨论如何对运营层做数字化分析之前，我们要问企业家一个极为重要的关于商业思维的问题，那就是你认为经营一家企业的核心或本质到底是什么？

许多上过商学院 MBA/EMBA 课程的企业家一定会脱口而出，当然是“经营客户价值”！是的，企业经营的核心或是本质就是为客户创造价值，所以核心工作应该就是“经营客户的价值”。许多企业家虽然有这个概念，可是在实际工作中，却把重心聚焦在产品上，所以我们这里要提出两个不同的商业范式——“垒砖头”的商业范式与“数人头”的商业范式，并将二者进行比较，如果你的商业范式是错误的，那么再多的数字化转型、再多的流程创新、再多的营销活动，都只能治标而不能治本，长期来看对企业是没有帮助的，所以我们希望先让企业家们对商业范式有正确的认识，这就是本章的目的。

二、“垒砖头”商业范式的误区

企业家们想一想，你的企业销售数字是如何产生的，是不是把企业的产品与服务进行类别的划分，这些类别通常又细分为一级分类、二级分类，比较复杂的行业，例如，超市甚至还需要拆分到三级、四级分类。假设你是经营超市的，你是不是要将超市中的商品分为食品与非食品两大类（一级分类），而将食品大类再区分为蔬菜、水果、鲜食、熟食等二级分类，将非食品类再区分为办公用品、厨房用品、家居用品等二级分类。企业在每个月的业务汇报是不是就基于这些品类进行分类汇总，企业的总业绩就像在“砌一堵墙，一块一块砖头堆叠起来”，企业的整体销售业绩就是按照每个品类的销售加总积累出来的。我们可以用图 16–1 来想象。

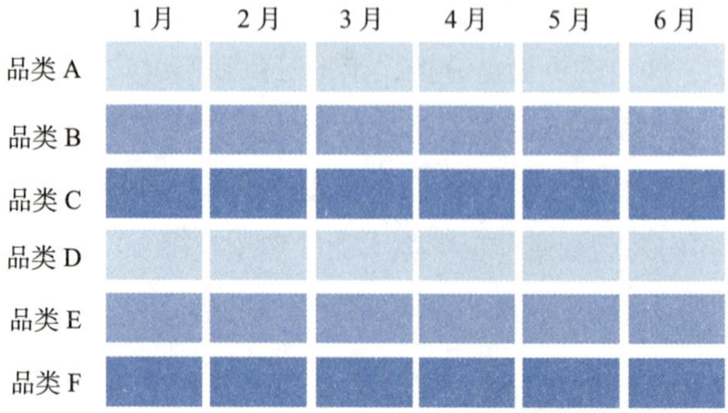

图 16–1　垒砖头的商业范式

在“垒砖头”的商业范式下，企业的收入是由各类产品的销售积累加总而来的，每个月在月例会时都会评估企业的总销售达成率，如果超标或是未达标，我们都需要找出是哪一个品类做得好或是没达标，拖了大家的后腿。接下来就是要求这个品类负责人提出改善方案，而这个拖后腿的品类经理一定会针对自己的品类推出促销方案，如果我们发现是多个品类都出问题或是整个公司大部分品类业绩都下滑，我们将采取全面促销活动，以阻止整个企业的业绩下滑，这时企业家们是不是会看到类似图 16–2 所示的销售数据曲线？

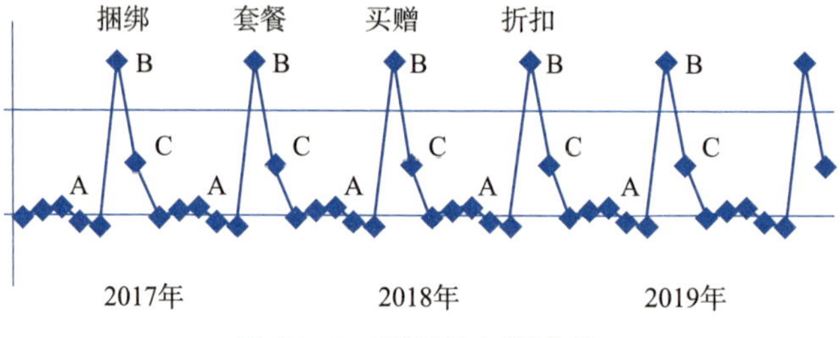

图 16–2　周期性促销曲线

图 16–2 这个曲线看似很熟悉，是绝大多数企业无法有效增长销售业绩的曲线。首先，我们在回顾销售业绩的会议上提出某些品类或是整个公司销售业绩下滑的问题，也就是在图中 A 点位置，我们会要求这个品类做一些促销活动，此时业绩开始回升，到达 B 点。营销人员会在汇报业务时说：“这次促销效果很好，对业绩有明显的拉升效果。”这句话企业家们是不是很熟悉啊？可是促销

期过后，业绩又逐渐下滑到 C 点，最终可能又下滑到第二个周期的 A 点，这就是“垒砖头”商业范式下的自然结果。

在这种“垒砖头”的商业范式下，企业的销售业绩就这样高低反复，如果再把时间轴拉长，你可能会发现企业过去几年都停滞在那里，只有波动，根本没有增长，然而作为企业高层，你却不断地听到“这次促销效果很好，对业绩有明显的拉升”的汇报内容，那为什么企业的销售会出现这种反复的现象呢？问题到底出在哪里？根据我们的经验，每次业绩下滑进行的所谓“促销”，其实是饮鸩止渴，根本没有找到业绩衰退的真正缘由。

三、“数人头”的商业范式才是正道

为什么会产生上述循环性停滞的问题呢？主要原因在于我们错误地假设了商业运营的因果关系，使得我们“开错药方”，问题也就无法得到有效解决了。其根源就是我们提出的商业范式是错误的，也就是企业错在从产品思维来拆解销售业绩，这种思维与现代企业追求的“企业与客户”的关系并不相符合。

要弄清楚这个问题，我们还需要从营销学上的“4R”理论来反思，“4R”当中的关系（Relevancy）讲的是企业与客户的长期关系，而非“一锤子的买卖”。所以正确的方法应该是聚焦“客户行为的变化”，而不是这个月我们卖了多少件产品。首先我们需要关注每个客户的消费频次与金额是否产生变化，当某个或是某些客户消费频次或金额显著降低时，我们就需要对这些客户采取一些有针对性的措施。注意，我们是针对个别客户采取行动，而不是搞一个对所有客户一视同仁的产品促销活动。我们关注的应该是企业有多少活跃用户，他们的消费能为企业创造出多少业绩，这样我们可以针对那些出问题的客户采取个性化的行动。另外，我们也需要考虑，哪些客户还有机会再提升，如何提升他们的消费频次以及客单价，最终使得企业的客户基盘放大，也就是活跃客户数增加，购买的平均次数增加，平均客单也增加，这时企业总体业绩就能够很健康地获得增长。这样就可以为企业构建坚实的客户金字塔，这就是“数人头”的商业范式与思维。

我们需要打造的是客户与企业的长期关系，这个关系是双赢的，客户对企业给予更高的忠诚度，而企业也应给那些高忠诚度的客户适当的回报，这就是“4R”营销理论当中的客户回报（Reward），这样双向的承诺，才是企业与基盘客户长期健康关系的体现。试想，一位客户甲，一年消费你的产品金额达 10 万元，另外一位客户乙，只是偶尔路过，一年在你这儿消费的金额只有十几元，但是甲乙两人所受到的待遇，如价格、服务完全一样，那么企业怎么能够期待甲对你付出忠诚呢？这就是“数人头”商业范式背后的基本原理——要差异化对待不同价值的客户。如何区分不同客户？就是分级处理，先巩固好基盘客户，基盘客户就是忠诚度高、为企业创造主要价值的那一群客户。

如何巩固好客户基盘呢？很简单，我们需要掌握客户信息，并且进一步对客户进行区分，不同类型的客户给予不同的对待，对客户分级、分群并进行相应的分析。分级就是按照客户的价值贡献，从高到低进行区分，分群就是按照客户的属性或是消费行为进行划分，这样我们对某个客户群体的激励、激活方法才能与其他客户群体不同，如图 16–3 所示。

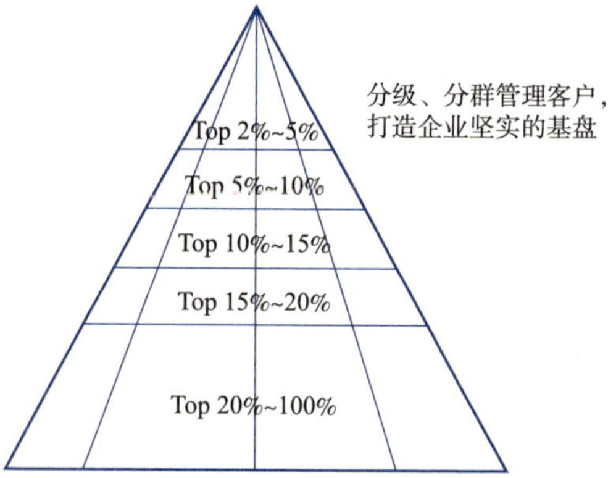

图 16–3 “数人头”的商业范式与思维中客户的分级

在“数人头”的商业范式之下，一个企业有三种客户，第一种是忠诚的客户，他们是构成企业稳固基盘的 VIP；第二种是新客户，他们是企业后续增长的动力；第三种则是在这两层中间的客户。企业除了需要有顶端的 VIP 客户以及底层的新增客户之外，必须不断把中间客户向上拉升，提高其消费频次与客单价，这时一个基础客户就可能逐步成为中间客户，再逐渐成长为 VIP 客户，VIP 客户的数量越多，企业的业绩就越能高速增长，这就是“数人头”商业范式的原理——专注客户价值的提升。

四、数字化的价值链理论框架

掌握了正确的商业范式，接下来我们开始研究如何通过一系列运营层的方法来提升客户价值。一个企业运营层的工作因企业所处的行业而不同，在本书第一章中我们引用了哈佛大学教授迈克尔·波特的价值链理论，来展开运营层的工作分析，所以我们也将基于迈克尔·波特的价值链理论作为分析企业一般化流程的基础。按照波特教授的观点，通用的价值链包含从最左端的原材料供应链，到生产过程，再到产品与服务的营销、销售、体验，最后到售后服务，如图 16–4 所示。

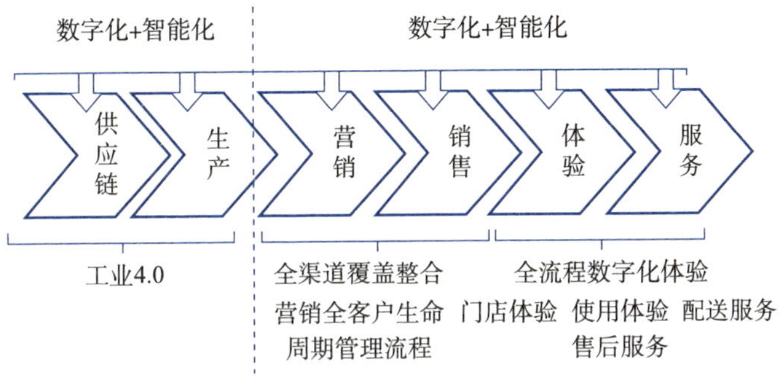

图 16–4　迈克尔·波特的价值链分析框架

这个价值链分析框架的左半边，涉及的主要是企业生产与供应链等后端的职能，这两个环节涉及生产端的数字化，一般我们可以称之为智能制造，我们已经在第十五章详细讨论了基于工业 4.0 的智能化生产体系。图 16–4 右半边则属于企业对前端的数字化，包含了全渠道覆盖整合营销、全流程数字化体验以及全客户生命周期管理流程，我们又称之为“三个全”的架构，这些将分别在第十七章、第十八章、第十九章进一步深入探讨。

◆ 本章总结

作为运营层数字化转型的开端，我们在本章首先提出了两个重要的商业范式思维，建议企业家重点区分“垒砖头”与“数人头”两种商业范式。这是一个极为重要的观点，因为我们做事情必须先求有效，才能再追求效率。对比这两个商业范式，我们指出了许多企业无法有效增长的根本原因，那就是在企业战略的基础层面忽略了客户思维，“垒砖头”的思维是强调“一锤子买卖”的促销，“数人头”强调的则是对客户基盘的关注。只有建立这个正确的基本战略思维后，基于此的所有战术行为才能真正有效。

在本章的最后，我们从迈克尔·波特教授的价值链理论延伸出“三个全”的流程数字化观点，作为后面三个章节的开路指引。

课后思考

“数人头”商业范式是解决企业销量不增长的核心观念，想一想，贵公司能否精准掌握每一位客户过去一年的消费状况？与前一年相比，有哪些人的消费降低了，有哪些人的消费上升了？企业又做了哪些事，挽回了哪些消费逐渐下降的客户？

第 17 章

全客户生命周期管理流程

——“进、活、粘、值、荐”的方法论

Enterprise
Digital
Transformation

17

一、客户生命周期管理的五个阶段

在第十六章中我们提出，“数人头”的商业范式才是企业运营应有的正确范式，而全客户生命周期的管理正是实践“数人头”商业范式的根本之道。

什么是客户全生命周期？就是从客户的产生，一直到创造出最大客户价值的整个过程，这个过程包含了“发展新客户、激活客户、深化客户、创造客户最大价值、客户裂变”五个阶段，我们又针对这五个阶段提出了“进、活、粘、值、荐”的方法论，将在本章进一步探索。

“进、活、粘、值、荐”的方法论与“数人头”商业范式是高度相关的搭配措施，“数人头”商业模式就是要打造坚实的客户金字塔，这个金字塔是通过“拉新”增加基础的厚度，这些基础的新客户在与企业的进一步交互过程中，一部分对企业的产品或服务，逐渐产生了更多的好感，因此从“活”逐渐转变为“粘”。与此同时，企业为那些高黏性的客户提供更好的价值与反馈，企业因此会得到更多的高价值的忠实客户，我们将这个过程称为“值”。在“进、活、粘、值”的过程中，企业都可以采取一些办法，激励客户推荐朋友过来消费，这就形成了全阶段的“荐”，如图 17–1 所示。

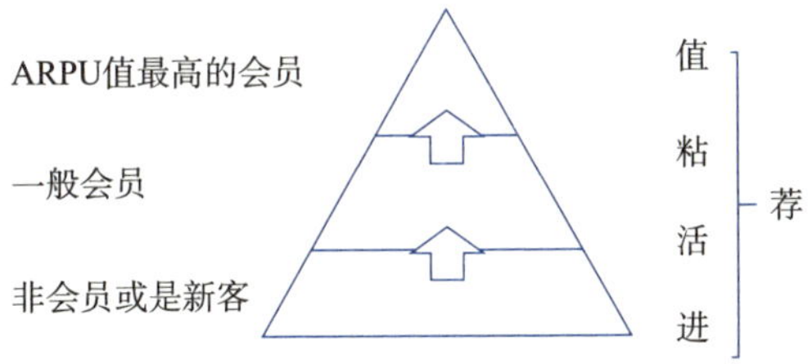

图 17–1　“进、活、粘、值、荐”方法论与“数人头”战略思维的关系

二、获得客户——进

“进”就是如何获取新的客户，关于数字化的“进”就是多渠道的获客方法，传统企业的获客方法基本上分为两大类，首先是通过媒体广告，例如，通过电视、报纸、广播、电梯媒体等吸引客户关注，向潜在客户传达企业的信息。笔者曾负责一家大型家电企业的营销工作，一年当中最重要的工作，就是竞标央视的广告，因为当时可用的媒体不多，央视是少数能够覆盖到全国所有不同群体的媒体，竞标央视广告还要争取《新闻联播》播出前后的时段，因为这个时段的覆盖面最广，那时的央视因其特殊的地位，甚至可以要求投放广告的客户在一些冷门时段播出广告，即便如此，当时各个公司的营销工作也把商业广告在央视的《晚间新闻》时段播出视作大功一件。但是随着媒体的进步，这些在传统媒体上投放的广告，因其效果难以评估而开始备受质疑。所以传统的4A 广告公司就告诉广告主："这是品牌推广，不可能立即产生效果，但你的品牌知名度可以逐步提升！"这种逻辑在讲求速度、精准投放的互联网分众时代，越来越不被接受，这些媒体所分配到的预算也就逐年下滑。其次是门店推广或社区地推，这类模式依靠现场导购人员向客户解说，效果可能很直观，可是覆盖能力较弱，特别是当客户没有到店时，你是无法展开这种推广方式的。至于社区地推，笔者的经验是，如果你的商业模式属于每家店服务特定区域客户的模式，例如，便利店是覆盖500 米范围内的周边客户、超市是覆盖周边1000 米范围内的客户、烘焙店大约覆盖周边500 米范围内的客户、汽车维修店则覆盖周边3000 米范围内的客户，如果能够精准选择场地，并且对推广人员实施良好的培训，社区地推是发展特定区域高价值客户不错的方法。笔者曾经为一些高端汽车售后行业提供咨询，选择门店周边的高端住宅小区以及写字楼进行推广，收到了不错的效果。上述两种获客模式是传统企业比较常用的方法，而数字化的企业在"获客"方面则增加了更多的方式或渠道，在此我们介绍七种常见的数字化营销的"拉新"方法。

1. 网络广告（Banner）

这种广告通过一些互联网平台的广告位投放横幅广告（Banner），这些媒体平台种类繁多，例如，各种社区网站、新闻性的门户网站、今日头条，还有最近流行的抖音、小红书等短视频网站，或是一些视频、音频的平台应用，例如，爱奇艺、喜马拉雅、哔哩哔哩，这些平台都提供横幅式网络广告服务。这些广告表面上看起来和传统的媒体广告很像，但是因为它们基于互联网，所以可以直接放置链接，当用户看这些广告，并产生购买意向时，可以点击链接，此时可以直接链接到企业的电商交易平台上。这类广告目前更推出需求方平台（Demand-Side Platform，DSP）类型的服务，可以精准侦测用户身份，仅给目标客户看这个广告，广告投放的效果得到很大提升。

2. 搜索广告（Search）

利用搜索引擎如百度、谷歌进行广告投放，这种类型的广告又称为“关键词投放”，企业可以按照用户在搜索时输入的关键词进行投放，假设你是销售水果的厂商，你可以设置许多关键词，如“水果”“苹果”“橘子”等，用不同的关键词来引流，当用户在百度搜索这些关键词时，用户的百度页面就会出现你的广告链接，用户点击后就可以来到企业的交易平台。这类广告还可以更具有侵略性地将竞争对手的品牌名称设置为关键词，假设你是卖水果的厂商，“千果园”是你所在行业的知名品牌，和你形成竞争关系，那么你就可以设置“千果园”作为关键词，当用户搜索到“千果园”时就会看到你的一行推广文字链接，用户点击链接后，被引导至你的电商平台，我们将这一做法称为“竞品词”投放，为什么要借用竞争对手的品牌呢？因为如果你是不知名的水果品牌，用户可能不知道你的品牌，因此不会用你的品牌名称进行搜索，但当用户想在线上购买水果时，却有很高的概率搜索“千果园”，这时你就可以“借船出海”，让客户在搜索知名对手名称的同时，也看到你的品牌广告，这时你的广告和知名品牌并列在一起，对企业品牌形象提升很有帮助。

关键词搜索在早期的互联网时代是企业最重要的获客方法之一，现在虽然已经是移动互联时代，但是移动平台上的搜索还是会被经常使用，因此这个方法仍然是很重要的。这种搜索广告虽然目标精准，但是却无法针对“客户距离”进行投放，也就是说，一旦你在百度投放这个关键词，全国的消费者都会看到你的广告，任何城市的消费者只要点击你的广告链接，你就得付广告费。所以，如果你的企业经营的是实体零售，搜索广告可能就有一点浪费，更适合你的广告平台是能提供基于地理位置服务（Location Based Service，LBS）的平台，例如，美团。当然，如果你做的是全国性的网站或是你的门店网点遍布全国，一般的搜索广告投放就是适合你的。

3. 应用程序（App）搜索优化（Application Search Optimization，ASO）

这是专门用于 App 推广的搜索广告，你可以在安卓市场、苹果市场进行 App 的投放，当用户在这些市场搜索 App 时，就会出现你的 App 标识。ASO 的投放也是采取搜索关键词的模式，因此如果你希望更多的用户看到你的 App 广告，你可以扩大关键词的范围，假设你是做视频或是音乐 App 的，但是你的品牌知名度较差，客户不会直接在安卓或苹果市场中搜索你的 App 名称关键词，这时，你可以直接用“贝多芬”“轻音乐”等词作为关键词，当用户搜索“贝多芬”“轻音乐”时，你的 App 就会出现，如同竞品词搜索广告一样。在 ASO 上，你也可以利用其他视频网的名称作为关键词，例如“爱奇艺”“优酷”等，当用户搜索这些知名视频 App 时，就会看到你的视频 App，这样就可以吸引更多用户的目光，提高广告投放效率。

4. 推荐裂变

一般我们把用户裂变称为 MGM（Member Gets Member），就是通过用户推荐朋友。在用户“拉新”方面，用户裂变是近年来非常流行而且有效的方法。微信红包就是一个极为成功的裂变活动案例。2014 年的除夕夜，微信发动了一次成功的获客活动，他们鼓励用户通过微信发红包给自己的亲友，能发红包的用户必然是已经在微信上绑定了银行账号的人，而接到红包的人，如果想收钱，也必须绑定一个银行账号。因此，数亿个红包在这一天铺天盖地地撒向了广大微信用户，让将近 1 亿名还没绑定银行账号的用户，自发地绑定了银行账号，而当一名用户在微信上绑定银行账号时，就代表了用户将更深度地使用微信，在很多场景下，微信就把支付宝的用户抢了过来。

按照我们的经验，用户裂变产生的新用户质量也会比较高，例如，你的用户是白领精英，那么他朋友圈中的人也大多是这类人群，如果你的用户是宝妈，那么宝妈必然也有很多宝妈朋友，因此通过用户裂变能够产生较高的同质客户。

5. 拼团

过去的拼团活动多在团购网，但团购网要求厂商给出的折扣太低，以致后来遭到大多数厂商的抵制，不愿意再支持团购活动，现在拼多多的团购则有效地驱动用户拉朋友进来一起买东西，价格也没有压低到让厂家却步，而且拼多多自己花钱对客户进行补贴，使得消费者觉得他们的价格已经很低了，同时没有设置较高的参团人数门槛，使得团购比较容易成功。

企业做拼团活动不一定要在拼多多上，企业可以在自己的电商平台进行团购活动，通过社交平台推广，后面对接微商城，也可以建立一个团购的交易渠道。

6. 社交裂变

社交裂变是通过社交媒体将链接推送给朋友，或是在朋友圈内发布内容所产生的裂变。社交裂变与拼团在裂变方式上很相近，其最大的差异在于拼团是基于购买特定商品的需求，而社交裂变则不一定是购买，更多的裂变是采取分享的形式，例如，知识付费平台经常发给他们的用户一本电子书的部分章节或是一个视频内容，让用户可以转发出去，通常只要这些内容被认为是有价值的、有趣的、有益的，就可能通过社交媒体发生裂变，达到吸引新客户的目的。

7. 移动探针

每部手机都有一个独特的身份证字号，我们称之为 MAC Address，通过这个编号我们可以判别手机用户是谁、位置在哪儿。企业可以与移动营销服务厂家签约，这些厂家能够侦测出一定范围内出现的用户，企业可以选择对符合条件的周边用户发出信息，这种模式很适合对在自己门店周边或路过的用户进行“拦截”，例如，只要客户在门店周边 50 米，服务商就发出信息给这些客户，我们称这种模式为“地理围栏”。另外，我们也可以在竞争对手门店附近使用，将客户从竞争对手那里吸引过来，我们称这种模式为“地理征地”。企业也可以在自己门店周边架设信号接收器（一般称为 Beacon），它是一种低功率信号接收器，通过读取路人手机的 MAC Address，再发送给服务平台，就可以要求广告平台对这个路人发送信息。这种做法在许多广告平台上都已经实现，在今日头条上，我们所看到的广告内容，会因为我们所处的城市与位置的变化而产生相应的调整，假设你住在上海市长宁区，通常你打开手机看到的房屋广告就是你住所附近的楼盘，如果你出差到了深圳，这时你的手机看到的房屋广告则变为深圳地区的房屋。

上述这些获客的方法，在传统商业环境当中都不存在，近几年因为移动互联技术以及社群概念的兴起，这些基于数字化且高效的新“拉新”模式才逐渐涌现。

当然，上述数字信息技术的应用，也要符合国家相关的法律法规，不能无视或滥用用户的隐私。

三、激活客户——活

“活”讲的是如何激发一个新注册的客户，让其产生第一次交易，并且在一定时间内，让其保持稳定的活跃度。这个阶段是衔接前述“获客阶段”的工作，由于客户来源不同，所以“激活”也分为两种类型：第一种是线下门店的来客，此时客户已经有了第一次的消费，在客户消费的同时完成了客户信息收集，通常就是注册为会员；第二种是从互联网推广或是地推活动取得的客户注册，通常这种客户还没有完成第一次的消费。不管是第一种还是第二种状况，只要是让客户开始持续性地消费，我们都可称之为客户激活。

客户激活也可以定义为如何让客户从对企业没有什么印象，到逐步建立起关系，进而开始关注企业的信息，并产生首次消费体验的过程。在后互联网时代，最好的激活方式就是制造引起客户关注的事件或是话题，而能够创造事件或是制造话题的渠道，当然就是社交媒体，而且因为这些客户已经注册或关注我们，所以这里讲的媒体就是自媒体（外部媒体是用来“拉新”的，自媒体是用来激活已有客户或是增强已有客户黏性的），这些自媒体包含了社区、论坛、公众号等媒介。

在我们的咨询过程中，一些企业认为“社交媒体与创造销售价值似乎无关”，因此停止了社区或是公众号的运营。这种认识过于片面，企业运营社交媒体时，不需要每一次都以销售作为考核标准，可将用户参与度作为绩效的衡量标准，如果每一篇公众号内容都是搞促销，那么公众号留给客户的印象就成了折扣平台，失去了与客户沟通的功能。社交媒体虽然不一定能够立即产生销售，可是一旦客户关注了企业公众号或是社群，企业就有机会与客户沟通并传递信息，这种渠道对提高客户活跃度是有重要贡献的。在激活阶段传递给客户的信息要与一般的营销信息有所区别，激活阶段可以提供给客户一些门槛较低、风险较低的尝试机会，例如，试用、首次特惠等，这些都是很有效的首次激活方式。

四、深化客户——粘

“粘”就是要让客户对企业的产品或服务产生依赖感。这种依赖感可能是对信息的依赖，希望不断地获得和企业的产品与服务相关的信息，也可能是对商品服务持续消费或使用的依赖，最关键的指标是客户购买频次的升高，这时企业应当适时地给已有首次消费的客户一些激励，引导客户进行第二次或是第三次消费，最佳状况是让这些客户养成消费频次高于一般客户的习惯性定期消费。深化客户的黏性，我们可以采取三种方式：

1. 创造场景

创造场景就是创造客户的需求，传统营销着眼于产品诉求，虽然能够建立品牌个性，但是却无法有效连接消费，因为产品诉求的做法是相对静态的，例如，你是销售羽绒服的品牌厂家，你的诉求是“时尚型的羽绒服”，这只是个静态概念，如果你通过场景来建立客户需求，你需要考虑客户在什么状况下会需要你的羽绒服，是通勤场景、休闲场景还是运动场景？这些场景应该搭配什么款式的羽绒服？你就需要创造一些内容来描述在这些场景下，穿着你的品牌羽绒服的感觉，以后只要客户在这些场景，就更容易联想到你的品牌。又如，你经营的是一家社区便利店，从功能或产品角度，你的营销可能只是告诉消费者，你便利店中的商品最多、购买最为便利，但你并没有激发消费者的联想，如果你用场景来展示诉求，你可以传达的是中午盒饭的美味、蔬菜沙拉的健康、午后上班时咖啡的提神等，找到那些客户容易想到你的场景，以此增加消费的频次，达到深化客户关系的目的。

2. 客户运营

客户运营就是不断地创造与客户接触的机会，就如同我们与人交朋友，也需要通过各种方式进行交流，这样感情才会不断深厚。

从企业的角度来说，客户运营就是通过各种媒体和平台，如公众号、电商平台的活动与消费者互动，让客户经常想起你的品牌，打开公众号或是到你的电商平台消费。例如，我们常用打卡活动来吸引客户定期返场，我们发放赠品在特定时间吸引客户的关注，我们用游戏让用户觉得有趣，然后在游戏当中植入品牌的内容。在社交媒体上，我们用内容引发客户的同理心，我们不断创建好玩有趣的内容，让客户觉得生动，我们不断创造品牌故事或是接触体验，来深化客户对品牌的感情与支持。

3. 会员制

除了从场景和运营的视角来深化企业与客户的关系外，还可以从会员体系的视角来考虑。会员体系是一个经营客户关系的“战略核武器”。分级会员制会让用户持续地把消费移转到你的品牌上，以确保获得积分或升级。回忆一下，你参加了某个航空公司的会员俱乐部，在订机票时，你是否会尽量选择这个航空公司的航班？加入了一家酒店的会员俱乐部后，在出差、出游选择酒店时，你是不是也会优先想到这家酒店？

会员制度的设计有一定的套路，首先要考虑如何分级，接下来要考虑设计不同级别会员相应的福利等级，这样会员才会为了升级，不断地进行消费。除此之外，我们还需要让会员觉得积分好用，这样你的会员方案才能更加有效。回忆一下，如果你是某航空公司会员，当你的会员级别发生变化后，乘坐航班时可以享受的特殊待遇是不是就更多了？而你也更乐于选择这家航空公司的航班出行了。

通过上述三种做法，相信一定能有效提高企业的客户黏性。此外，要做好“粘”的工作，还需要数字化工具的支持。企业需要建立多元化的客户标签，才能精准掌握客户属性与客户行为发生改变之间的内在联系，例如，采用 RFM 模型定期查找那些可能即将流失的客户，做到以更精准的方式及时挽回客户，关于具体客户数据标签如何设计，请参看本书第二十一章。

五、创造客户最大价值——值

客户价值的衡量一般采用客户终身价值（Customer Lifetime Value，CLV），简单地说，CLV 就是一位客户在未来一段时间能够为企业带来的净现值（Net Present Value，NPV）。更精确地说，就是将客户未来可以产生的收益扣除维系成本，再以利率折算这些净现金流，计算当前的货币价值。客户终身价值虽然很科学，但是比较难判断这个“值”的好坏。另外一种方式就是用个别客户的口袋占有率（Share of Wallet，SoW）来衡量，在宏观层面，企业在某个市场的强势程度，我们用市场占有率（Market Share）来衡量，而在微观层面对个人消费者的占有率，我们采用的是口袋占有率。口袋占有率就是指某个消费者在你这里花的钱，占他在同类消费总金额中的比例，例如，某消费者是上班族，每个月的中餐花费合计 500 元，那么在一个月当中如果他到你的店内吃中餐消费达到 300 元，这时你对这名客户的口袋占有率就是 60%。如果客户的这 500 元都花在你这里，此时口袋占有率就是 100%，就达到了客户口袋占有率最大化。

为什么说“值”的最佳衡量方式是口袋占有率？因为如果只需要维持一般程度的口袋占有率，基本上采用“粘”当中讨论的方法就可以了，但是如果想要达到趋近于 100% 的口袋占有率，就需要用到其他方法了。这时必须改变你的企业与客户的关系，也就是说，只有你和这位客户的关系非比寻常，他才会在你这里进行所有的同类消费，而根据我们的经验，付费会员制可能是达到这一目的较为适合的方法之一。

案例 17：创造最大的客户价值——Costco 的付费会员制

Costco 的付费会员制是行业当中备受推崇的会员模式，Costco 利用付费会员制，改变了企业与客户的关系。在同类商品中，Costco 为客户提供最低廉的价格来吸引消费者，当客户涌向这个性价比最好的超市时，Costco 开出了一个新的条件，就是你必须是我的付费会员，才允许你到我这里买东西。他们的会费是 69 美元 / 年，假设 Costco 的商品价格是其他对手的九折，一个客户每年在 Costco 超市消费金额超过 690 美元，他节省的钱就大于 69 美元的年会费，这时支付会费就很划算，而且“买得越多省得越多”。从这个角度来看，付费会员的目标群体吸引了比较高端的客户。美国的白领阶层每年花在超市的钱远超 690 美元，而去超市消费又在一定程度上属于刚需，一旦消费者用 69 美元的会员费取得在 Costco 的消费“特权”后，只要他们去超市买东西，就一定会去 Costco，因为只有在 Costco 消费才能“赚回”69 美元的会费，这个 69 美元的会费，使得所有付费客户都有着“捞本”的心态，也就间接地增强了消费者的黏性。

2019 年 Costco 的财务报告显示，其税前净利润为 32 亿美元，成为全美获利最大的超市之一，单店盈利能力接近沃尔玛店铺的 5 倍，而来自 Costco 的销售净利润几乎为零，32 亿元的净利润基本上都来自会员的年会费，正因为它有了这 32 亿美元的利润作为基础，Costco 才可以在商品定价上做到比任何竞争对手都低（注意这时的每一笔交易，Costco 还是赚钱，只是赚的毛利比较少，但是整体来说全公司比竞争对手赚得多）。这样就形成了一个良性循环，因为价格比其他超市低，消费者更愿意支付年会员费，付了年费以后，Costco 就成为消费者（会员）的首选，这也就让 Costco 拥有了最高的口袋占有率。

那么付费会员的运营是否需要数字化的支持呢？当然需要，你需要具有监控客户是否持续来“捞本”的数字化能力，如果一段时间客户没来，你还是需要提醒他们赶快来，不要让他们的权益睡着了！这样就可以保持客户对你的持续热度。Costco 通过付费会员，把消费潜力高的白领群体吸引到店，同时也把那些消费能力低，不愿意支付会费的消费者留给了其他品牌的超市，通过这种方式，Costco 就可以为那些有消费能力的会员提供更好的服务。

回忆一下，国内许多超市还在大门口搞一斤鸡蛋一元钱的促销，他们吸引的客户将会是谁呢？通过这种方式吸引客户的做法是明智之举吗？

六、客户裂变——荐

裂变是近几年社交媒体出现后，企业获得较高质量客户的最佳途径，主要原因是新客通常是经过朋友推荐的，被推荐人很多的基本条件与推荐人是相似的，我们在几个行业中都观察到了类似的现象，如在汽车销售行业，消费者购买汽车时，会咨询自己的朋友，从朋友处获得的相关信息会在一定程度上左右消费者的最终购买，所以巧妙地设计一些推荐场景可以取得良好的销售效果。在偏向于后端的汽车维修后市场，笔者曾接触过一家大型高端汽车维修连锁，他们主要为过了质保期的奔驰、宝马、保时捷、玛莎拉蒂等高端品牌汽车提供维修保养服务，该品牌在全国拥有 300 家以上的大型维修厂，为了引进新客，过去他们在网上提供优惠的洗车、打蜡、养护套餐，发现效果有限，主要原因是这些从网上吸引过来的客户，在消费完这些套餐后，就不会再来了。后来这家企业接受了笔者的建议，调整“拉新”战略，通过车友会活动，让老客户邀请其朋友参加车友聚会，结果他们发现通过车友会产生的新客比从互联网上吸引过来新客的持续性消费要高得多，这就是裂变的效果。

本章总结

承接第十六章“数人头”商业范式，本章说明了与客户营销相关的运营流程中最重要的一件事——如何创造客户最大价值。我们介绍了“进、活、粘、值、荐”的方法论，企业要采用“数人头”的商业范式，就必须执行“进、活、粘、值、荐”等五项工作，也就是经营客户的全生命周期，这些工作正是企业关于客户价值经营数字化战略的核心。

课后思考

本章主要讲述客户全生命周期经营的方法论——“进、活、粘、值、荐”，这个模式是帮助企业夯实基盘、带动业绩不断增长的关键步骤。企业家们现在可以回顾一下，这五项客户管理的工作流程，在我们的企业和公司中，分别由哪些人负责？这些工作是否都有考核指标，是否得到管理层的特别关注？

第 18 章

全渠道覆盖整合营销

Enterprise
Digital
Transformation

18

一、何谓全渠道覆盖整合营销

全渠道覆盖整合营销讨论的范围是在营销与销售上能够满足企业与客户从接触到完成购买决策的跨渠道覆盖过程，按照麦肯锡的分类，这一过程包含“产生兴趣、搜集信息、比对方案、购买行为、分享体验”五个步骤，如图 18–1 所示。

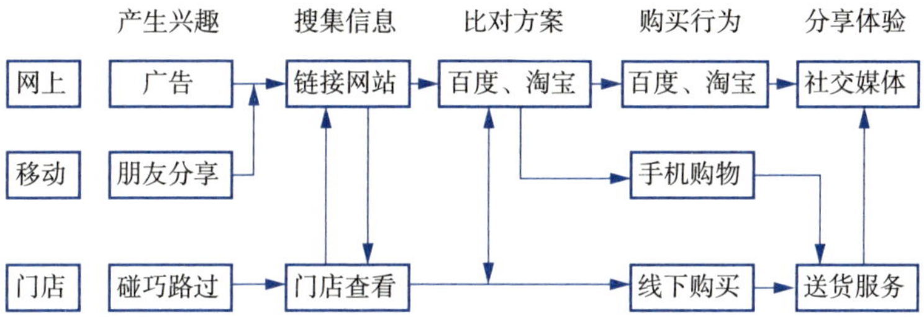

图 18–1　麦肯锡提出的跨渠道购物里程

1. 产生兴趣

让客户产生兴趣，首先要考虑营销信息的触达，这是让消费者对企业产生印象或是购买意向的源头，它又可以区分为企业主动接触潜在客户或是客户主动造访企业门店或网站两种接触场景。

2. 搜索信息

搜索信息是当客户产生了某种需求时，想要了解市场上有哪些可行方案。在移动互联时代，一般需要考虑两种搜索场景：第一种是搜索引擎，例如，百度、谷歌等；第二种是 App 应用市场的搜索，例如，苹果市场、各种安卓手机市场等。

3. 比对方案

比对方案是客户有一个以上的产品或服务选项，他们需要更多关于商品与服务的功能、质量、价格、口碑等信息，然后对不同选项进行评估。对比方案可能是在线下将实际接触到的不同产品进行比对，也有可能是将从线上获得的信息进行对比。

4. 购买行为

购买行为是指消费者经过方案比对，做出购物决定后，是否能够快速完成购买。这时购买有可能在线上完成，也有可能在线下门店内完成。关键是为消费者提供从选择到产生购买行为的线上线下、跨渠道无缝对接。

5. 分享体验

分享体验就是让客户下单后，在良好购买体验余温尚存之时，乐于分享他们的购物喜悦以及对商品和服务的体验，并将这些信息留存在网上，供其他消费者参考。我们提供一个可以促进消费者分享的案例，许多电商平台在消费者确认收货后都会设置跳出一个分享的界面，一般的平台只是建议客户分享，所以收效甚微，而拼多多的做法是出现一个鼓励消费者拍摄到货产品的功能，这一功能可以有效地让消费者在商品评论区上传产品的照片，也使得评论的可信度增强。

二、为什么需要全渠道覆盖整合营销

企业界近年来对全渠道概念颇为关注，学术界也一致认为全渠道整合是企业的必由之路。麦肯锡针对电子消费产品做的一项调研显示，全渠道的概念对于这个品类是非常重要的，在一般人概念当中的消费电子产品，如手机、数码相机、平板电脑、笔记本电脑等，我们称之为搜索型产品，即它们具有明确的规格与质量数据，关于这类产品的购买，通过线上搜索就可以查看规格，形成购买决策。可是麦肯锡调研的结果却显示，即使购买数码产品类，跨渠道的购物决策过程仍十分明显，有 88% 的受访者表示，在购买的评估过程中就会在线下与线上进行跨渠道的信息收集。所有受访者中，只有 4% 与 9% 的受访者表示，他们只会通过线下或是线上进行单一渠道的商品信息收集，并据此形成购买决策。其中，信息收集与购买行为全程在线上的人只有 4%，全程在线下的人只有 3%。而商品信息收集与购买行为跨渠道的占 93%（10%+40%+43%），如图 18–2 所示。

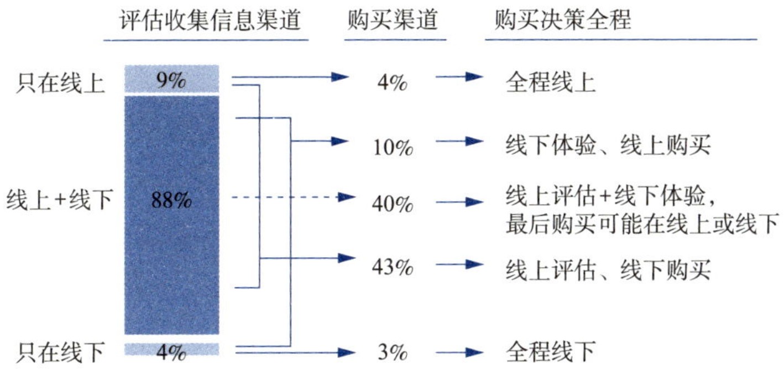

图 18-2　全渠道信息采集已经成为购物决策的常态

从上面调研数据中我们可以看出，企业提供线上线下多渠道营销覆盖的重要性，因为 93% 的用户已经告诉你，这就是他们的购物行为！

即使这样，在我们的 EMBA 课堂中，还有很多企业家表现出对于建立线上渠道的顾虑，因为他们担心将客户引流到线上以后，线下门店的作用会减弱。面对这个问题，我们应该有一个正确的认识，市场中一定有其他竞争者能够提供同类、同质的产品，如果你为了守住线下团队的利益，而放弃发展线上渠道，就等于将这个渠道带来的机会留给了竞争对手。企业家们一定要想清楚，同一家企业的线上线下生意，带来的收入最终还是流进同一个口袋，这里只存在利润分配与绩效归属的问题。

在实践过程中，我们发现全渠道营销能够显著提升一个品牌在线上与线下的综合销售额。其实这些线上渠道销售的增量，并非完全是对线下销量的分割，更多是因为线上渠道的便利性而直接产生的增量，根据笔者的实践经验，全渠道营销能够产生更多的增量，有以下五个原因：

（1）企业与客户的联系渠道多样。将客户引流到线上，实际上是多了一个企业与客户的联系渠道，试想如果客户只能在到达门店时才能接触到企业的信息，那么双方的沟通将非常受限。如果客户关注了企业的公众号，客户可以定期收到企业的各类产品信息，这就使得该企业在客户心目中的印象不断加深，当客户产生同类商品或服务需求时，客户更能优先想到该企业。

（2）企业与客户之间的信息传递更精准、快速。企业与客户一旦在线上产生联系，企业的促销信息可以更快速地传递给客户。随着各类社交应用的出现，线上销售渠道可以通过各类线上平台，精准地对特定用户发出促销信息，使产品回购率上升。

（3）客户运营创造需求。客户运营就是让消费者通过网络平台与企业产生互动，在这个过程中，企业可以通过商品陈列、社交媒体内容引导、大数据精准营销等不同的运营手段，创造出更多需求，进而促进客户的消费。

（4）提升消费频次。全渠道覆盖能为客户提供更多的便利，如客户无法外出就餐，外卖就可以让客户方便地获得服务，线上平台加上快递骑手，30 分钟内送达，完全满足了客户的需求，因此全渠道能够有效提升客户消费频次。

（5）网购后客户自提，产生线下“并买”。自提可以构成完美的闭环，提升消费频次，企业提供客户在网上选购后到店自提，并给予免运费的优惠，这样有助于降低线上销售时运费造成的门槛，增加线上订单。按照经验，在快消品行业，线上购买后选择自提的客户，有 50% 的概率将会产生“并买”的行为，也就是客户在到店自提时，通常还会顺便再买一些其他东西，如果给线上购买并选择自提的客户一张线下门店优惠券，这种“并买”行为发生的概率会更高。

三、如何设计全渠道覆盖的营销机制

发展出更完整的“全渠道”，要充分考虑客户在不同场景下的接触点，我们建议至少包含“在店、在家、在途”三种不同的场景。

1. 在店

相对于传统行业而言，“在店”是标准的营销渠道，企业需要考虑如何与客户在店产生互动，以及如何让客户更便捷地完成交易。回想一下在门店购物的客户会有什么需求或不便，如果你是一个大型购物中心，客户对信息会有什么需求，当客户进店时会有什么信息需求，当客户对某商品产生兴趣时，又会有什么信息需求，客户在付款时又会有什么痛点或需求，从营销或销售角度按着这一线索应该就可以厘清，在店内可以通过哪些数字技术提升客户的体验。

2. 在家

“在家”是指当客户在家中或是在办公室时，企业如何完成营销与销售工作。针对在家场景的全渠道营销需要考虑电脑上网、手机 App 或“公众号 +

小程序”的接触点设计。就营销目的而言，企业需要考虑如何让消费者更容易搜索到企业的商品与服务，这当中包含了搜索引擎和各网上购物平台，以及如何通过这些营销接触点促进客户购买，达成交易。

3. 在途

“在途”指的是客户暂时停留的场所，例如，外出等车、等飞机、乘坐交通工具过程中或是在餐厅、咖啡店、图书馆、酒店、购物中心、社区活动中心、停车场等地点。这些地点的共同特色就是消费者处在非固定环境，从营销上看，他们可能会接触到一些海报、电子屏幕，企业需要考虑的是这些媒体的覆盖，以及消费者如何通过媒体接入企业的网上平台，搜索信息或是进行交易。所以企业需要考虑的是应该如何在上述场景中进行曝光，以及如何增加订单。

另外，对于特殊地点，可以考虑采用移动互联网技术，侦测在这些特定地点范围内出现的潜在客户，例如，利用移动技术设置地理围栏（消费者进入一定地理范围内，我们就发动相应的营销活动，通常是指自己的门店几百米或几十米范围内）或是地理征地（消费者进入竞争对手的门店附近一定距离时所发动的营销活动）的机制。

本章总结

在本章中，我们强调了全渠道覆盖营销的重要性，企业家们一定要意识到，消费者已经不再满足于单一渠道，消费者需要的是通过多渠道取得信息并完成购买，他们会选择能够提供最方便购物流程的卖家。如果你因为保护经销商、保护线下团队，而放弃了多渠道营销覆盖，那么就等于放弃了客户。多渠道覆盖可以有效提升客户的购买频次，让客户留存。

本章也讨论了多渠道营销的设计，应该充分考虑客户在家、在店、在途三种场景中我们应该如何触达他们并满足他们对于商品的信息需求，以及如何让他们以最便捷的方式完成下单并取得商品。

课后思考

请思考一下你公司目前的销售渠道，是否包含了文中提出的针对客户在店、在家、在途等场景的营销覆盖。

附注：本章关于多渠道营销覆盖的论述，主要是从它的必要性来看，具体流程设计，可以参考本书第二十四章“数字化流程分析方法”。

第 19 章

全流程数字化体验

Enterprise
Digital
Transformation

19

一、全流程数字化体验的定义与内容

全流程数字化体验与全渠道覆盖整合营销有相同之处，但二者着重点不同，二者是互补关系。全渠道覆盖整合营销强调的是营销信息的覆盖与交易时消费者跨渠道选择的多样性与便捷性，全流程数字化体验讨论的则是从客户接触，特别是在门店现场的体验，到完成购买、交付商品，以及消费或使用产品的整个过程的便捷。简单地说，全渠道覆盖重点在营销的触达性以及线上线下信息的互补，而全流程数字化体验的重点是客户在门店内以及交付过程的各种体验。麦肯锡对消费者关于线上线下融合全流程体验服务过程中，消费者需要的主要功能进行了调研，如图 19–1 所示。

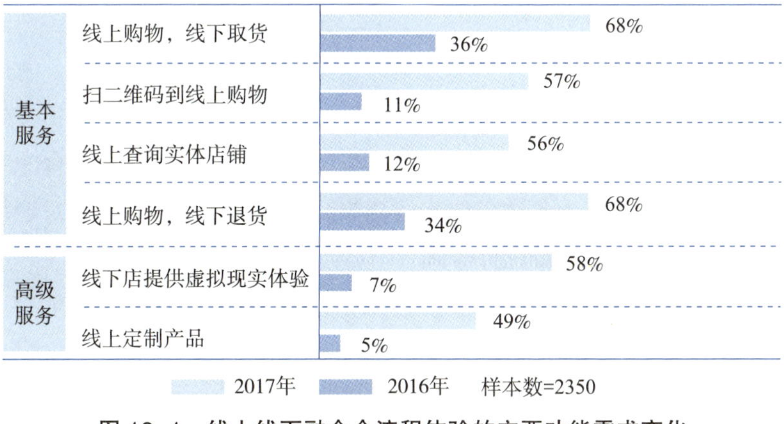

图 19–1　线上线下融合全流程体验的主要功能需求变化

资料来源：麦肯锡。

麦肯锡将线上线下融合服务分为两大类——基本服务与高级服务。

基本服务指线上购物后，利用线下门店取货或退换货，这是消费者最需要的服务。消费者通过扫码获得商品链接，线上查询门店库存，网上完成购物。

高级服务则以门店内的虚拟实境体验以及定制为主。麦肯锡在 2016 年与 2017 年进行消费者调研时发现，消费者关于虚实融合服务的需求大幅提升。这些调研结果代表的是线上线下融合帮助消费者做出购买决策的最基本内容，我们可以将这些内容作为基础，看其是如何应用到不同行业的。

1. 餐饮行业

消费者选定一家餐厅去就餐，其预约、停车、进入餐厅、选座、点餐、上菜送餐、菜品介绍、食材溯源、付费、评价、分享、邀请加入会员等整个过程的在线化，可分为五个阶段，对此我们分别进行深入分析。

（1）订位。目前许多餐饮行业通过美团引流，美团只提供餐厅的菜色介绍以及订位联系电话，这个流程与后续所有流程是断裂的。如果你的餐厅开在购物中心，停车对客户可能不是大问题，但如果你是街边餐厅，妥善地安排停车或者告诉客户附近哪里可以停车，将能够更有效地消除消费者来店用餐时的停车顾虑。另外，订位时，如果能够让消费者在App或小程序上视觉化地看到餐厅座位排列，让消费者自行选择，是不是就更加人性化了？

（2）入座。接下来是入座引导，我们可以考虑是否在预约时让消费者告知用餐人数，并且由消费者选择自己偏好的位置，再通过订餐App或小程序反馈位置号码以及保留时间。

（3）点餐。目前已经有许多餐厅采取了桌上扫码点餐的小程序，方便了消费者，也节省了不少服务的人工成本，但目前的点餐系统只完成了提升效率的点餐功能，并未按照用户需求进行个性化分类，例如，可以针对素食的消费者推出素菜菜单，菜名下面备注用料和成分等。此外，还可以考虑针对老顾客推荐菜品，让老顾客有宾至如归的感觉。

（4）上菜用餐。这个阶段目前是空白的，企业家们想一想，有哪些餐厅的服务给你留下了深刻的印象，比如菜品故事或食材溯源，这些都是消费者关注的，这些增值服务可以让消费者用餐更放心，而且在用餐时获得更多的谈资。

（5）用餐完毕。用餐完毕应该包含付费、评价、分享、邀请加入会员四项内容，目前大多数餐馆已经实现线上直接支付，但是评价、分享、邀请加入会员做得比较少，可以在支付结束后把这些流程无缝地对接，鼓励客户评价并推荐以及再次消费。

2. 汽车维修

我们选定一家汽车修理厂后，可以将预约、到店、维修内容的沟通与确认、维修过程的监看、结账、离店、分享等步骤全部上线。同样，我们将汽车维修客户的流程体验拆分为搜索门店、预约、到店、维修、结账离店等五个阶段。

（1）搜索门店。汽车维修具有比较强的区域特性，所以企业首先要从特定距离内搜索考虑，如何让客户搜索到你的店，目前比较适合的方式有通过地图、通过百度搜索或是与美团、淘宝等平台合作。

（2）预约。因为汽车服务行业比较复杂的特性，目前大多数的外部平台无法实现预约，企业应当尽量让老客户加入企业的公众号获得预约服务。

（3）到店。车主到店，最好能有智能化的车号辨识，让客户接待人员知己知彼，车主的到店感受也更好，在接待时最好能记录车主所提出的问题和诉求，对车辆外观进行预先检查，标注是否有刮痕，并且让客户电子签章确认。

（4）维修。进入维修区后，技师检查车况，提出解决方案，建议使用的物料以及价格，并请客户电子签章确认。在维修期间可以让客户通过手机随时了解维修状态以及更换了哪些零件。

（5）结账离店。客户检查车辆，确认是否接受修理结果并通过电子签章确认，扫码完成在线支付，并且通过客户手机的小程序或个人微信号通知客户获得积分，同时鼓励评价并给予奖励、分享本次维修体验，发放一些电子洗车券或打蜡券，吸引客户进一步消费。

3. 超市行业

门店搜索、进店后快速找到商品、商品信息获取、缺货查询、预约补货通知、自助结账、配送服务、体验评论、分享裂变。

4. 服饰行业

门店搜索、进店后服饰推荐、个别服饰的材质与产地信息、电子试衣、智能搭配推荐、库存查询、缺货调货、送货服务、商品评论、分享裂变。

5. 购物中心

品牌或分类门店快找、门店促销快找、商场跨商户积分发放和兑换、停车快找、消费小票抵停车费。购物中心具有空间大、店铺多的特性，所以它的数字化重点应该在于客户的门店快找，以及跨商户间会员权益的打通共享。另外，购物中心可以考虑安装一些共享设备，例如，为位于购物中心内的服饰店提供电子试衣间，线上店铺、新上货通知，以及对商户提供 O2O 引流服务。

6. 医院

预约挂号、叫号、电子诊断、电子开方、电子支付、检查与诊疗流程间的无缝衔接、领药医嘱数字化。医院内部的数字化无缝对接，可以让病患减少在院内的候诊时间，避免病患在交费、诊疗、检查时浪费时间，更可以考虑建立与地方诊所、病理检查、携带式设备（如血压、血糖检测仪）、药房、物理治疗、保健康复、养生等行业的无缝对接，形成生态圈。

7. 家居行业

家具、家饰、家装等行业的产品属于耐用品，消费者的购买决策比较审慎，尤其需要和自身的居家空间、环境以及现有的房内颜色、光线、家具等配合。所以需要将这些参数输入虚拟实境的平台，让用户模拟住家环境，并能够将其感兴趣的实物商品置于虚拟场景当中。另外，还可以提供颜色、款式的不同选项，达到定制化的效果。

二、如何让线下门店发挥出“展厅效应”

在后互联网时代，线上线下融合有一个很重要的名词，叫作“展厅效应”，它的定义是，“消费者在线下门店当中，经常会用手机上网查看该品牌商品的网上信息”。这时门店除了承担现场销售的功能外，还扮演了线上平台的线下展厅角色，展厅效果解释了为什么传统线下门店必须发展线上整合渠道和多渠道运营管理、绩效考核的新模式。

从麦肯锡在 2015—2017 年的连续调研中发现，当消费者在门店内看到一个商品，他们同时会上网查询这个产品的相关信息，有这种行为的消费者，在 2015 年只占 16%，到了 2017 年已达 36%，如图 19–2 左侧所示。表现出这种行为的消费者，其中有半数在门店内完成了交易，另外还有一半的客户会在网上或是同品牌其他门店完成购买，如图 19–2 右侧所示。

“展厅效应”体现出后互联网时代，线下门店满足客户线下购物时，对线上信息搜索的重要性，因为虽然门店内有实际商品陈列，可以看得见、摸得着，但是消费者对于产品的性能、材质、口碑、价格比较等信息的需求，仍无法在门店内获得满足，这时如果能够让他们更方便地获得这些信息，有助于加快消费者做出购买的决定。

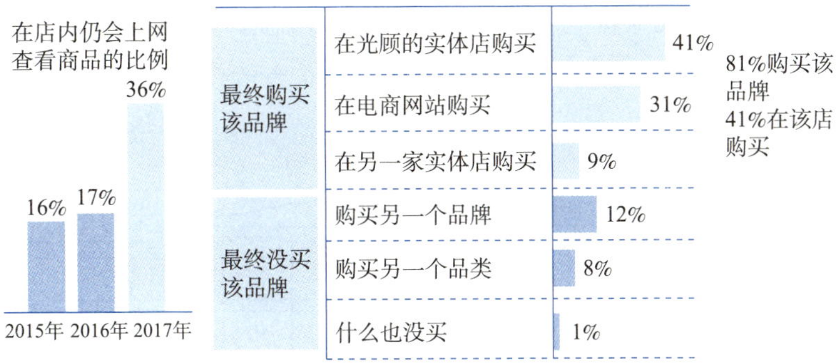

图 19-2 “展厅效应”的调研结果

“展厅效应”告诉我们应该关注三件事：

（1）统一线上线下价格。许多来到门店的消费者，已经有了同时在线上搜索价格的习惯，所以线上线下一体化、线上线下产品价格同步非常重要。如果消费者发现门店的价格与线上同步，可以减弱消费者在线下门店讲价的意图。

（2）建立网络平台的必要性。某些价格比较高的品类，消费者的感知购物风险也会较高，可能在门店无法立即做出购买决定，这些消费者虽然没有现场购买，但并不意味着他们不会买，有可能是需要进一步考虑或收集信息。如果我们有线上平台，可以让客户在决定购买时，无须再次到实体店购买，而能够非常便捷地完成线上购买，如此可以避免商机流失。

（3）门店与线上的销售绩效需要更合理评价。许多企业可以很清楚地区分线上与线下的销售，并且对两个团队的业绩进行独立考核和分开奖励。如果我们洞悉了“展厅效应”的存在，或许需用不同的方式对线上线下部门的业绩进行考核，这样才不至于低估个别渠道的效用。例如，曾经到门店的客户，一定时间内在线上完成购买，就显示了这个交易当中存在“展厅效应”，此时绩效评价就应当予以考虑。同样，在线上浏览过网店的客户，最终到门店完成购买，这时，我们也应该对线上部门对促成这次成功交易的贡献予以认可。

三、零售行业全流程数字化“超凡体验”设计的五大要素

前文我们通过几个常见的行业举例说明了实施全流程数字化时应该考虑的范围，接着我们再对目前已经存在的行业案例进行归纳，找出一些规律或模式，这样可以更好地帮助企业家思考如何为自己的企业规划一个更全面的全流程数

字化体验。经过深入探索十余个国内外案例，我们归纳出全流程数字化体验的设计，应该考虑“全渠道、虚实融合、场景化、智能化、大数据”五个要素，如图 19–3 所示。

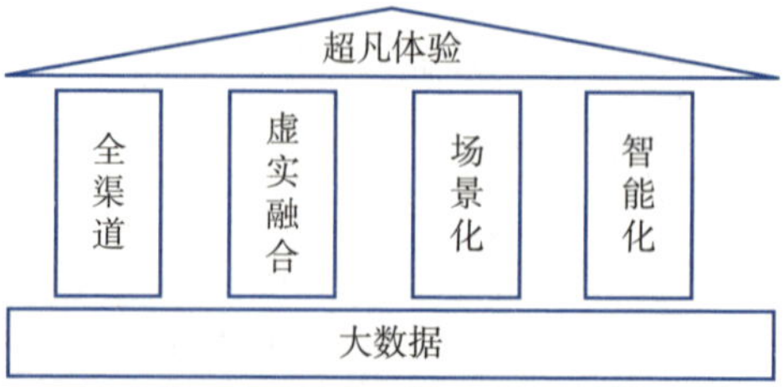

图 19–3　设计全流程数字化体验的五大要素

1. 全渠道

这里所说的全渠道，指全渠道购物，与前面论述的全渠道覆盖或营销不同，这里讲的全渠道购物体验是客户已经身处消费场景之中，我们应当如何利用虚实两个渠道的互助、融合，帮助消费者做出评估以及购买决定。

案例 18：优衣库全渠道融合的购物体验

优衣库是来自日本的知名简约服饰品牌连锁，它提供一般都市居民均可接受的价格的生活服饰，例如，T 恤衫、衬衫、白领工作服、居家休闲服。进入中国十多年来，优衣库在互联网上的创新，值得服饰行业学习借鉴。优衣库的全渠道发展进程如图 19–4 所示。

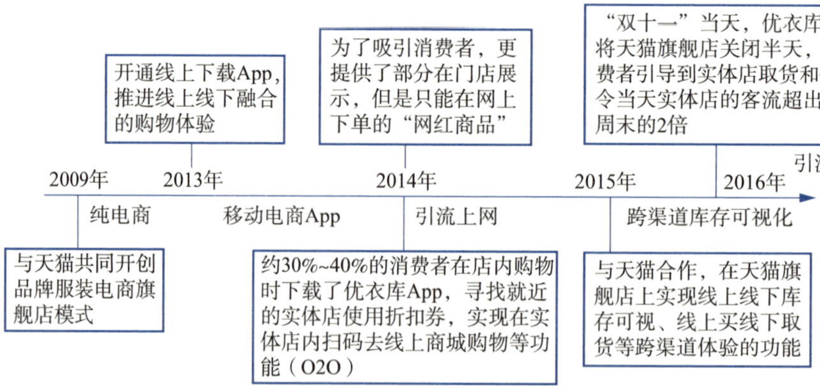

图 19–4　优衣库的全渠道发展进程

优衣库的数字化之路非常朴实，其根本的思路就是在追求线上线下的打通与融合。在许多品牌服饰厂商抱怨线上竞争者侵蚀线下市场，影响到实体门店生意时，优衣库率先于 2009 年建立了优衣库的天猫旗舰店，正式开始在网上销售优衣库品牌的服饰。2013 年优衣库 App 上线，消费者可以在 App 上浏览商品并且下单购买。2014 年，优衣库在门店投入更大力度推广 App，它们将某些热卖爆款作为引流工具，如 2014 年秋冬之际，优衣库所有门店海报上展示一款新推出的轻薄羽绒服（轻薄羽绒服目前已经很普遍，当时这种服饰是优衣库率先推出的款式），这款衣服在线下门店内虽然有陈列，但是消费者并不能在店内购买，消费者如果想购买，必须扫码下载 App，在线上购买。2015 年优衣库又推出虚实融合的 O2O 功能，例如，通过 App 查询线下各门店库存，如果消费者在 A 门店看上了某款衣服，但是该门店没有适合的尺码或颜色，这个信息就可以让消费者立即知道哪家优衣库门店还有库存，消费者可以选择调货后再到店取货，或者在线上完成下单，快递送货到家。2016 年优衣库与天猫合作逆向操作，在“双十一”当天关闭优衣库的线上天猫店，将消费者引流到门店，使得“双十一”当天门店的客流量与销售量超过平时周末的 2 倍。优衣库无疑已经很好地实现了线上线下全渠道资源融合的闭环。

2. 虚实融合

虚实融合，是指在实体环境中植入网络交互或是人工智能的技术，使得门店场景变得更为活泼、消费体验更好、购物更为顺畅。

一个很典型的案例是自助点餐，过去在餐厅中点餐需要服务员来完成，客人入座后，告知服务员需要点什么菜，服务员记录在点餐单上后，把点餐单送交厨房，厨房再按照这个纸质记录准备餐点，备餐完成后再由服务员端给客人。人工点餐最大的问题是当餐厅繁忙时，客人迟迟等不到服务员点餐，厨师处理订单的次序容易混乱，出菜时也容易把不同客人点的菜送错桌，这些都是造成客户不满的原因。扫码自助点餐，是让消费者直接通过扫描餐桌上的二维码，开启小程序，进行点餐。如图 19–5 所示，这是我们在国内餐桌上经常看到的点餐二维码。一套完整的自动点餐流程，不仅需要开发手机上的扫码点餐功能，还有一个很重要的步骤是这些数字化信息需要立即传达到后厨的厨师，当客人确认订单后，订单信息会传到一个厨房显示系统（Kitchen Display System，KDS），厨师就可以看到 KDS 所显示的订单次序，厨师再按照订单信息备餐，备餐完成出餐时，这个订单号信息又会展示在取餐液晶板上，服务员看到后就可以取餐送交给该餐桌的客人。这样，流程就不容易出错，达到提高客人满意度的效果。

- 桌贴二维码进行辨识
- 手机点餐
- 同桌加点
- 送餐
- 用餐
- 手机支付
- 离店

图 19-5　扫码点餐的虚实融合体验

除了点餐流程的数字化，在我们的生活中还有许多虚实融合的场景化设计案例，例如，在视频网站，如爱奇艺、优酷等，它们推出的“边看边买”“剧中同款”等功能也是典型的虚实融合的场景化设计，如图 19-6 所示。这些场景化设计可以有效触发消费者在家中收看影视娱乐节目过程中产生的购物冲动。这是一个非常重要的营销概念，我们称其“置入性营销”。什么是置入性营销？消费者对喜爱的明星本来就有模仿的冲动，特别是明星穿什么衣服、戴什么饰品、开什么车、去哪个度假中心玩，都是消费者模仿的对象。过去韩剧流行的时代，置入性营销已经被广泛地运用于营销活动中，如韩剧中的女主角穿什么衣服、背什么包，都会变成热卖商品。只是当时网络与人工智能技术还没有那么发达，消费者纵然在电视连续剧中看到这个置入性的商品，也不知道哪里可以买得到，即使在淘宝网上搜索，看到的也只能是类似产品。现在，由于人工智能的识别能力得到很大提高，这些电视剧里的商品可以立即被识别出来，有了这种虚实融合的技术，整个营销到销售的路径就打通了。

图 19-6　视频上的同款推销

此外，淘宝的“拍立淘”功能，通过图像识别技术让消费者看到感兴趣的商品可以立即拍照，进而通过人工智能直接在淘宝上搜索商品。有了这个功能，消费者无论是走在街上还是在店铺内，看到感兴趣的商品，就能立即在网上购买，如图 19–7 所示。

图 19–7 “拍立淘”功能让满街的消费者都成为淘宝的推广模特儿

3. 场景化

场景化是通过场景，激发消费者的潜在需求。根据百度一项研究，在一、二线城市中有 2/3 的消费者，习惯与家人在购物中心共度周末。所以融合了亲子、文娱、餐饮、零售的消费场景，就成为当前购物中心招商与业态规划的重要思考方向。

现在的购物中心，与 10 年前是完全不同的，其功能不再是提供“一站式”的商品购买。拜互联网所赐，消费者的购物习惯发生了很大的变化，如果现在想买衣服，网购更为方便，几乎没有必要去购物中心购买。现在的购物中心则力求提供更加生活化的场景体验。回忆一下，周末你带女儿去跳芭蕾舞的场景，产生了什么消费需求？一般的年轻家长不会只在舞蹈教室门外等女儿下课，女儿跳舞的时间里，父亲可能会去星巴克喝杯咖啡，母亲可能趁这段时间去做美容或学习烘焙。女儿下课后正是午餐时间，全家人正好在购物中心的餐厅用餐。如果这是一种典型的城市居民周末生活场景，那么购物中心或是商场就应该按照当前的生活消费场景需求，重新规划进驻场内的业态。

案例 19：上海 K11 购物艺术中心

上海 K11 购物艺术中心就应用了这种生活化场景的业态设计，它融合“艺术、人文、自然”三大元素，集合了名牌门店、时尚买手店、生活用品买手店、主题艺术展厅、美容店、餐饮、烘焙课堂、周末集市等多种实体业态，如

图 19-8 所示。

图 19-8　K-11 综合生活场景购物中心

当然，K-11 如果能够在数字化方面做更多的投入，相信可以让消费者更方便、更乐于前往，商家店铺的生意会更好，购物中心业主的租金也就更好收了。

另外一种生活化的场景设计方法是借助怀旧或是幻想中的生活化场景设计，如在华东地区非常知名的特色餐厅桂满陇，如图 19-9（左侧图）所示，在这家餐厅里用餐，客人宛如置身传统江南水乡，餐厅中展现了苏杭地区典型的风貌，让客人有身在杭州西湖、苏州太湖边上中国古典园林式住宅中用餐的感觉。星巴克则将在杭州西湖边的一家门店打造成中国古典式建筑，如图 19-9（中间图）所示。另外，在上海迪士尼园区内的两家主题酒店，均是以迪士尼卡通的场景进行酒店外部设计与房间内的装潢，酒店内的餐厅以及许多活动设施，都充满了迪士尼元素，如图 19-9（右侧图）所示。通过这些卡通场景设计，这两家酒店吸引了大批父母带着孩子来体验迪士尼的童话生活，酒店房价更是动辄数千，且常常一房难求。

图 19-9　借助记忆（怀旧）或是幻想中的生活化场景进行设计

4. 智能化

伴随着人工智能的发展，消费者的购物习惯被深刻地改变，所以智能化也是全流程体验设计的重要元素。消费者在门店购买衣服时通常需要试衣，以确定这件衣服是否合身并确定穿搭效果，但是门店常常会因为试衣间数量和衣服颜色、尺码不全等问题，无法满足消费者的多样需求，使得购买决策的时间变长。而电子试衣间可以直接让消费者站在镜子前面，不用真的穿上想试的衣服，就可以看到自己穿这件衣服的影像，有效地解决了上述购物过程当中的体验问题，可以有效加快消费者的购买决策，如图 19–10 所示。

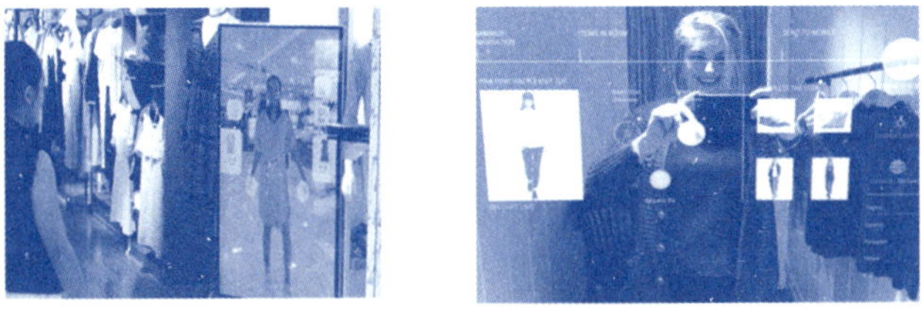

· 个性化推荐
· 电子试衣

· 材质说明
· 场景化、混搭推荐

图 19–10　电子试衣间提高并加快消费者的购买决策

与服饰行业电子试衣间具有类似效果的是护肤品或化妆品的门店提供的虚拟实境购物体验，如宝洁公司的玉兰油（OLAY）是非常受欢迎的保养品，消费者在购买保养品时需要先了解自己的肤质，OLAY 在展架上设置了自动对消费者面部肤质进行判断的人工智能设备（镜子），如图 19–11 所示。通过这个智能化的肤质判别系统，在没有销售顾问的状况下，仍然可以准确地推荐合适的产品给消费者，如此消费者还可以避免导购的“过分”推销，改善购物体验。

彩妆的销售应该也有类似的智能应用，例如，消费者在选择彩妆时，对于口红、彩笔、粉扑的颜色，就经常需要实际测试，如果有类似的功能，帮消费者虚拟搭配出不同的组合，并且告诉消费者某种装扮需要使用什么产品（如烟熏妆需要什么化妆品）、如何化妆，消费者就会产生更多的到店需求，销售转化率也要强于静态陈列。

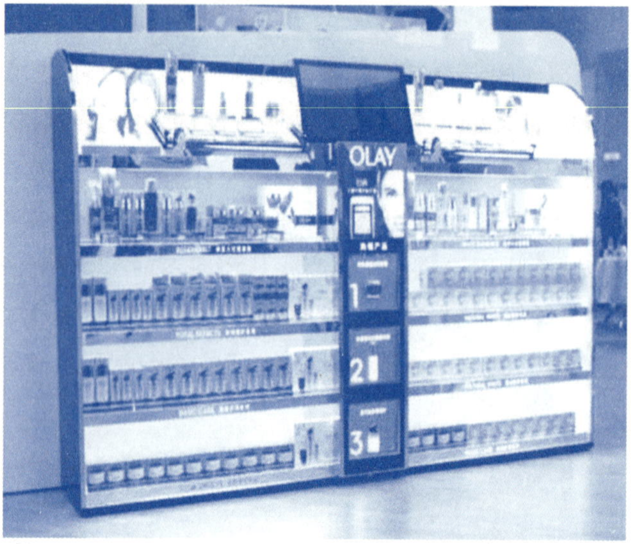

图 19-11　OLAY 的肤质判别与保养品推荐

扫码点餐在多数餐厅已经实现了，但是送餐仍是由服务员来做，只能说是做到了虚实融合，但是未达到“超凡体验”。一些餐厅使用了机器人送餐或是外卖时用无人机送餐，可以说得上是“超凡体验”，令人耳目一新。现在不少先进的酒店也提供类似的服务，住客在房间内扫码点餐，过一会儿，房内的电话响起，房客接听电话，就会听到机器人说：“您点的餐已经送到房间门口，请您开门！”这样不仅节省人力，避免沟通错误，还保护了房客的隐私，是值得在行业中推广的一种智能化服务，如图 19-12 所示。

图 19-12　无人机或机器人自动化送货、送餐

需要注意的是，“超凡体验”或许可以令消费者惊艳，但是作为企业经营者，我们最需要关心的还是实际效益，例如，送餐机器人是不是真的能够降低

人力成本或是缩短配送时间，否则这种花钱“作秀”就不是企业该做的事了。

案例 20：亚马逊的 Amazon Go

讲到智能化，亚马逊的 Amazon Go 超市，绝对是一个极致创新，但业界也充满了关于其投资回报率是否合理的争议，Amazon Go 的标准功能是客户首先需要下载 App，在进入卖场时需要先开启免密支付，免密支付就是消费者在手机上点击同意结账时无须再输入密码，商家可以按照货品的金额直接扣款，客户不得有异议，这样商家就可以对消费者完全开放卖场，自行取货带走。亚马逊在每个购物架上都安装了摄像头和传感器，当某位消费者取走货架上某件商品时，商品信息就会被系统自动加入这位消费者的电子购物车当中，当这位消费者把这件商品放回货架时，系统又会从电子购物车当中扣除这个商品，消费者将想要买的商品全部放到购物车后，可以推着购物车，走出门店的关卡通道，此时门店系统就直接从消费者先前授权的免密支付账号中扣除购物车当中商品的应付金额，如图 19-13 所示。

· 入店扫码辨识身份
· 启动免密支付
· 影像辨识提取商品或放回货架
· 自动结算并且在过闸口时完成自动支付

图 19-13　Amazon Go 的购物体验

亚马逊的自助结账功能在推出时确实让所有消费者眼前一亮，受到许多人的关注，可是作为一个以营利为目的的企业，需要考虑投资回报率。一般我们在看投资是否合算时，需要看两种成本，首先是硬件投资成本，其次是后续运营成本，硬件投资成本虽然看起来金额比较大，可它是一次性的，通过长期分摊，每一年的成本负担就不高了。后续运营成本指这些软、硬件是否需要持续的维护性投资，Amazon Go 最大的问题还是这个方案需要在每件商品上安装具备 RFID［无线射频识别技术，Radio Frequency Identification，是自动识别技术的一种，通过无线射频方式进行非接触双向数据通信，利用无线射频方式对记录媒体（电子标签或射频卡）进行读写，从而达到识别目标和数据交换的目的］技术的芯片，这样才能够敏捷、精准地侦测到商品的取放，这种功能设计的后续成本较高。

当然除了成本的支出，我们还需要比对实施这个方案以后是否能够节省开支，例如，门店的店员人数是否可以下降等。请注意：无人店与自动结账是不同的，无人店环境下消费者可以在选完商品后直接拿货走人，自助结账则仍然需要排队并自助完成结账操作，图 19–14 为三种不同的智能化设计方案。

货架辨识　　扫码通道　　影像辨识

图 19–14　多种自助结账模式

图 19–14 中从左到右第一个场景是亚马逊的做法，在货架上架设摄像头，并且在商品上安装具有 RFID 技术的芯片，消费者拿走或是放回商品的操作都可以通过 RFID 技术感知，它的精准度最高，成本也高。第二种是目前国内超市的主流做法，例如，家乐福或是盒马，在卖场结账区设置自助结账设备，每个结账位置设置商品条码阅读机，消费者扫码，然后再用支付宝或是微信支付结账。这种做法需要消费者把商品逐一从购物车中取出，扫码后放回，最后再出示支付宝或微信，完成支付。这种流程虽然不需要人工服务，但是初期仍需要工作人员在一旁辅助，否则遇到几个不熟悉操作的消费者，整个结账区就会人满为患。第三种做法是用视频技术抓取商品影像，消费者在无人结账区需要把全部商品取出放在一个电子秤上，电子秤除了称重以外，还有影像捕捉功能，通过人工智能抓取每个商品的影像，判断它们是什么东西，通过影像智能辨识商品，再加上商品重量进行复核，复核通过后，系统将购物清单显示在电子秤屏幕上，消费者确认后就直接扫码支付。第三种做法也有一些问题，例如，训练人工智能技术学习商品辨别，需要花费大量时间与成本，商品图像的判断精度也需要进一步提高，同一品牌的饮料外包装太过相似容易造成误判，电子秤对于商品数量和重量的判断是否能够承载消费者在超市购物的商品数量与重量，非标产品（如蔬菜、水果）的包装与重量如果未经预处理，也可能造成电子秤的误判。另外，第二种和第三种做法都有可能发生顾客故意不拿出部分商品扫码，规避付款的可能。所以这两种方法在规模较小的便利店可能没太大问题，

但是如果应用在客流量大的超市，就需要考虑系统的处理速度和顾客的诚信问题了。

AI 在智能购物中心的应用也非常广泛，我们这里列举比较常见的卖场客流追踪、门店热点追踪、客户个性化需求追踪、商品陈列监控、电子价签五项数字化应用。

1. 追踪、分析卖场与门店的客流量

客流量的大小，基本上决定了一家门店的业绩好坏，对于大型购物中心而言，客流量就是收取门店租金最大的保证，许多购物中心的经营每况愈下，主要原因就是客流量显著下降，此时招商、收租就面临极大的困难。在前面的章节中，我们已经讨论了数字营销的“拉新”方法和如何加强会员的黏性，接着我们需要实地监测卖场中的顾客流量，通过人工智能或是移动互联技术，赋予商城追踪每一个进入卖场客户轨迹的能力，将大量的数据积累起来，就可以进行卖场的流量与路径分析了，如图 19–15 所示。

· 需求预测模型
· 商场客流量追踪
· 来客辨识，提供个性化服务与推荐
· 店内动线
· 新店规划

图 19–15　客流路径分析

做这项工作有三个目的：①了解流量属性，创造流量最大价值。当我们掌握流量的时间、动线以及消费目的时，可以判断流量的意图并进行疏导。例如，当我们发现一个客户每天同一时间到店，那么可以判断他 / 她可能是上班族，到店来进行午餐或晚餐消费，此时就可以提前发优惠券给客户，吸引他们到店消费。又如，我们监测到某个客户到达卖场，连续走进几家女性鞋类用品店或是女装店，这时我们可以判断其有购买女鞋、女装的意向。或者，我们发现某个客户走进了许多不同品类的店铺，可以推测客户只是来逛逛的，此时可以尝试推荐一些经营零食、咖啡、红茶、冷饮、甜点的商铺供客户逛累之时休息并消费。午餐时间，我们可以按照客人的数量和关系来推荐适合的餐厅。

②优化卖场中的店铺布局。经由流量分析，我们可以掌握几种流量的动线，进行店铺布局设计。③提示商家改善门店陈列。有些店铺主抱怨业绩不好，没有来客，其实是因为其自身的门店设计、客户体验或是客户管理没做好，通过流量分析，我们可以对比邻近店铺的流量，掌握店铺的进店率，提醒商场中陈列比较差、无法吸引客人进店的店铺进行陈列的整改，以吸引更多的客户进店。

2. 追踪、分析客户的个性化偏好

前面一项功能的重点是掌握有多少客户进店，而消费者进店以后的追踪，则是洞察个别客户的偏好。过去我们需要客户报会员号或是扫二维码，才能查询到客户信息，如果客户没有走近柜台，我们就无从知晓其身份。来客人脸识别技术是通过客户特征进行智能化的身份辨识。身份辨识是门店留存客户的人脸影像后，客户下次再来店时，可以立即判别客户身份，如图 19–16 所示，这一技术在便利店、超市、餐厅、服饰店，汽车维修等领域都有应用。它可以为客户提供更个性化的建议，增进客户的信任。例如，在餐厅，当熟客来店时，可以立即进行身份判别，从而更贴切地向其提出选择菜品的建议。对服饰店而言，精准地判定客户身份以及衣着偏好，有助于为客户提供更合适的穿搭建议，使成交率提高。立即掌握对方是否为老客户，并调取过去的交易记录，可以使得店员和客户之间的互信度大幅提升。

- 使用人脸识别技术，立即分辨老客户、新客户
- 立即调取历史消费记录，便于互动
- 个性化推荐，提高成交率
- 立即辨识VIP，提供特殊服务

图 19–16　来客人脸辨识

3. 商品陈列监控

零售卖场中的商品陈列是影响销售的重要因素，尤其是快消品的销售，品牌厂家强调以出样率来抢占货架，一旦货架上充满了你的品牌商品，销售机会就会提高。所以，对于连锁商超来说，持续地监控货架上不同主要品牌商品的

出样率、陈列正面数，确定货架被填满，就是卖场运营管理的重要工作。对于品牌商而言，掌握自己品牌商品在渠道货架上的陈列，也是渠道管理的重点，特别是品牌商需要渠道经销商配合进行促销活动时（我们一般称为 Trade Promotion），品牌商需要对商品的陈列以及货源是否充足进行监控，否则给予经销商的奖励政策就浪费了。这些渠道管理的工作，过去我们只能规定经销商拍照留证或是派遣“神秘访客”进行抽查，即便如此，也很难避免弄虚作假。现在人工智能的影像辨识，可以精准、实时地掌握门店货架上的商品陈列状况，并汇总所有门店的数据形成完整的市场监测报告，如图 19-17 所示。

图 19-17　货架陈列监测系统

4. 电子价签

在商超渠道中销售盒饭、色拉等鲜食产品，往往能够给门店创造出刚需消费场景，同时也能够提高利润。销售鲜食产品除了要努力开发新产品、新口味外，最大的问题就是库存损耗，虽然我们采取了多种人工智能的算法，对每天的销售进行预测，可是销售业绩往往会受到诸如天气、门店附近是否有公众活动，甚至是修路等情况的影响，以致许多渠道商推展鲜食商品遇到很大的困难，这个问题源于对商品的供需数量掌握得不精准。

最近几年，商超渠道中出现一种新型的名为“电子价签”的价格管理系统，如图 19-18 所示，它是通过对每件商品的实时库存信息、销售进展、天气好坏以及过去的销售状况等因素，对未来几个小时的销售状况进行预测。如果发现库存过高，而且这些商品存在保质期限制，智能系统就会下达指令调整货架上的电子价格标签，这样可以在瞬间进行价格调整，加速销售，避免损耗，这也是数字化企业的竞争利器。

图 19-18　电子价签

5. 大数据

前面四种要素——全渠道、虚实融合、场景化、智能化，都属于外表上可以看到的以数字化提升客户体验的方式，第五种数字化能力——大数据，则属于企业能力提升的“内功”。本章在前面关于客户全生命周期管理的讲解中已经讨论到企业需要建立大数据以及客户数据标签，这些技术投入，主要将会应用在以下两个领域。

（1）精准营销。精准营销也可称为“标靶营销”（Target Marketing）。过去的企业营销主要属于大规模营销（Mass Marketing），就是事先拍摄广告片、报纸平面广告，然后在适合的媒体，如电视、报纸、广播等媒体中进行投放。这种营销讲究的是对目标客户群体的覆盖，它的问题在于广告效果很难衡量，一般我们在覆盖目标群体时，也会同时曝光给非目标客户，这样会造成浪费，同时也会发生部分目标客户无法触达的问题。由于覆盖时我们并不确定对方是老客户还是新客户，或是这些人到底是什么属性的客户，所以只能通过一般化的推广信息以及内容方案进行传送。这种通用性的内容，对某些人或许有效，但是不会对每个触达的消费者都有效，例如，消费者中，有男、有女，有老人、有年轻人，有高学历的、有低学历的，很难对每一个人都产生预期的营销效果。因此，进行大规模无差别的营销，很容易造成广告资源浪费，如企业对某种产品进行全面的降价，以吸引消费者，但部分消费者即使不用降价也会来消费，这就形成了资源浪费。

那么，精准营销该怎么做呢？我们认为很重要的一点是进行 A/B 测试，那么 A/B 测试如何展开呢？

首先，应该清晰定义目标群体，如确定目标对象究竟是有流失倾向的 VIP，还是已经流失很长一段时间的普通客户。接下来，要弄清楚这些客户的意见和需求为何，提出有针对性的解决方案。

其次，明确这些群体中到底有多少人数，如果数量较多，则可能需要进一步地细分群体，接着针对每一个细分客户群体提出解决方案。

再次，每一个细分群体，抽样出一定数量的客户进行分组测试，每一组给予不同的解决方案，建议分为十个组别，一组是控制组，另外九组是实验组，分别测试不同方案与话术。

最后，测试完毕，选取最成功的方案，对全体客户发动营销活动。

A/B 测试经常被用来进行生物、化学、医学实验，以证明所采取的措施是有效的，A/B 测试是一种较为科学的测试方法，应用在营销上，通常也会使营销效果得到显著提升。

（2）个性化产品推荐。这是大数据的另一种应用，当客户主动从线上或线下接触企业时，个性化的产品推荐可以更为有效地满足个别客户的需求。

最常用的数字化分析有两种，即同时并买（Also Buy）以及产品捆绑销售。

1）同时并买。其已经广泛应用于超市以及电商销售，它基于统计学上的贝叶斯定理（Bayes Theory），即假设所有消费者进入超市会购买儿童书包的概率是 1%，所有消费者进入超市会购买铅笔盒的概率是 2%，这时如果某一名消费者已经购买了书包，这名消费者会再购买铅笔盒的概率应该大于还是小于 2%？答案是大于 2%，因为既然这个消费者会购买儿童书包，显然他家可能有一个正在上小学的小孩，而且正处在新生开学的时间点，所以这名消费者会同时购买铅笔盒的概率应该是大于其他一般消费者的，就是这么简单！在许多购物网站上，我们能看到“猜你喜欢”，亚马逊购物平台上的“Also Buy”就是这样算出来的。如图 19–19 所示，亚马逊根据客户的书包购买记录得知其有较高的可能性购买毛绒玩具等产品，因此网站平台就进行了相应的推荐。

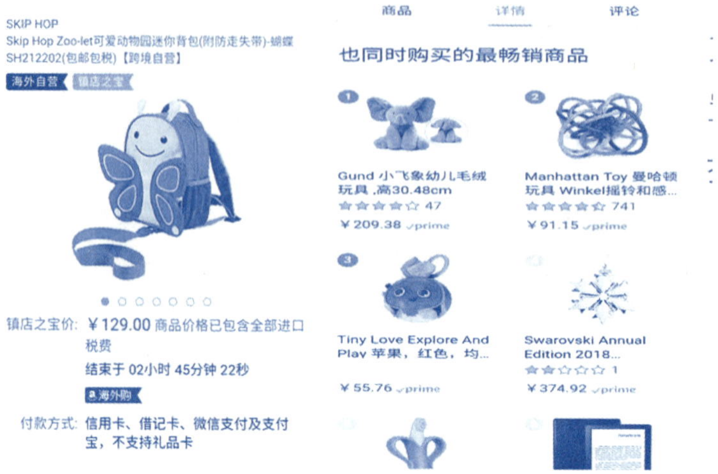

图 19–19　亚马逊平台基于算法建立的 Also Buy 功能

2）产品捆绑销售。这是一种与同时并买类似，但是相对直观的数字化模型，我们称之为“购物篮分析”。该分析是基于消费者在超市的购物记录（小票）进行简单的统计。首先，我们把这家店在一定时间内购物小票上包含的每一个商品类别写在一个多边形的一个角上，如图 19–20 所示。这家超市贩售白酒、饼干、牛肉、红酒等商品，接着我们针对每一张小票清点购买的商品并做标记，例如，一位消费者的小票上有三件商品：白酒、饼干、牛肉，这时我们就在这三件商品的两两关系之间分别画一条线。例如，白酒—饼干、饼干—牛肉、牛肉—白酒，共三条线。同理，另外一张小票显示有四件商品，那么两两之间，可以画出六条线。然后我们计算每两件商品之间被画上线的次数，这时必然有些商品间有多条线，有些商品间的线比较少，这时我们从线多的商品开始依序排列，就可以归纳出这些购物小票所代表的商品关联性。如图 19–20 中的白酒—牛肉、牛肉—碳酸饮料、碳酸饮料—白酒、瓶装咖啡—红酒等，这些商品被同时购买的概率更高，当商家掌握了这些信息后，就可以考虑将两件商品进行捆绑销售，如果是餐厅，则可以将两道菜组成套餐，这样客户购买这种套餐的概率更高。

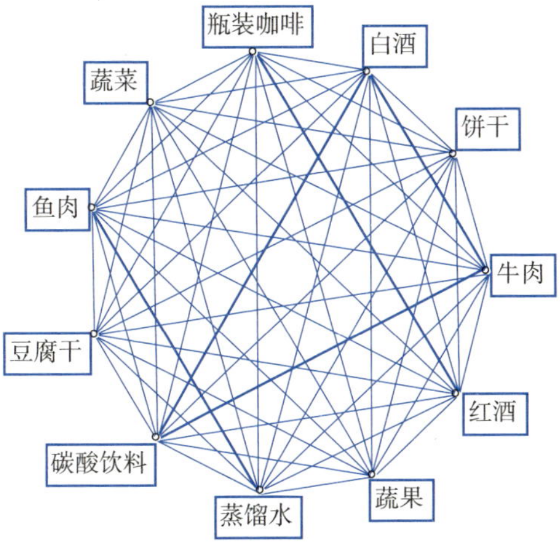

图 19-20　购物篮分析

6. 快物流

对于销售实物产品的零售行业，还需要增加一个元素，即快物流。因为快物流并不是所有行业都需要的，所以我们并没有将其放在五大要素当中，本部分将对其进行单独讨论。

2017 年“双十一”天猫的交易额达到了 2500 亿元，产生 13.8 亿个物流订单，这一销售额让全世界感到震惊。2020 年“双十一”天猫的交易额达到了 4982 亿元，产生 23.21 亿个物流订单，与 2019 年相比，交易额增长了 26%，又是一次大幅跃进。不到五年物流订单几乎翻了一倍，更可喜的是，“双十一”的退单率降低了，显示了近年来中国电商市场的蓬勃发展和移动互联网在中国的持续覆盖与渗透，已经为中国打造出超级的物流能力。

中国物流行业整体在过去几年保持了 6% 的稳定复合增长率，其中，快递行业受到电商以及 O2O 应用的带动，年复合增长率更是高达 23%。但是我们也看到，物流业绩稳定增长的背后，物流行业各个细分市场竞争激烈，以及趋薄的利润空间，这个趋势也使得物流行业的数字化变得刻不容缓。

物流行业的数字化转型被列为国家“十四五”规划中主要任务之一，在这份国家级的发展蓝图中，提出物流行业的数字化转型刻不容缓。在这样的市场大环境下，一般企业的数字化转型也少不了物流功能的再升级，为了支持企业在销售上的物流需求，以阿里巴巴集团菜鸟、京东达达等企业的物流公司为首，以及顺丰、申通、圆通等物流企业，都已经开始通过数字化提高企业内部的运营效率，从而满足客户对物流的需求，争取市场份额以及提升利润空间。过去打电话叫快递，还要自备物流袋，现在则通过小程序或是App预约，物流公司一般会派人在2小时内到指定的地点取件，快递员直接通过可携带式的热感打印机，打印出物流收据，便捷且不容易出错。

企业对于物流体系的设计也因为产品与市场需求不同而进行细分，其中可以分为全国性的物流配送与针对同城的地区性30分钟到达的快速配送体系。前者比较适合大批量含包装的商品，例如，盒装食品、用品等；后者则主要满足生鲜、外卖等产品的即时配送要求。

（1）覆盖全国的商品物流。例如，欧莱雅在中国设计了两种配送模式：地区配送中心（Regional Distribution Centre，RDC）与中央配送中心（Central Distribution Centre，CDC）并存。其中，RDC是针对全国范围都有需求的大众市场产品（例如，美即面膜），设置分别覆盖多个大区的地区配送中心，完成“最后一公里”配送。CDC则针对需求聚集在一线城市的高端、小众产品（例如，科颜氏Kiehl's），设置控制包装与配送的统一中央配送中心，而这些商品的“最后一公里”，则交给当地快递公司送货，以缩短交货周期。

（2）同城快速配送。这一类最典型的是盒马鲜生，盒马整合、打通了从产地到消费者全流程的生鲜供应链。盒马的门店除了承担店内商品展示销售以及餐饮体验的功能外，还将门店作为前置仓，在店内进行储存、分拣、打包，通过高效率的分拣布局，以及自动化的流程和设备，使得订单配送完成时效性远高于竞争对手。许多对手想要模仿盒马在门店内发货，都会遇上库存精准度、快速调动库存、拣货效率的问题，这些都是企业数字化在物流端改善的重点。至于送货方面，绝大部分的公司是没有能力构建、管理自己的骑手团队的，这些企业可以依赖社会化的资源，利用那些能在30分钟内送达的骑手服务公司，为这些需要快速物流的企业提供较好的支持。京东到家是另外一家提供快速物流服务的企业，利用其线上平台和物流优势，主打生鲜商超，吸引近10万家门店入驻，其中包括沃尔玛、永辉等国内外零售巨头的入驻，它们利用京东的同城速递——达达，完成下单后30分钟配送，解决“最后三公里”服务。无论企业采取的是哪一种模式的物流，最根本的前提是订单信息的数字化全流程透明展现！

本章总结

本章主要讨论了运营层级的数字化战略框架。在本书的第十六、第十七、第十八、第十九章，我们将重点讨论与客户相关的市场营销、销售、体验、服务等环节。在这个范围中，我们提出了“数人头”战略思维以及“三个全”的思考架构——全客户生命周期管理流程、全渠道覆盖整合营销、全流程数字化体验。

全客户生命周期管理流程作为所有与客户相关工作的基础思维，强调企业的“数人头”商业范式，强调将所有营销工作的重心放在客户价值的创造与提升上，而非只关注产品的销售，我们提出了“进、活、粘、值、荐”——全客户生命周期管理的方法论。

全渠道覆盖整合营销。我们根据麦肯锡提出的“展厅效应”以及它们在数码产品市场的调研结果，提出线上线下全覆盖的必要性，基于该调研，我们建议企业重新思考跨渠道场景中线上线下部门的业绩考核模式。

全流程数字化体验。我们认为所有企业，都应按照打造“超凡体验”的五个核心要素——全渠道、虚实融合、场景化、智能化以及大数据的应用为客户提供一流的体验，对于零售行业，我们还需再加上第六个要素——快物流。

若企业在运营层级能做好“三个全”的数字化，则有利于提升企业的竞争力。

课后思考

本章主要讨论企业该如何设计一个最佳的全流程数字化体验，我们重点讨论了打造“超凡体验”的五个核心要素——全渠道、虚实融合、场景化、智能化以及大数据的应用。请思考一下，你所在公司在这五个要素的应用机会以及它们对客户、对企业的价值是什么？

第 5 篇

基础层

——打造企业的信息技术和数据基础框架

05

第 20 章

新一代的信息技术框架

Enterprise
Digital
Transformation

20

数字转型的基础层需要考虑的主要是大数据、人工智能、物联网、移动互联网技术这四大技术基础所建立的企业战略支持框架，任何一项数字化商业战略的实施都要依靠这些技术当中的一种或是多种的组合。我们在本书第一章讲述的赋能企业数字化转型的核心技术，其中的 5G 技术和云计算虽然也是数字化转型的重要基础，可是这两项是商业大环境的基本条件，与个别企业实施数字战略没有直接关系，我们在设计基础框架初期暂无须考虑。

接下来我们从了解其他四种技术的基本概念开始，讨论如何规划企业的这些技术基础框架。

一、数字化的信息技术平台与传统信息技术平台的区别

在讨论数字化战略时，我们必须弄清楚两个名词 IT（信息技术，Information Technology）与 DT（数字技术，Data Technology）。严格地说，数字战略的实现，无论是商业模式的改变还是价值链的重新梳理，都需要仰赖 IT 与 DT 作为基础，所以我们有必要了解一下什么是数字化战略的 IT 与 DT，以及它们之间的关系。

IT 可以拆分为三个部分——电脑硬件系统、电脑网络、电脑软件。

1. 电脑硬件系统与网络

电脑硬件系统就是我们用的个人电脑和企业的服务器。电脑网络则包含了连接电脑设备的区域网络以及对外连接的互联网。

2. 电脑软件系统

电脑软件系统指的是企业与个人使用电脑的程序软件集合。伴随信息产业的发展，大量的应用软件被开发出来，具体来说包含了三大类软件系统：前端业务系统、后端资源管理系统、数据库系统。

（1）前端业务系统。例如，门店用的收银系统、电子商务的交易平台，以及一些智能化的门店交互设施，如智能化的自动贩卖系统。

（2）后端资源管理系统。包含企业原材料采购、库存、成品、销售记录系统，以及最终产生企业财务报表的系统，这些后端系统我们可以统称为企业的ERP 系统。当然按照企业的类型，这些系统还可以分为仓储管理、运输管理系统等。另外，企业还可能用到人力资源等其他辅助性的软件系统。

（3）数据库系统。数据库系统不属于前端或后端，但却是支持前端与后端系统智能化运营的重要核心，因为所有的交易数据都需要存储在数据库当中，数据库系统也容许用户经过一定流程读取系统中的数据。

二、传统的信息技术平台是如何形成的，它又有什么不足之处

传统的 IT 平台包括两大部分——前台系统与后台系统。前台系统是用作与客户交易互动的软硬件系统，通过不同的客户接触点，例如，电商网站、门店收银系统、第三方交易平台（如天猫、京东的品牌店）、智能自动贩卖机等与客户进行交易，如图 20–1 所示。

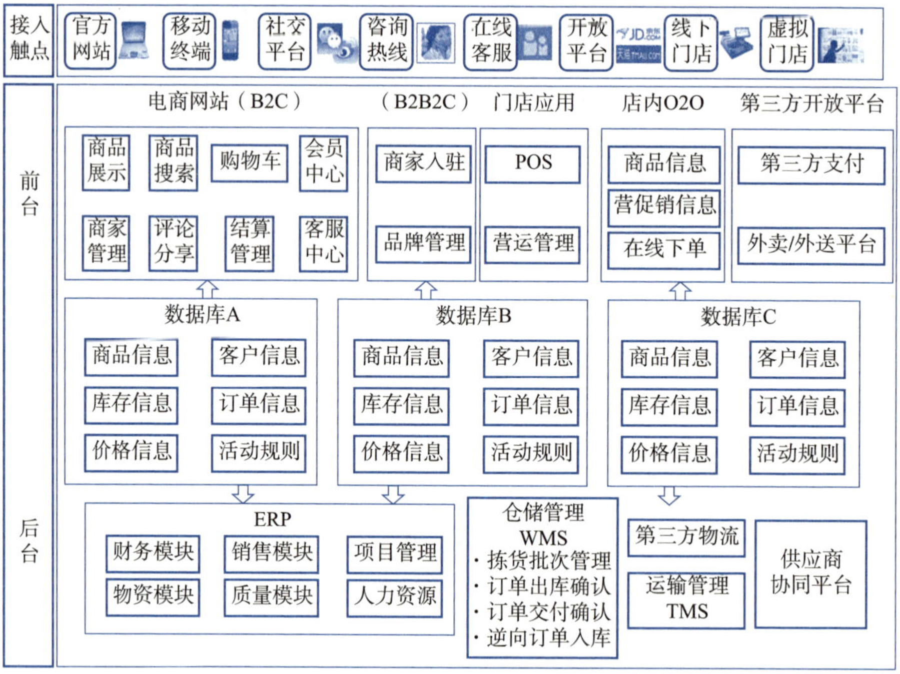

图 20–1　传统的 IT 平台结构

这些前端的系统是逐步演进而来的，例如，企业最早开始有线下业务，首先产生了支持门店运营所需要的门店收银系统，为了顺利完成交易，收银系统保存了商品信息、价格信息、库存信息、订单交易信息，以及针对门店的促销活动设置等。电子商务兴起后，企业开始建立自己的线上商城、App、微商城等，如同门店收银系统，线上平台也分别建立独立的商品信息、价格信息、库存信息、订单交易信息，以及针对线上渠道的促销活动设置等。有的企业又开设了天猫店、京东店，此时这两个外网平台的信息也独立存在于各自的外部平台，这些外部平台也有着独立的商品信息、价格信息、库存信息、订单交易信息，以及针对它们平台的促销活动设置等。这些交易数据再通过档案传输的方式，批次传输到后台 ERP 系统。

遗憾的是，上面所说的这些各式各样的前台交易系统都是独立发展的，为了顾及自身的完整性，各交易系统都有着相类似的产品、价格、促销、库存信息等“标签”，造成了大量信息的重复设置。使用这些系统的用户又分属不同的部门，为了顺利地执行工作，它们各自保留库存数据、设置促销活动数据，并不关心其他业务部门在干什么。例如，门店的促销与电商平台不同，造成企业相同产品的价格不同，各渠道商品销售的速度也不一致，为了保证自己有库存，各个渠道开始争相锁定库存，使得企业整体库存数据混乱，甚至让采购部门陷入混乱困境。从用户角度来看，其在企业的电商网站、线下门店获得的价格不相同，导致客户不断地切换渠道，寻求最大利益。上面这些系统的发展背景各不相同，当线上线下独立运营时，虽然也存在问题，但还可以通过协调来解决。而当市场环境发生改变，客户要求线上线下的价格具有一致性时，问题就来了。例如，门店的出样率必然较低，为了满足门店客户对同一产品的款式、颜色、尺码的选择，就需要进行跨平台对接。客户在线上买的货，可能要求在就近门店退货，这时就需要将线上线下的库存进行对接处理，这些问题不断发生，使得传统的独立 IT 系统逐渐无法提供完善的支持。因此在推行企业数字化战略时，必须调整现有的 IT 架构。具体应该怎么调整？我们看看下文中介绍的“轻前台、快中台、大后台”架构。

三、支持数字化转型的最新技术平台架构——轻前台、快中台、大后台

前文我们说明了过去多年来企业投入发展的 IT/DT 系统，在互联网发展的前期，线上线下渠道是分离的，消费者要么到门店去购物，要么到网上购物，是二选一的购物渠道结构。此时，线上与线下系统完全独立的架构在使用上并没有太大问题。进入后互联网时代，移动技术渐趋成熟，移动互联网彻底改变了消费者的购物历程，线上线下场景的融合成了势在必行的模式，这时线上网店与线下门店就必须共享商品信息、价格信息、库存信息、订单信息、物流信息等，一个新的 IT/DT 架构就出现了，而且成为企业整体数字化的核心骨干，我们称之为“轻前台、快中台、大后台”的 IT/DT 架构，如图 20–2 所示。

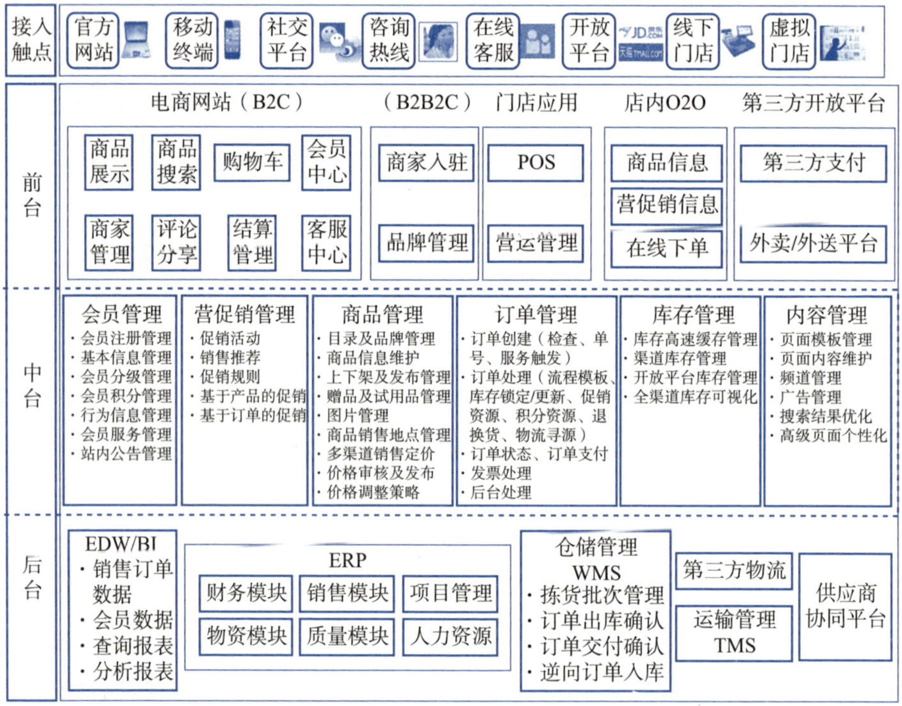

图 20–2　新的技术平台——轻前台、快中台、大后台

1. 什么是前台系统，为什么要“轻”

前台系统就是我们与客户的多渠道接触点所使用的 IT 系统，如线上的电商网站、App、小程序等，在线下的则是门店的收银系统。这些都是接触客户、

完成交易所需要的系统支持。

为什么前台系统要轻呢？过去为了支持门店运营，厂家基于微软的 Windows 或是 Linux 系统开发了前台收银与客户服务软件，但随着新门店的设立以及门店原有收银系统的迭代，一些大型连锁店的 POS 机因年限不同出现了软件版本不统一的问题。为了解决这个问题，越来越多的厂家将收银系统的软件放在大型服务器中，门店的端口只显示一个操作系统的界面，此举大大方便了前端软件的维护。我们称这样的前台系统为“轻前台”系统。

2. 什么是中台系统，为什么“要快”

比较图 20–1 与图 20–2 可以发现，两者最大的差异就在“中台”这一部分。过去的交易平台，无论是电商系统还是门店系统，各自都具有部分中台系统的功能，只是这些不同系统的功能与数据，如产品信息、价格信息、库存信息、物流信息、促销信息、订单信息，都独立存在于不同渠道的系统中（例如，电商、POS 都有各自的库存数据），造成了线上线下融合的障碍。

为了解决这个问题，技术专家们提出了另外搭建一个中台系统，将门店的 POS 系统与电商系统的部分功能移除，再将这些功能打包在一起，改由单一的中台系统提供服务。通过这样的新架构，企业的商品信息、价格信息、库存信息、订单信息、物流信息、促销规则、会员身份，在跨渠道使用时就能够被完全统一，不至于像旧有系统那样，造成数据无法共享、同一客户享受的促销规则不同、线上线下的会员积分无法合并等问题，中台系统要做的就是让企业的会员无论在何处消费，都能获得同样的积分，也可以跨渠道使用同一个账号上的积分。

为什么对中台的要求是快呢？因为在交易时我们需要给不同的客户提供差异化的商品建议，采取不同的定价策略，让不同等级的客户享受不同的优惠，这时客户无论在网站上还是门店里进行交易，上述条件都需要接到云端服务器进行查询，且必须迅速获得结果，否则将造成前端的门店或线上网站的作业阻塞，给客户带来不愉快的体验。所以，作为提供这些统一服务的中台系统，其运算速度必须在毫秒之内。因为我们对中台系统的要求是快速反应，所以业界也有人将其称为“敏捷反应系统”。

3. 什么是后台系统，为什么要“大”

有了轻前台、快中台，所有关于交易与财务的信息还要汇总到企业的 ERP

系统，多渠道交易带来的数据量也给 ERP 带来了更大的压力。同时，前面我们设计的数据平台，包含数据仓库、数据市集、数据标签以及商业智能分析或数据挖掘，也是庞大的系统。因此我们将 ERP、WMS（仓库管理系统）、数据仓等系统归类为“大后台”。我们可以再比对一下图 20-1 与图 20-2 的后台系统，在图 20-2 的左下角后台系统，多了一个模块 EDW/BI 服务功能，这样就使后台系统在原来的 ERP/WMS/TMS 等的基础上，又增加了与大数据相关的数据分析应用，后台系统就越来越庞大了。

四、企业已有的 ERP 体系与中台系统的区别

很多企业家都有这样的疑问，他们认为：“正因为 ERP 系统能够完整地整合企业的资源，所以企业才愿意在建设 ERP 系统方面进行投资，现在为什么又要投资新的系统呢？”我们的看法是，企业过去苦于无数据，造成运营不顺，需要 IT 系统支持，所以企业投入大量资金建设 ERP 系统，从生产、供应链、财务、人力资源的规划来看，ERP 确实让企业在运营上更为顺畅，可 ERP 系统只是一种对生产运营流程进行支持的平台，其完全不具备数据分析和挖掘能力，也没有强大的报表呈现功能，无法满足企业所需的大数据分析。另外，ERP 的目的是服务生产资源整合规划，它与营销或客户管理是没有关系的，所以自然无法对市场变化立即做出反应，更不用说对个别客户给出差异化的营销策略。

从图 20-1 与图 20-2 的对比以及对中台系统功能的分析，我们就可以理解为什么有了 ERP 还需要再架设数据仓以及中台系统。图 20-1 的左下端是 ERP 系统，图 20-2 左下端是 EDW（企业数据仓，Enterprise Data Warehouse）/BI（商业智能分析），就是从数据分析的维度体现新旧体系的不同。图 20-1 与图 20-2 中间部分，更是两个系统在支持营销上能力的差异，图 20-1 是旧式系统各自为政，适合于线上线下渠道完全独立的运营模式；图 20-2 则是新的整合式架构，在这个新的框架下企业能完成多渠道场景下的营销管理。这就是企业在已经有了 ERP 系统后，还需打造中台系统的原因。

本章总结

本章我们主要分析了影响企业数字化转型的第一种类型的关键技术——信息技术（IT），我们说明了传统信息技术的发展路径，也分析了为何传统的信息技术系统无法有效解决并支持企业当前的数字化转型需求，其关键在于传统信息技术系统只具备执行单项业务的属性，当企业需要开展跨渠道业务时，这些传统的信息系统无法满足企业的需求。目前业界提出的最新 IT 架构是“轻前台、快中台、大后台”，轻前台可以让企业的信息系统部署更具有弹性，快中台可以支持多渠道的整合运营以及对市场变化做出快速反应，大后台则作为生产、财务以及数据分析的基础。

课后思考

本章主要讨论企业需要什么样的信息系统来支撑自身的数字化转型，并且指出了传统系统存在的问题，同时说明了中台系统作为企业多渠道运营必备平台的重要性。想一想，你的公司是否在推进多渠道整合运营时遇到过信息管理不一致的问题？你的公司是否需要建设中台系统？

第 21 章

企业大数据、人工智能、物联网的基础搭建

Enterprise
Digital
Transformation

21

一、大数据平台的特色与价值

DT 包含两大部分：第一部分是数据的储存，第二部分是数据的应用。以下我们先讨论大数据的定义，再讨论数据应用及数据平台如何搭建。

1. 什么是大数据，大数据与传统数据有何不同

大数据这个名词已是老生常谈，近几年不管是做什么工作的，都会宣称他们是通过大数据取得信息的。这里我们需要把这个概念再澄清一下。大数据名称的由来，最早是因为数据的“量”比较大，所以开始有了这个新的名词，那么每一笔客户交易是不是大数据？销售报表是不是大数据？严格讲这些都只能算传统的数据，算不上是大数据。

我们一般对大数据的定义是三个“V”——种类多（Variety）、速率快（Velocity）、数量大（Volume），企业的数据符合这三个条件才能称得上是大数据。

种类多。过去我们只有客户在门店的交易数据，随着互联网与电商兴起，我们多了电商交易的数据。同时因为我们需要观测的维度不同，又有了行为数据，这些行为数据包含了客户在网上浏览的数据（偏好数据）、放进购物车可是没完成交易的数据以及社交网络、论坛上消费者讨论的内容生成的数据，这些来自不同渠道的数据就产生了大数据的第一个特征——种类多。

速率快。过去门店交易数据通常是每天更新一次，例如，大型超市、门店的收银机在交易时首先将数据传到店内的服务器中储存，每天晚上再由服务器回传到总部的总服务器上，所以门店的销售数据、库存数据、订单数据都是前一天的，而现在随着网络技术的越发成熟，传输大量数据已经不是问题，再加上跨渠道资源整合的要求，销售数据能够做到实时更新，这就彰显了大数据的第二个特征——速率快。

数量大。过去的数据仅限于交易数据，所以明细交易数据都放在门店内，传输到总部的数据都是汇总的数据，企业可进行综合运用的数据量是非常小的。

当我们的传输速率、数据来源有保证后，所有的交易数据都可以直接回传到企业总部。除此之外，客户在网上的浏览行为，每一个点击都需要储存后才可进行数据分析并作为网站上商品陈列页面优化的数字化依据。试想，每一个用户在企业的电商平台上，查询各类产品信息产生的点击量少则数十个，多则上百个，假设每天用户访问人数 10 万人次，那么企业每天储存的用户访问轨迹数据量就可能达到数千万个，这就是大数据的第三个特征——数量大。

2. 什么是大数据平台

大数据平台是基于大数据的应用目的组建成的一套包含数据采集、数据传输、数据清洗、数据储存以及数据分析应用的综合体。数据采集包含通过物联网传感设备获得的数据（例如，穿戴式血压仪的测量数据、农田里的土壤湿度、酸碱度测量数据等）。数据传输则包含了远程的无线传输（例如，5G）以及区域内的网络传输（例如，局域网、蓝牙传输）、近场通信（Near Field Communication，NFC）等。数据清洗则包含对数据进行重新审查和校验的过程，目的在于删除重复信息、纠正存在的错误，并提供数据的一致性。数据储存包含数据源的数据采集，汇集到中央数据仓的储存以及经过数据清洗后的储存。数据分析应用则包含了一般的商业智能分析、数据挖掘、人工智能机器学习的数据提供等。

3. 数据储存系统

数据的储存又可以分为三大类型——数据仓库（Data Warehouse）、数据市集（Data Mart）、客户标签（Customers Tag）。

（1）数据仓库。如前所述，传统的应用系统都有各自的交易数据，且是分别独立储存的，这时就构成了企业信息的不一致问题，这些数据在跨部门时缺乏一致的口径，每个系统的信息内容独立存在，格式不同，无法互通，导致数据的汇总与分析的困难，我们称之为“信息孤岛”。为了解决这个问题，数据专家们提出了企业数据仓的概念。

数据仓事先对企业各种数据重新定义，使得跨系统的数据交换或是数据对比、相加、合并、扣除有共同的标准可循。建数据仓时按照事先定义好的数据格式，将数据从不同的交易系统导入，通过数据清洗或是二次运算，对数据进行标准化、格式化，再传入数据仓内储存。

（2）数据市集。数据市集是根据一部分特定用户群体的数据需求，将数据仓库的数据提取出来分别储存。数据仓与数据市集的差异，就如同在餐桌上大碗装的汤是同桌所有人共享的，你不能因为自己的饮食偏好，就在共享的大汤碗里面放辣椒，你也不能拿着自己的小汤匙直接在大碗里喝，你必须用公勺将汤盛到自己的碗里，然后再自己调味。

数据仓库就如同那一大汤碗，数据市集就是你自己面前装汤的小碗。任何用户是不允许进入数据仓这个“大汤碗”直接喝汤的，但是用户可以将数据仓里面的一部分数据复制到自己的“小汤碗”里，然后对这一部分数据内容进行格式转换或进行重新分类、加总、排序、合并、删除等，以满足自己的数据需求。

（3）数据标签。数据标签与前述的数据仓或数据市集是不同维度的概念。数据标签是一组组经过特定规则整理的数据，对分析对象进行属性分类。关于客户的数据标签，我们也称为“360° 客户画像”。这些数据基本上是数据仓库的一部分，也可以被某些部门复制到数据市集当中，那么数据标签是怎么来的呢？

数据仓中有许多数据内容是从原始交易记录转过来的数据，也有一些数据是经过“清洗、加工”形成的新数据，数据标签就是经过重新加工的数据。客户数据标签可用来区分客户的一些维度，例如，性别、年龄、所在城市、购买习惯、价格敏感度、活跃度、流失的可能性等。这些维度的数据通常不是直接在交易记录中呈现，而是经数据分析得出的，然后再由数据部门在每个客户的属性上添加标记，用来描绘每个客户的特性和分类归属，完成上述工作后，这些数据才可称为客户数据标签。

用户部门取得这些标签以后，就可以更快速地进行数据筛选或深度分析，例如，我们想要知道上海市徐汇区有多少 35~40 岁的男性客户上周到过门店三次以上，而且购买了特定商品。在没有数据标签的情况下，如果我们想了解这一部分客户的情况，首先需要从地址找出住在上海市徐汇区的客户，统计所有客户的年龄，从中筛选出 35~40 岁的男性客户，最后计算得出目标客户的到店次数，费时费力。而数据标签可以直接标定每个客户的年龄，甚至事先标定年龄区间，标签也包含了事先把地址转为所属商圈名称的功能，上月来店次数也可以事先计算好，直接用数字取代，通过这些事先加工过的数据标签，就可以很快筛选、计算得出答案，然后对目标客户采取特定营销活动。

4. 常用的客户数据标签

客户数据标签并非一成不变，往往因为行业或企业特色的不同而有所差异，即便是同一家企业，也要与时俱进，按照市场或是用途的不同，对数据标签进行增减。这里列举六个跨行业最常用的标签类型，这六大标签体系，除了品类需要调整以外，在零售行业、餐饮行业、服务行业、家电行业、家装饰品行业都可以使用。

（1）人口（Demographic）标签。包含客户的性别、年龄、工作、居住区域、收入水平等。这些身份信息在传统营销学上是建立客户区隔最重要的变量。在向一个客户推荐某产品时，事先知道对方性别、住在何处、收入水平等背景信息是非常重要的。

（2）生活方式（Life Style）标签。生活方式，是指客户个人在日常生活中表现出的价值观和规律。例如，客户是每天“两点一线”的上班族，还是经常跑夜店、上酒吧的“夜猫子”？客户对于财富的态度，是属于保守型还是激进型？这些信息对于营销推荐都非常重要。

（3）购买行为（Purchase Behavior）标签。这一标签指的是客户的消费行为习惯。客户喜欢线上还是线下购买？喜欢在周末消费还是在工作日消费？另外，我们还需要关注客户对价格的敏感度，如是否愿意进行充值消费，以预付换取折扣等，这些在购物时的行为表现或是偏好，都可以称为购买行为的标签。

（4）社交行为（Social Behavior）标签。社交行为标签就是追踪客户在社群当中的行为，我们需要知道哪些客户喜欢发表意见、喜欢分享，他们的影响力又能渗透到哪些外部网站，这种信息对企业策划推荐、裂变，寻找小规模社群意见领袖（Key Opinion Leader，KOL），发挥个人影响力非常重要。例如，你要在某个地区举办一个消费者见面会，这时找到那些有积极参与社交行为的客户，就更容易把现场氛围活跃起来。

（5）商品偏好（Products Preference）标签。我们需要了解客户对于企业的产品与服务的偏好，同时也需要了解不同类型的客户喜爱的不同类型产品，我们称之为产品与客户的关联性（Products to Customers）。客户需要分为不同的类型，以界定某一类型的客户群体喜欢什么样的产品以及消费场景，我们称之为客户与产品的关联性（Customers to Products）。另外，还有一种关系是产品与产品之间的关联性，我们将其称为 Products to Products，就是当一个客户购买了某一产品后，他可能会对其他哪些产品产生更强的购买倾向。上述这些客户数据标签，在许多互联网电商平台上都有体现，例如，亚马逊（Amazon）网站上的 Also Buy 或是国内购物网站上的“猜你喜欢”功能。

（6）RFM 标签。RFM 标签是客户关系管理（Customers Relationship Management，CRM）最重要的工具之一，R（Recency）表示最近一次的消费时间，F（Frequency）是指某客户在特定周期时间内的消费频率，M（Monetary）是指某一位客户每次消费的平均金额。我们一般用 1~3 或是 1~5 的“尺标”来衡量 R、F、M，以 1~3 的尺标为例，最好的是 3，最差的是 1，这样我们可以将所有客户切割为 3×3×3 的 27 个区隔，判断他们对于企业的价值以及需要对其关注的程度，例如，一名客户的 R–F–M 值为 3–3–3，就表示他是最高价值的客户（F×M=3×3），同时他还很活跃（R=3），如果 R–F–M 值是 1–3–3，就表示这群客户上一周期是企业的 VIP，但是最近有流失的迹象，这些人就是企业最需要关注的客户群体。

上述客户数据标签是企业进行客户管理的重要数字资产，我们将这些标签汇总，如图 21–1 所示。

5. 数据的应用

有一次我受邀到一家大型企业做分享，该公司领导很兴奋地拉着我到他们的“战情室”参观，迫不及待地向我展示他们的数据看板，该公司将各地区每天的交易数据用图形展示在会议室的一面大概有 10 米长的屏幕上，看起来甚是壮观，但我直接告诉他：“你们只是把纸面上的报表贴在了电脑屏幕上！”该公司领导很惊讶地看着我，接着我跟他说明了以下的数据应用模型，他恍然大悟，发现自己的企业对数据应用价值的了解还有很多不足之处。下面我们介绍一下典型的数据应用模型。

随着数字概念的不断演进，人们对于数据也有了更深刻的认识，美国旧金山大学教授比尔·施玛泽（Bill Schmarzo）提出了一个值得参考的框架——大数据商业模式阶段成熟指标，如图 21–2 所示。

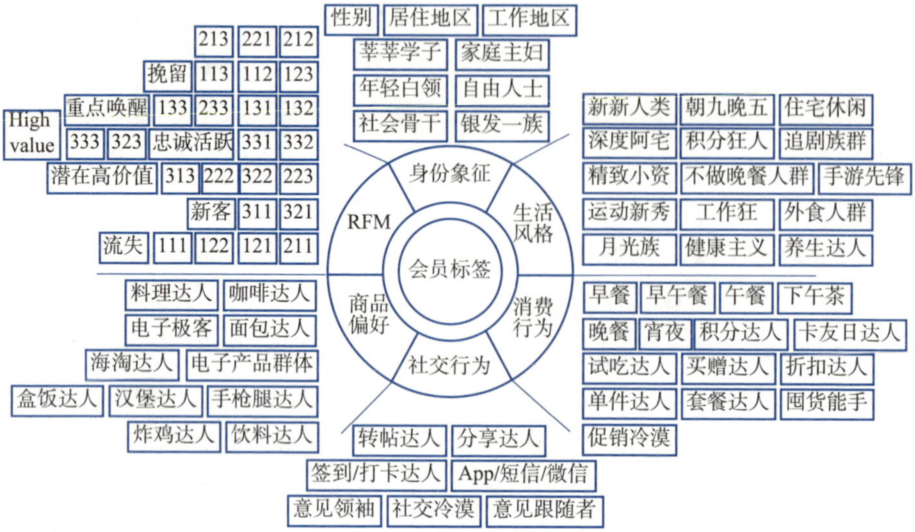

图 21-1　企业客户数据标签汇总

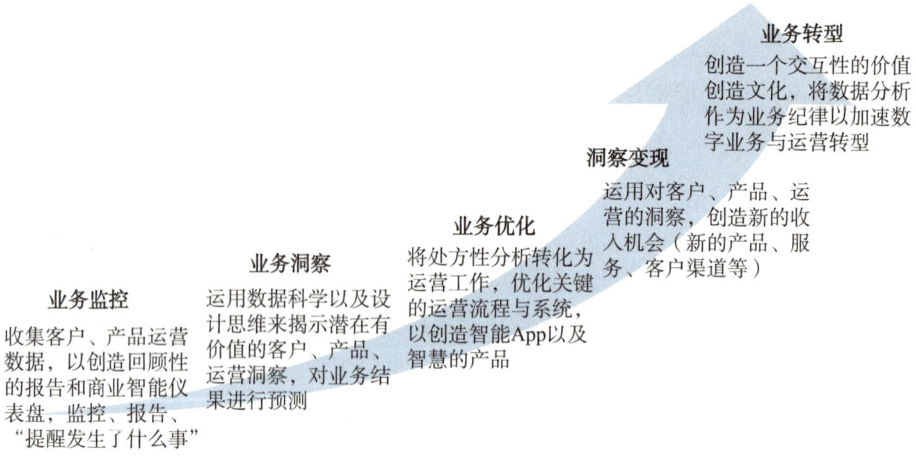

图 21-2　大数据商业模式阶段成熟指标

资料来源：比尔·施玛泽。

（1）第一阶段——业务监控（Business Monitoring）。其特点是用 BI 创造运营管理报表、商业智能仪表板，对于前期、行业或计划的对标评价（Benchmarking），以及关于品牌发展、客户满意度、产品绩效、财务绩效等指标（Index）的数据收集、汇总，进行业务监控。

（2）第二阶段——业务洞察（Business Insight）。这个阶段的特点是，将数据应用于揭示隐藏在组织内与跨组织间，对可激活的产品、客户、运营洞察，它涉及对客户、产品、运营未来趋势的预测，以及针对这些预测提出应对方案。使用的方法是数据的转换（Transformation）、丰富（Enrichment）、增强（Enhancement）、混合（Blending）。分析方法则是数据挖掘、预测性分析。从第一阶段跨越到第二阶段需要突破一个“分析断崖”（Analytic Chasm），“断崖”代表了这两阶段的做法有较大的差异，其中包含以下四方面主要的内容：

1）从 IT 心态转移到业务心态。

2）从汇总数据转到关注个人或个别设备的数据。

3）从表格式的内部数据移转到包含内部与外部的数据。

4）从批次处理移转到线上实时处理。

比尔·施玛泽提出这些主要差异的论点是，第一阶段仅仅是事后分析，了解发生了什么事，所以需要的数据是汇总性的；第二阶段则需要进一步深挖，所谓的“洞察”就是要能够发现隐藏的现象、趋势。特别是对于产品与客户的关注，需要更细致的数据“颗粒”，亦即到个体（Entity）而不是总体的数据。除此之外，在第二阶段更关注的是趋势、倾向，对市场、产品来说是趋势，对于个别客户来说就是倾向，例如，客户购买的可能性、客户流失的可能性。

（3）第三阶段——业务优化（Business Optimization）。它是基于机器学习（Machine Learning）生成的预测性、指示性分析，目的是达成运营绩效最优化。它是基于这些客户的互动产生的数据，做出“处方式”（Prescriptive）分析，并嵌入运营系统当中，达成自动的运营优化。

根据这个定义，第三阶段就不仅仅是发现问题或趋势，更需要立即采取行动，也就是要求企业必须持续地收集数据、掌握个体或群体的变化，并且快速反应，以获得最大的效益。例如，在这个阶段企业需要监控每一位客户的行为变化，一旦发现客户有流失的倾向，就需要立即采取行动进行挽留。要做到这一步，企业需要收集客户的每一次消费记录，并且将其近期行为与过去的消费历史进行比对，一旦发现这名客户有流失风险，就需要再根据他过去的购买偏好、价格敏感度等因素，自动发出挽回性营销活动，整个过程都应该是自动化的。

（4）第四阶段——洞察变现（Insight Monitization）。数据变现，不是卖数据，而是用数据创造新的收入机会，掌握市场、客户需求的变化趋势。企业应当考虑如何通过数据洞察，发现新客户、新产品、新市场、新消费模式。

例如，共享汽车企业可以通过分析客户的打车时间、距离等数据，精确测算出这些客户使用车辆的目的是上班，还是临时性外出，据此推出新的商业模式，如包月租车模式等，锁定这些常客，解决其上班高峰叫不到车的问题，从而提升这些常客的使用满意度。

（5）第五阶段——业务转型（Business Transformation）。创造一个交互性的价值创造文化，将数据分析作为业务纪律以加速数字业务与运营转型，为企业创造新的文化，不断地探索、创造、分享与再利用。利用企业的数字资产以及人力资源创造一个环境，利用企业的先进分析技术，例如，强化学习（Reinforcement Learning）、人工智能，提高一线员工的探索、学习能力，进而提升企业在争取客户以及运营方面的能力。

五阶段数据应用成熟模型特征如图 21-3 所示。

业务监控	业务洞察	业务优化	洞察变现	业务转型
历史性的报表以及商业智能仪表板，说明“发生了什么事”	所有的交易历史，“颗粒”达到个人层面	处方性分析	资产模型	利用数字资产重塑商业模式
以批次处理为原则	非结构化数据与结构化数据	预防性分析	分析性价值得分	改变雇用、管理以及升迁的模式
经过ELT等分段数据清洗	内部与外部数据	得分	倾向模型	改变衡量企业成功的KPI
商业智能（BI）	即时分析	自动化	变现为满足的市场需求	改变薪酬、分享制度
数据仓库	预测性分析	坚韧	开发新产品、服务、市场、渠道	创造持续学习与调整的文化
描述性统计	数字化因果关系	强化学习以及人工智能	新的消费模型	
	数字化类型以及隐藏在数据当中的关系	洞察结果结合运营，创造智能App以及智能产品		
	机器学习与深度学习			

图 21-3　五阶段数据应用成熟模型特征

6. 什么是孤立的分析（Orphaned Analytics），如何避免这个问题

在数据科学领域，有一个经常被讨论的名词叫作“孤立的分析”（Orphaned

Analytics），即一次性地为了处理一个特定业务问题所进行的分析，这种分析绝非不具备可重复操作性。根据美国旧金山大学比尔·施玛泽的研究，这种状况在具备成熟分析能力的企业更常见。组织缺乏一个“拱顶框架”（Overarching Framework），来确保分析结果以及组织的智慧资本能够在企业的各部分和各业务领域中使用。没有这种顶层分析架构，公司分析人员的工作就会陷入各自为政的局面，分析团队宝贵的时间和精力被投入应急性的工作当中，反而没有时间为企业进行更具战略价值的分析工作和动态掌握市场反应的工作，造成对分析能力和资源的浪费。

回想一下，有的企业是不是常常出现老板想了解一个市场状况，就交代数据部门去找资料、做分析，数据人员耗费大量时间和精力拿出结果，老板也只是一眼扫过，满足了好奇心，至于后续是不是要进行有规律的监控，也就没人管了，这就是典型的“孤立的分析”。

组织应当从单一使用、一次性使用的孤立的分析，转变为可组合、可重复使用、连续性学习的分析模式，来提高数据的经济价值。要做到这一点，关键在于构建正确的分析模块架构（Analytic Module Architecture），这种架构是可组合并重复使用、连续性学习的分析资产，是企业不断积累产生出的分析数据和分析工具，在这个架构当中，保留了多个分析模块，这些分析模块是基于一层技术抽象，经过优化的人工智能与机器学习组合成的，可以交付事先定义的业务或运营的结果，如图 21-4 所示。

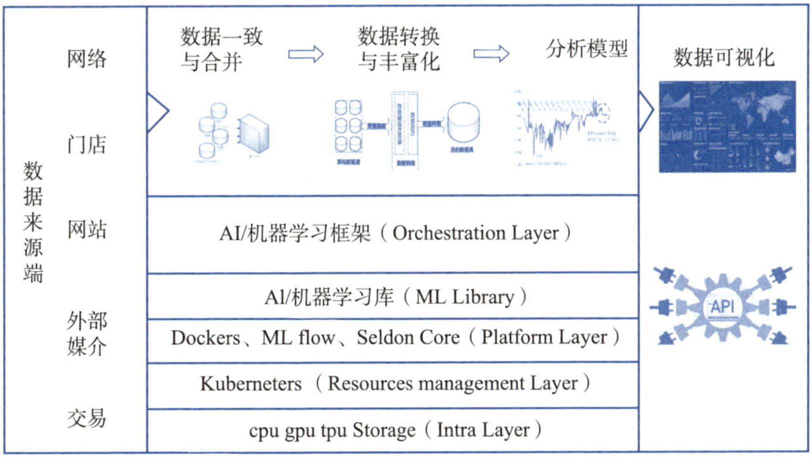

图 21-4　可组合、可重复使用的分析模块架构

7. 数据与模型的可重复使用与多用途化，为数据创造更高的使用价值

有了上述的分析模块架构部署，接下来是这些资源如何与业务端进行对接，支援更多的应用场景，扩大数据的利用价值。在数据科学领域，可以采取使用案例与分析轮廓法来提高数据利用价值，如图 21–5 所示。

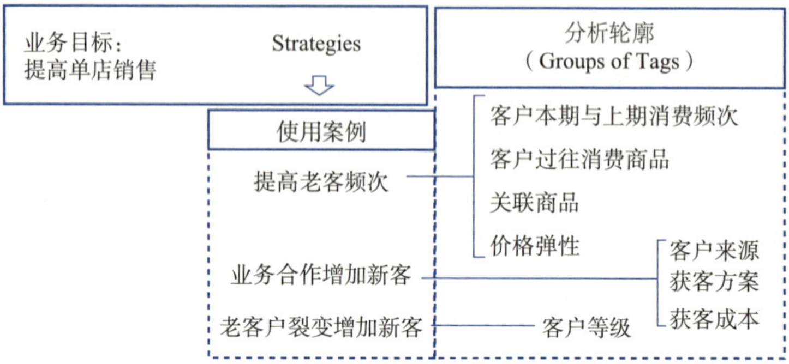

图 21–5　业务人员与数据科学家紧密结合

从图 21–5 的左端开始，我们首先需要定义出一项业务目标，如提高单店销售，这时我们可以提出几项能够完成这个任务的策略，在数据科学当中，我们称这些策略为不同的“使用案例”，例如，我们可以通过提升老客户消费频次、通过业务合作增加新客或是通过老客户裂变增加新客三种途径来增加单店销售，而每一种途径都需要一些数据支持，例如，提升老客户频次，我们首先需要比对客户本期与上期消费频次，这样可以帮助我们锁定需要提升的客户名单，接着我们需要了解这些客户的过往消费商品，还有没有客户可能会一并购买其他相关的商品，最后我们还需要考虑这些客户对产品需求的价格弹性，才能够更精准地得出应该给予的价格折扣。这些用来支持不同使用案例的数据集合，我们称之为“分析轮廓”。从这个模式我们可以看出，构思策略是业务人员的事，而收集数据、分析、提供洞察则是数据科学家的事。经过“策略—使用案例—分析轮廓”的梳理，企业的业务部门与数据部门就可以紧密结合。更重要的是，数据人员也可以通过一段时间的协作，建立起一个可重新组合、重复使用的分析轮廓，如图 21–6 所示。

图 21–6 左边一栏是分析轮廓的组合，右边则是使用案例组合，使用分析轮廓当中的数据（例如，客户需求弹性、过往消费频次等），就可以同时用来支持多个使用案例（例如，客户需求弹性，可以被提高老客户频次、客户挽留、

新品推荐三个案例使用，从而避免出现“孤立的分析”）。

分析轮廓	使用案例						
	提高老客户频次	DB“拉新”	裂变“拉新”	客户挽留	客户提醒	客户问候	新品推荐
客户需求弹性	√			√			√
客户过往消费频次	√		√	√	√		√
客户本期消费频次	√			√			
客户过往消费产品	√			√			
客户最近一次消费时间	√			√			√
客户来源		√					
获客活动		√					
获客成本		√	√				
复购频次		√					√
客户等级			√		√		√
客户未使用券码或权益					√		√
客户生日						√	
客户对价格取向	√		√	√	√		√
客户年龄	√			√		√	√
客户性别	√					√	√
客户地区	√			√		√	√
客户品类偏好	√			√		√	√

图 21-6　分析轮廓与使用案例的关系

通过上述方式，我们将应用场景（某种对策下的使用案例）与数据模型的积累结果（分析轮廓）相结合。企业可以不断地积累数据模型，供更多的部门或是场景使用，使得这些数据模型的价值最大化。再往前一步，就是将这些使用案例设置成定期或是实时执行的自动化数据分析模型，无须等数据分析人员手工分析，就会在适当的时间产生分析结果，并且根据事先定义好的规则采取对客户、市场的行动，我们称这个过程为数据模型运营化（Operationalize），例如，我们每周、每月定期对客户流失进行分析，一旦发现某些客户有流失倾向，就会按照事先定义的规则对这些客户自动发起个性化的营销活动。

二、人工智能的特点与行业应用

企业数字化战略的推广，还有一个不可或缺的机制支持就是最近成为科技发展主流之一的人工智能。人工智能是极为专业的领域，并不是个别中小企业能够独立发展的，企业应该如何看待、推广人工智能呢？我们可以按照腾讯公司对人工智能的分类，评估自身能力决定如何参与。按照腾讯公司的框架，人工智能可以分为——基础层、算法层、技术层以及行业应用层四个层级，如图 21-7 所示。

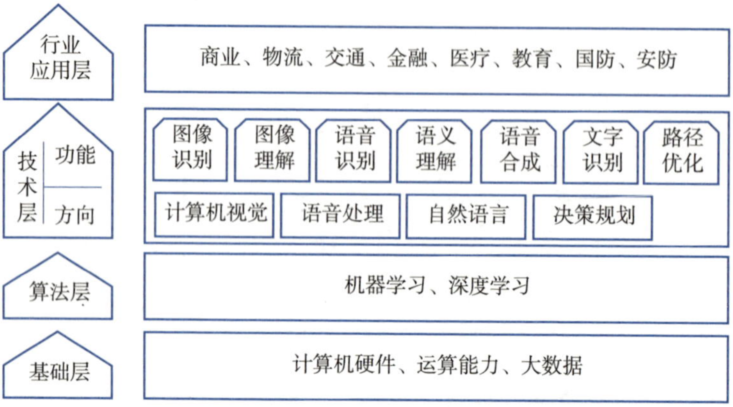

图 21-7　人工智能的四个层级分类

1. 基础层

人工智能其实不是一个新的名词，英国科学家图灵对人工智能的定义是："当人工智能与人类进行交互时，在相当一段时间内，人类一方无法察觉到对方是机器而不是人类，那么机器就达到了人工智能的标准。"20 世纪 60 年代科学家们就开始关注、讨论人工智能，新一代人工智能的突破要归功于"A，B，C"三个因素：A 是算法（Algorithm），B 是大数据（Big Data），C 是计算能力（Computing Power）。这就是图 21-7 中所示的基础层，新一代人工智能具备机器自主学习能力，就是通过大量的数据输入，让机器逐渐积累出判别一种现象的经验，例如，要判别出一张照片里是什么商品，我们需要将这个商品从不同角度拍摄的大量照片传给计算机，然后计算机才有办法逐步积累经验并进行判断，这种技术就产生了人工智能的影像辨识。

2. 算法层

算法层是人工智能的核心，也是新一代人工智能技术突破的关键，我们统称为机器学习，机器学习的方法有很多，简单来说，其中最新的研究领域是"深度学习"，就是通过大量数据让机器进行学习，然后使用算法，例如，神经网络算法，找出事物的特征值，对事物的属性进行判别。

3. 技术层

人工智能的技术层主要是说明人工智能主要技术类型，我们大致可以归纳出计算机视觉、语音处理、自然语言、决策规划四大类。

（1）计算机视觉（看）。就是通过物件的影像，取得特征值，作为区分、判别的标准。例如，我们在高铁站的入口，就是以个人身份证影像获取个人身份证号，比对购票系统中的乘车人姓名，通过现场的摄像机取得旅客的影像，再和国家个人身份系统中的影像对比，确定进场的旅客是本人而且已购买了车票。

（2）语音处理（听）。指的是人工智能的听觉能力，它通过声纹的特征值进行判别，对听到的声音进行解读，甚至解读对方说什么。例如，科大讯飞就是这方面的领先者，它能够听取会议各方的语音，直接产生会议记录。这时它做到的只是将语音转为文字，更进一步的语音处理需要借助文字拆分功能，判断哪几个字属于一个词或是一句话，然后判断对方的语义。例如，我们在手机上使用语音开启某个 App 或是点播音乐，这时需要将语音与数据库当中的歌曲名称进行匹配，然后启动播放。

（3）自然语言（说）。让机器产生语音，如同真人在说话。这时采用的技术是将每个字录制成一个声音或采用人工合成语音，自然语音是最早被大量应用的人工智能，例如，各类客服中心的语音服务、各类有声书的批量制作等。

（4）决策规划（思考）。上述三种人工智能，都是机器与人交互时需要的能力，决策规划则涉及运算的逻辑，例如，GPS 导航的路径选择就是典型的决策规划，它首先要解决出发地与目的地之间有多少个节点，每个节点上的选择有哪些，再加入选择条件限制，例如，是否选择全程高速、避免堵车等条件，最后规划出一条符合条件的路径。自动驾驶则是更复杂的应用，首先通过智能影像视觉了解车子周边的状况，并且通过 GPS 定位汽车所在地点，综合判断车子遇到什么状况，可以采取什么行动。企业的物流路径、装载计划，大量应用了这种技术。智能决策规划也可以应用到更复杂的数据分析领域，例如，银行的信用卡部门，通过大量交易或往来记录，判断个别客户是否有潜在坏账风险，然后对这些个别客户的信用额度进行调整，以降低坏账风险。

4. 行业应用层

上述关于人工智能的三个层级，基本上都是研究人工智能的科技企业需要努力钻研的范畴，它们投身于影像辨识、语音辨识、语音合成、决策分析的各个领域，开发出不同的技术基础模块，并提供这些模块的界面程序（API），接着再由一些应用开发的技术型企业，通过这些 API 建立一般企业可以使用的人工智能系统。例如，商业上的智能仓储管理、智能物流运输、购物中心的来客流量与路径分析、门店内的人脸辨识、安防监测、门店销售管理上的无人结账、餐厅里的送餐机器人等，中国具有庞大的软件开发资源，以这些行业分工的发展速度，我们可以预见人工智能未来将渗透人们生活的方方面面。

三、物联网的应用场景及价值

IoT 技术并不是一项全新的技术，其与两项关键技术的发展高度相关：①传感器，②数据分析与应用。IoT 技术最早应用于工厂的生产过程管理以及对农林渔牧业的环境变化监测，因为这些地方都不适合人工长期值守。例如，在钢铁厂，炼钢需要精准的温度控制，而在这种极高温的环境中，不可能由人进场采集温度数据，所以设置传感器来读取温度变化，将这些数据通过网络传输到控制中心，再由控制中心描绘出车间的温度变化图，就可以对潜在风险进行预警。

农、林、渔、牧等行业的作业环境，虽然不是钢铁厂那样的高温高风险环境，但是很多场所需要监测的范围很大，数据采集频率较高，例如，农业大棚的温度变化以及土壤中所含有的水分、养分的监测等，在大量种植的情况下，我们不太可能每隔几小时就到每个大棚内测温或是每隔几天就到田里去检查土壤养分，这时传感器就可以稳定地按照我们预先设定的时间节点取样，并传回数据中心。

过去这些技术大多应用在农业、渔业以及生产过程控制中，所以一般人感觉不到 IoT 的存在，但是随着移动互联网技术的发展和应用，IoT 的应用开始走进人们的日常生活，例如，穿戴设备可以随时测量人的血压、心率、血氧数据，并传回医疗单位，医生可以不间断地掌握患者的基本生理信息，采取预防性措施，也可以在病患发生危险时立即采取行动。在零售环境，亚马逊通过 RFID 芯片直接将商品移动的信息传送到服务器，作为结账的依据。

IoT 技术能够 24 小时监测、回传数据，让我们避免危险，降低人力需求，并且能立即采取行动，未来的应用潜力很大。

四、移动互联网技术是如何改变消费趋势的?

移动互联网的信息传达的精准性、及时性以及社会性与企业的数字化转型战略密切相关。

1. 精准性

在没有移动互联网的时代，是没有所谓精准营销的，过去我们讲究的是用大数据来锁定特定目标客户进行营销。我们发送信息给在数据库中具有特定标签的消费者，希望能够精准地抓住他们的需求。过去，当企业推出一个新品时，我们可以从数据中判断出新品的消费与哪一个现有产品是相关的，并针对特定客群发送推广信息。例如，当企业推出一个时尚腕表时，就可以通过大数据寻找过去有时尚配饰消费经历的消费者。新推出品牌啤酒时，就可以寻找那些经常消费品牌啤酒的消费者。但在今天的移动互联环境下，过去依靠大数据的营销逻辑就不合时宜了，企业对营销精准度的要求更高了，因为在营销上我们产生了一个新的概念——场景，场景概念彻底改变了我们的营销法则。因为在移动环境下，我们可以精准追踪客户的行为轨迹，我们会知道这名客户目前在哪里、和谁在一起，这时的需求就要讲求场景化了。例如，上面讲的啤酒销售，对于过去经常买啤酒的客户而言，我们会推荐新口味的啤酒，但是有了移动侦测，我们就知道这名客户早上 10 点到达某个写字楼附近，这时可能要推送的就不是啤酒，而是某个品牌咖啡的优惠券了。移动环境下的精准意味着“客户标签 + 移动轨迹”，所以在构建营销体系时我们需要考虑移动侦测技术，以清楚地掌握客户的动态。

2. 及时性

及时性比精准性的要求更高，它不仅考虑场景，更需要抓住瞬间的营销机会。例如，我们前面讨论过的地理征地或是地理围栏，就是当客户进入特定区域时，及时采取行动。对地理征地而言，当客户进入对手门店的一定范围内时，就需要及时采取行动，否则等客户已经进入对手的门店，营销机会就消失了。又如，当我们设计多渠道覆盖的营销机制时，发动营销的时机点就非常重要。在便利店的应用中，过去我们利用大数据营销找出最可能购买盒饭的潜在客户，向他们发放促销优惠。在移动互联环境中，这些优惠券发出的时间就变得非常重要。例如，午餐推广优惠券如果在上午 10 点多发出，那么其转化率就会显著地高于早上 8 点或是中午 12 点发出的午餐推广优惠券。

3. 社会性

社会性讲的是影响消费者的信息来源发生了改变，过去消费者相信媒体广告，在传统互联网时代，消费者养成了相信网上评论的习惯，但是在后互联网时代，大部分的人都养成实时在线的习惯，因此当我们遇到问题，更习惯于直接在朋友圈里求助，社交媒体就成了最可靠的信息来源。另外，社会性可以解释为一群人在同一时间的需求，例如，一群老年人正在聚会，那么此时在朋友圈推送保健品可能是最有效的，所以我们需要找出不同群体的朋友圈或是社交媒体进行推广。社会性也改变了营销范式，由过去广告、短信的营销方式转变为利用朋友圈，让消费者来转发，推荐产品。

本章总结

本章延续第二十章的内容，说明了数字技术、物联网、移动互联网是如何改变现代企业的商业应用的。

我们将数字技术区分为两个层面：①数据的储存，②数据的应用。数据储存包含了大数据仓、数据市集、数据标签。我们也列举了一个适合多种行业的数据标签体系，企业家们可以用这六个维度的标签作为基础发展企业的数据标签。物联网技术属于前端收集信息工具与后端数据呈现，适合在具有一定危险性的环境中收集数据。移动互联网则在营销上改变了我们过去数据营销的假设，在后互联网时代，同样一名客户，可能因为所处场景的不同，而有不同的需求，而移动互联技术可以让企业拥有实时满足客户需求的能力。

课后思考

本章图 21-2 提出大数据商业模式在各个阶段的成熟指标，请想一想，贵公司当前对数据的运用在哪一个层次？是否有机会提升数据运用的高度，让数据产生更大的商业价值？

第6篇

实战层

——企业如何有效实施数字化转型

06

第 22 章

企业实施数字化转型战略常见误区

Enterprise
Digital
Transformation

22

一、数字化转时企业内部各类常见问题

为了深入了解企业实施数字化转型战略时会遇上哪些问题，我们选择了 11 家企业，对 CEO 以及相关高层主管展开深度访谈。其中年营收在 20 亿元以内的企业，归类为中小型企业；年营收在 20 亿 ~100 亿元的企业，归类为中型企业；年营收在 100 亿 ~1000 亿元的企业，归类为大型企业，我们总结了企业数字转型时面临的十大问题，如表 22–1 所示。

我们将这些问题划分为战略、组织管理、文化与个人等三大层级，分别说明如下：

1. 战略层级的问题

该层级又可细分为缺乏战略共识、缺乏整体计划与项目管理机制、缺乏领军人物等三个问题。

（1）缺乏战略共识。首先，决策团队是否都有危机感。很多企业的主管认为，我们现在还活得下去，并没有感觉到短期内会有重大威胁，所以不认为此时必须做出重大转变。其次，决策团队对于数字化转型觉得确实有必要，但是对于发展方向的认知不一致，即他们对于企业到底在哪些方面受到更严峻的挑战，以及造成问题的原因认知不同，所以思考的对策方向也不尽相同。

（2）缺乏整体计划与项目管理机制。许多企业的决策团队即使在必要性以及总体方向上已经达成共识，但还是缺乏整体计划，团队对于数字技术能够做什么，以及应该怎么做和做事情的优先次序不具备判断能力。

（3）缺乏领军人物。缺乏领军人物是大多数传统企业在进行数字化转型时面临的主要挑战，因为数字化战略涉及对企业生态环境与业务运营模式的了解、洞察与技术应用的专业能力，同时还需要对新技术发展有一定了解，而大多数传统企业的管理团队都是过去多年跟随企业一起成长的资深主管，他们对于现有的工作十分熟悉，但是普遍缺乏把握业务创新与技术应用机会的综合能力。所以很难找出一个具备承担整个项目能力，又能够获得董事会信任的人物。

表 22-1　推进数字转型项目的主要障碍与问题

类型	具体问题	大型家电	大型连锁超市	大型快消、零售多业态连锁集团	大型汽车服务连锁	大型连锁食品零售	中大型电话直销	中大型连锁烘焙行业	中型汽车连锁服务	中型汽配公司	中型养生旅游	新创有机农业	问题出现频次
战略层级	1. 缺乏战略共识	1			1		1	1			1		5
	2. 缺乏整体计划与项目管理机制	1	1		1		1	1			1		6
	3. 缺乏领军人物	1	1		1			1	1		1	1	7
组织管理层级	4. 未获得充分授权	1		1	1		1	1	1		1		7
	5. 团队的经验能力不相匹配	1				1	1	1	1	1	1	1	8
	6. 其他部门不配合	1	1	1	1		1	1					6
	7. 缺乏适当的激励	1	1	1	1	1	1	1		1	1	1	10
文化与个人层级	8. 公司缺乏进取文化				1		1	1	1				4
	9. 新旧商业模式不协调	1	1	1	1	1	1	1			1		8
	10. 个人利益冲突	1		1			1	1					4
合计问题数量		9	5	5	8	3	9	10	4	2	7	3	65

2. 组织管理层级的问题

组织管理层级的问题又可以分为未获得充分授权、团队的经验能力不相匹配、缺乏跨部门之间的协调与资源整合的有效机制、缺乏适当的激励等四个问题。

（1）未获得充分授权。未获得充分授权有两个主要原因：一是领军人物的层级不够，其必须通过层层审批后，才能获得资源，取得跨部门的协助或某项工作的推进；二是领军人物是从公司外面挖过来的新人，公司高层对这些新进高层主管并没有太多的共事经验，所以要求这些新人在推进某个方案时，必须得到公司高层的首肯，特别是在动用预算时必须提出详尽的说明。但新的商业模式经常是采取试错法（Trial and Error Method），很难在事前精准地预估结果。

（2）团队的经验能力不相匹配。团队经验能力不相匹配的主要原因是，公司在不确定新的转型项目可能带来的结果时，不愿意投入太多的资源或让新人负责，所以许多工作找了公司内部的老员工来负责。公司高层把这种人事安排当成是老员工在企业内谋求新发展的机会。这时即使引进了经验丰富的领军人物，但是因其手下都是外行，常常造成执行绩效不彰。

（3）缺乏跨部门之间的协调与资源整合的有效机制。缺乏资源整合机制应该是最常见的问题之一，新团队很难获得掌握资源的现有团队人员的充分支持，表面的理由可能是新做法不符合公司规定或是没有时间，但基于我们为企业提供咨询的经验来看，更多的问题其实是原有团队人员造成的，原有团队人员对于新项目可能带给他们的影响感到极度不安，所以处处设防。这个问题也是数字化转型经常会出现的问题，如果能够从机制面解决这类问题，数字化转型将更容易进行下去。

（4）缺乏适当的激励。这是许多企业在实施数字化转型时容易忽略的事情，我们认为问题的根源在于对于人性的错误判断。数字化转型项目涉及企业未来策略的重大调整，本身就具有一定的失败风险，而且一般这种项目的时间跨度较长，绩效不是短时间能体现出来的。如此，成功了没有奖赏，失败了要担责任，试想还有多少人愿意赌上自己在企业中的前途，冒险搞新事业，所以对于负责执行转型项目的领头人以及核心团队，我们应该考虑如何提供更有效的激励，并对相关的工作成果予以肯定。毕竟员工认为公司是老板的，要让其卖力，当然需要一个理由！

3. 文化与个人层级的问题

这一问题包含公司缺乏进取文化、新旧商业模式不协调、个人利益冲突等三个维度。

（1）公司缺乏进取文化。这里所说的进取文化，常见的有两种情况：第一种是对于新项目目标设定的态度，第二种是企业求变的文化。在咨询项目中，我们发现许多企业的中层主管，除了能够完成本职工作以外，还与老板就业绩目标进行谈判。这种态度是企业长久以来不当地实施 KPI 所培养出来的保守企业文化，例如，每年的业绩以增长 3%~5% 为目标，绝不多干。绝大多数中层主管最关心的是薪资，他们不愿意对具有风险的挑战性目标做出承诺，而数字化转型常常需要快速行动、高度配合，企业这种保守的文化给数字化转型带来了极大的障碍。

（2）新旧商业模式不协调。数字化转型，基本上就是要改变企业当前的商业模式或运营模式，基于稳妥原则，企业一般会采取新旧并行的变革措施，也就是说，既有的商业模式或运营流程仍作为企业当前的基础，而数字化转型则是探索性或试验性的项目，任何新项目都需要时间的孵化，因此在短时间内，新项目的规模必然远低于现有的商业运营基本模式。这时资源分配的优先次序，一定是优先满足现有的业务，之后才考虑新业务的需求。特别是新项目团队与现有项目团队同时出现时，也经常会感觉到这种企业内部对新旧部门重视程度的不同。在我们提供咨询服务的项目中，我们发现新的、具有一定风险性的项目在财务与资源分配上经常会被要求与现有运营模式一致，许多企业对个别项目投入，无论新旧都是采取财务上的投资报酬率作为评估标准，一个成熟运营部门的改善性投资可以立即产生回报，但是对于一个新业务项目，则需要一定的时间来孵化。采取统一的财务标准，对新项目的存活会产生巨大挑战。正如颠覆式创新之父——哈佛大学克里斯坦森教授提出的概念，传统的财务衡量模式正是摧毁创新项目的主要原因，所以企业在考虑投资创新项目时，千万不要把这个项目与其他渐进式改善投资项目放在同一个投资回报率的标准上进行评估，同时创新项目的项目管理、预算管理方法也不应该和传统模式一样，对此我们会在后面章节进一步讨论。

（3）个人利益冲突。个人利益冲突也是引起新旧业务冲突的核心问题之一。我可以用在一家大型跨国超市负责新的互联网电商项目的个人经验为例来说明。当时，负责所有门店运营的是一名英国籍的资深副总裁，其持反对企业引进互联网模式的态度，他认为一旦互联网业绩起来后，势必会削弱门店运营部门的话语权，因此在工作上一直不愿意配合。但突然有一天，这位英国“绅士”主动来找我，他说：“你不是一直希望我们划出几个门店作为电商业务的发货平台吗？我带你到杭州二店（5000 平方米的门店）去看看，评估一下这家门店是否能作为你在华东的发货中心。”一开始我还以为他终于想通了，愿意帮助我们这个新的小部门，于是和他一起到了杭州这家门店，他领着我看了整个门店以及仓库，然后问我是否觉得这家门店适合作为电商业务的发货中心。回到上海后我问了他们部门中的其他同事才得知，原来是因为这家店接到市政府通知，门店入口附近很快将有为期一年的地铁修建项目，道路会变得很窄，客户进出将很困难，所以他想把这块“烫手山芋”转移给新的电商事业部来承接。试想这么大的负债如果我们承接了，不就宣告电商业务将需要更长的时间才能达成获利目标吗？这种总以为新的商业模式转型项目会影响现有部门利益的认知，在我所参与的咨询项目中屡见不鲜，根据我的经验，这可能是制约数字化转型最大、最常见的问题。

4. 不同规模企业，数字化转型的问题类型不尽相同

在这 11 家受访企业当中，包含了 5 家大型企业，以及 5 家中型企业以及 1 家小型企业。对此，我们只针对大型与中型企业来比较问题的类型。我们发现因为规模不同，这 10 个问题发生的情形不同，不同规模企业的转型问题类型比较见表 22–2，在这里我们只做定性分析。

表 22–2　不同规模企业的转型问题类型比较

类型	问题	大型企业 N=5	中型企业 N=5
战略层级	1. 缺乏战略共识	2	3
	2. 缺乏整体计划	3	3
	3. 缺乏适当领军人物	3	3

续表

类型	问题	大型企业 N=5	中型企业 N=5
组织管理层级	4. 未获得充分授权	3	4
	5. 团队的经验能力不相匹配	2	5
	6. 缺乏跨部门之间的协调	4	2
	7. 缺乏适当的激励	5	4
文化与个人层级	8. 公司缺乏进取文化	1	3
	9. 新旧商业模式不协调	5	3
	10. 个人利益冲突	2	2

我们发现战略层级的三个问题（战略共识、整体计划、领军人物）基本上发生的概率没有太大差异。而组织管理层级问题的发生概率在不同规模的企业中呈现出比较显著的差异，其中未获得充分授权与团队经验能力不匹配，在中型企业较为普遍，可能是因为规模较小，原本的管理制度还未走上正轨，人力资源也比较薄弱。而在组织管理上，大型企业有更明显的跨部门协调问题，这个现象应该是很直观的。而对于创新项目团队缺乏激励，则是在两种规模企业中普遍存在的问题。在文化与个人层级，新旧商业模式不协调则是大型企业最突出的问题，这个结果很恰当地反映出大企业对传统模式有着更深的执着，改变起来较为困难。

二、企业推行数字化转型的自我诊断工具

处理好上述 10 个问题对企业的数字化转型极为关键，基于这些发现，我们推出了一个很有用的评估工具。在许多咨询项目启动之前，我们都会用这个工具对企业进行逐项审核与评分，得出结果后再与企业高层进行沟通，让企业高层了解其企业在转型时最可能出现的问题，以及如何最大限度地避免这些问题。企业家不妨也让你的团队针对这 10 个问题做一番自我评估，每个问题可以用“1~10”作为评分标准，“1”表示有严重问题，“10”表示基本上没有问题，评测一下你的企业实施数字化转型遇到的挑战或问题。逐项评估可能产生如图

22–1 所示的结果，企业需要关注得分在 5 分以下的项目。

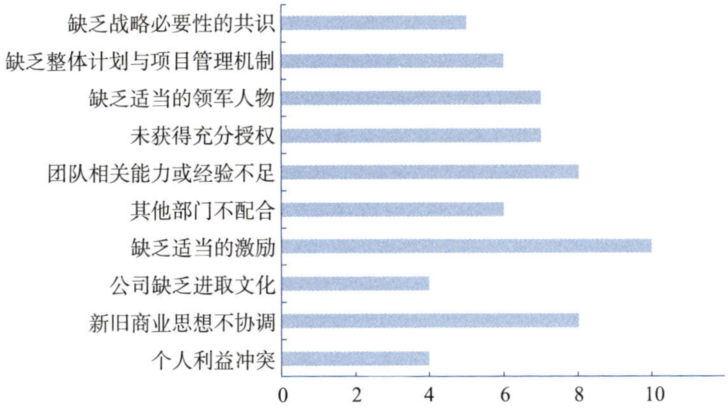

图 22–1　评估企业数字化转型的主要挑战因素

掌握了这些关键因素，事先进行客观评估，并且做好预防和补救预案，将非常有助于项目的顺利实施。在接下来的章节中，我们将针对这些常见的问题进一步提出解决之道。

本章总结

作为数字化转型实践篇的开端，本章我们首先介绍了针对多家企业的深度观察、访谈，发现了 10 个主要问题，据此发展出了企业家在推进数字化转型工作前，对企业现况的自我诊断工具。这个诊断结果是极为重要的，因为它可以帮助企业家事前聚焦那些最容易发生的关键问题，尽早排除障碍，为企业数字化转型顺利推进做好铺垫，这 10 个问题也构成整个实践篇的核心内容。

课后思考

本章提出了我们对 10 余家企业数字化过程中遭遇的 10 项主要挑战，请读者们自行评估，贵公司是否存在这 10 种状况中的某一种，如果有，想一想该如何解决？

第 23 章

如何启动企业数字化转型项目

Enterprise
Digital
Transformation

23

数字化转型是一项复杂、全面的工作，它涉及企业不同组织层级、不同组织职能，甚至是企业顶层商业架构的调整，正如前面的访谈结果表明的，首先要解决的问题是：①如何让团队取得对战略转型的共识；②如何构建一个团队认同的转型方向与整体计划；③如何设定各个子项目的优先次序，并且选择一个项目作为切入点。

一、如何取得团队对战略转型的共识

战略方向缺乏共识，是指企业的高层团队对于数字化战略有不同的意见，一般有以下三种状况：第一种状况是企业管理层的成员觉得企业还未遇到生存危机，还没有必要进行自我革新；第二种状况是管理层的成员感觉到企业已经面临严峻的市场竞争压力，需要做出改变，但是团队缺乏这方面的经验，不知如何下手，且团队成员各持己见，很难达成一致；第三种状况基于个人因素，担心个人利益、权力落空或是个人缺乏动力，而消极地拒绝做出改变。

遇到这些状况，作为企业领军人物的企业家该怎么办呢？笔者建议可以采取三个步骤解决这些问题。

1. 数字化转型培训

请外部顾问对团队进行数字化转型的培训，让团队了解大环境的发展趋势、消费者行为的转变，再参考其他企业的做法，使团队产生危机感，感知到转型的必要性。

2. 战略研讨会

针对转型的方向组织战略会议。战略会议建议由外部专家带领，专家最好事先对企业的行业特性与组织内部氛围有一定的了解，然后用开放式的讨论，让高层管理团队全员参与。

开放式讨论一般分为三个阶段：

（1）讨论产业趋势、竞争态势以及客户需求的可能变化。让团队先针对这些外部议题讨论，并且反思一个最根本的问题——面向未来，企业对客户的价值提议到底是什么，企业应该做出哪些转变，或增加哪些产品与服务。

（2）讨论当前业务上有哪些痛点。首先，讨论痛点应该站在客户的角度，看看客户跟公司打交道时，有哪些不满或是不便之处。其次，讨论内部团队在执行业务流程上，有哪些地方会让客户不满，浪费了人力、物力。

（3）讨论解决方案。如果要满足这些需求、解决这些痛点，企业应该具备哪些能力或是哪些业务流程应进行调整。在这个阶段只需要在大方向上进行讨论，不需要进入具体流程细节的讨论。

为了达成共识，避免“一言堂”或主管团队只是表面同意转型，实际上还是不认可，需要在讨论过程中提醒企业的最高负责人不要太早提出结论性的意见。笔者建议根据企业文化，决定最高层主管的参与方式。如果企业原来就是独裁型组织，最高主管又无法抑制住自己在会议上的强力主导行为，这一类最高主管最好暂时回避讨论，事后再聆听结果、表达意见。如果企业本身有着比较开放、民主的氛围，这时最高主管可以较早参与，但是在讨论过程中，最高主管的发言权必须与参加会议的其他人平等，讨论也应该是开放式的。

3. 观点归纳法

这种方法可以避免最高主管在会议中独裁，并且能够快速凝聚共识，我们在许多战略会议中可以使用这个方法，它能让团队在具有建设性的氛围中讨论，具体操作方法如下：

（1）个人先写出建议。针对每个议题，由参与会议的每个人事先将自己的每一项建议分别写在一张贴纸上（一个意见写在一张小贴纸上），如此针对某一个问题，参与会议的每一个人可能就有几条建议。例如，针对如何提升客户价值，一个参会人员可能会提出三种建议，那么每一种建议就可以写一张贴纸，一共写三张贴纸。

（2）个人表述观点。当所有人都在贴纸上写好自己的建议以后，再让所有参会人员上台阐述其观点，发言完毕后，每个人将自己的贴纸分别贴在白板上。接下来，每个参加会议的成员都照此方法轮流上台向大家阐述自己的观点，并把写有他们建议的贴纸贴在白板上。

（3）观点的聚合。接下来由会议主持人（特别注意，这个主持人只负责协助讨论，维持秩序，不能表达自己的意见，所以最好是外部顾问）将大家的贴纸进行分类、汇总，当两张贴纸上的建议相似时，他需要征求与会人员的意见，进一步明确建议的内涵，以确认提出建议的成员是否同意把类似的意见归为一类。

（4）意见逐条命名。经过这样的讨论，可以很快降低不同建议的分歧程度，使团队成员的建议汇拢、聚合，接着再给每个聚合建议起个名称，将其他写有相似建议的贴纸贴在这个名称的后面，就是一个我们实际执行这种“观点归纳法”讨论所产出的结果。其中某个聚合建议名称下的“贴纸数”越多，就表示赞同这一建议的人越多。这样就能够通过这种开放性的讨论过程，快速让团队达成共识。（见图 23-1）

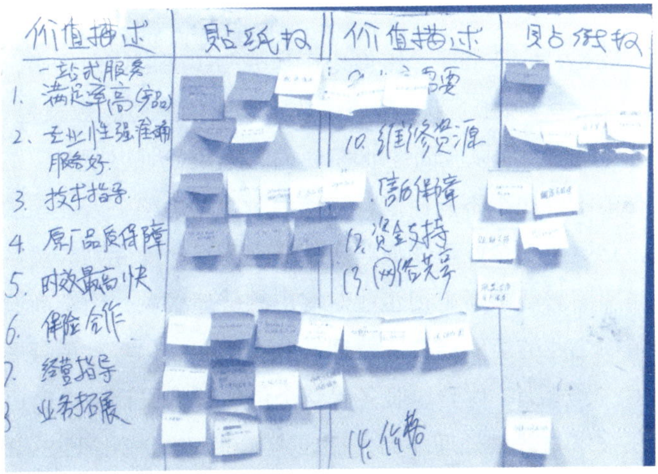

图 23-1　参与式讨论模式——“观点归纳法”

二、如何制订更完善的整体转型计划

在访谈过程中，我们发现许多企业在进行数字化转型时缺乏整体规划，而且问题都出在个人看问题的局限性上，更多企业只是对同行进行模仿，殊不知每家企业所处的背景各不相同，面临各自的特殊问题，所以其他同行能做或是该做的事，不代表你的企业就能够照搬。

怎样才能做出一个较完整的数字化转型计划，我们认为应该着重考虑计划的前瞻性以及全面性。

1. 前瞻性

数字化转型不是单纯的技术引进，它涉及企业未来几年战略方向的思考，所以我们必须注意，数字化转型一定要具有前瞻性。我们如果根据旧的商业环境、旧的商业思维、旧的商业模式、旧的技术进行投资，那么这些投入在未来的一两年中，很可能因为不符合市场的需求而必须再次做出改变，如此就形成了浪费。所以在规划时，一定要着眼未来几年大环境与行业的发展趋势，再考虑不同阶段的需求。这种前瞻性（战略层的前瞻性是指业务模式的思考，运营层的前瞻性则是指技术方案的前瞻性）的考量，从战略层到执行层，都是非常必要的。

2. 全面性

全面性讲的是从企业的多个维度来审视战略转型应该做的事，整个企业的价值链环环相扣，单纯的局部业务流程数字化所能产生的效果是有局限性的，也更容易为对手模仿，所以全面性地考虑才能发挥最大的效果。

全面性与前瞻性属于不同概念，前瞻性考虑的是整个大环境的趋势以及技术发展方向，它更属于企业整体战略层面的问题，全面性则涉及各个运营层面的考量。战略层面需要重新审视企业对客户的价值提议，重塑商业模式，管理层则要重新审视企业的组织结构、管理方式、企业文化等，运营层需要考虑的是供应链、生产、营销、体验、服务等整个价值链的设计，最后再依据这些需求评估企业在技术与数据处理能力方面应当如何配合。如图 23–2 所示，这是我们在本书第五章中提出的企业数字化转型的战略思考框架。

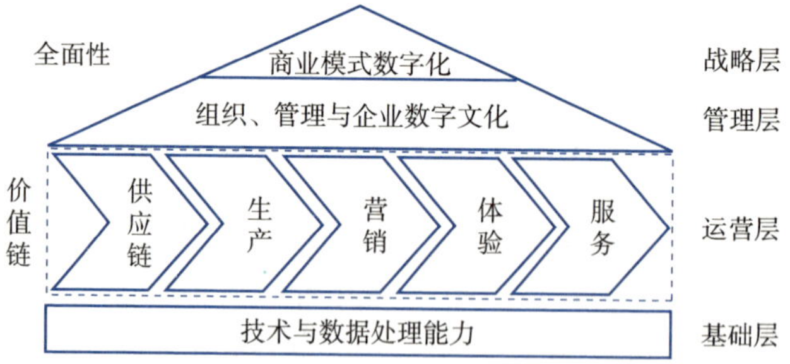

图 23–2　数字化转型战略思考框架

企业家要特别注意，数字化转型计划和传统的业务计划有非常大的不同，它不仅是一个结构清晰、分工明确的战略实施路线图或计划表，更是一个对企业的目标、定位、合作伙伴关系、关键核心能力等工作的反思，它既需要有战略高度，也需要有覆盖广度，更需要有可实现性。

三、战略层要思考的问题

战略层级首先需要考虑的是社会、技术环境的发展趋势将如何影响行业的未来，企业需要如何改变价值提议、产品或服务定位策略，才能抢占未来的先机。

以汽车行业为例，该行业可能是受到社会与技术环境变化影响最大的产业之一。不仅如此，汽车业的改变也将对人们的生活、居住、出行方式产生巨大影响。首先，汽车行业要考虑的可能是未来十年国内外人口结构、能源政策、消费习惯、经济趋势的变化将如何影响人们的“出行”概念。其次，要思考技术趋势，例如，新能源车、AI 科技、共享经济的发展趋势，将会如何影响企业的产品策略。传统的以汽油发动机为动力的汽车，目前虽然仍是汽车行业利润的重要来源，但是汽车行业需要考虑新的技术趋势将如何影响车企的商业模式。

四、执行层要思考的问题

执行层需要考虑如何基于对未来发展的假设来解决当前的业务痛点，进行数字化转型的规划、部署，构思企业价值链的每一个主要环节如何进行各自的数字化转型。我们再以汽车业为例，自动驾驶与新能源车可能是影响行业的最重要趋势，这两个趋势将影响汽车的设计、制造、销售、售后服务的模式，国内外一些汽车制造企业开始推出的共享服务，就是将汽车销售的传统模式转变为汽车服务的模式。这时汽车企业就需要有前瞻性的思考，思考这些业务所需要的不同能力与资源该如何取得？应该自行发展还是与其他企业进行战略合作？抑或从外部收购？

五、如何创建数字化转型计划

数字化转型通常是一个持续数年的漫长过程。转型计划将涵盖整个转型过程，必须有明确的转型任务，指导转型的方向并控制实施节奏，同时还需要解决各方面能力缺口的问题。数字化转型必须是一个完整且具有前瞻性的计划，我们看看欧洲最大媒体企业之一阿克塞尔·施普林格集团是如何部署，并且一步步地实施转型战略的。

案例 21：阿克塞尔·施普林格集团（Axel Springer AG）的转型

阿克塞尔·施普林格集团（Axel Springer AG）是欧洲知名的媒体和技术公司，同时也是全球知名的出版集团，拥有超过 13000 名员工，年营业收入约 33 亿欧元。其业务覆盖 36 个国家，包括匈牙利、波兰、捷克、俄罗斯、德国、法国、西班牙、瑞士。阿克塞尔·施普林格集团德国总部大楼如图 23-3 所示。

图 23-3　阿克塞尔·施普林格集团（Axel Springer AG）德国总部大楼

2000 年以来，互联网的出现让传统纸媒的商业模式濒临崩溃。阿克塞尔·施普林格集团用了 10 年时间将自己彻底从报纸传媒改造为数字化企业。集团的转型，是整个企业战略的转型，在数字化战略的引导下，实现了生态系统、业务架构、基础设施等所有层面的变革。

1. 确认数字化是未来

该集团 CEO 马塞亚斯·多夫纳在集团整体转型开始之际曾说过“新闻报

纸”（Newspaper）将被抛弃，但实际上被抛弃的是报纸（Paper），而不是新闻（News），新闻将以数字化的形态继续生存下去。所以，该集团的想法是，从传统的报纸出版商转型成数字化泛媒体集团，通过兼并收购，构建传媒生态系统，重塑业务架构，完成数字化转型。

2. 先完成思想的蜕变

多夫纳要求阿克塞尔・施普林格集团在进行结构、文化上的变革前，先完成管理层和员工的思想蜕变。这是一种“统一思想、统一认识，不换脑筋就换人的模式”。集团的高管们从数字化转型项目启动的数年前，就不断被多夫纳派往美国硅谷进行访问学习，多夫纳本人几乎每个月都会飞往美国参观学习。有 70 多位施普林格高管，先后花几个月时间在硅谷“蹲点”学习，感受硅谷人的思维与做事方法。

3. 实施策略的选择——“买船、造船，不借船”

关于转型策略，有一个“造船与买船”策略选项的说法。一些学者认为，自建平台（造船）不切实际，主张采取收购的方法进行转型，但反对者认为实施收购（买船）成本太高，而且不是企业本身的转型。

在媒体行业，则更盛行“借船”的说法，按照这个方法，一些企业认为借主流网络平台（借船）进行内容的生产与传播才是明智之举。但是，针对这个说法也有不少的争议。多夫纳并没有按照媒介行业盛行的“借船”策略，他采取了另外一种融合的做法，把该集团的转型战略概括为 B&B（Buy+Build），即买、造并举，而另一个 B（Borrow，亦即借船）根本不在他们的考虑范围。

4. 先买个“瓦良格号”打造自家新媒体航母

阿克塞尔・施普林格集团管理层认为像这样的传统报业公司，自己肯定不能一下就造出先进的“数字化航母”。施普林格的策略是先花 2 亿欧元收购一些小型公司，然后在这些公司基础之上堆叠、打造出阿克塞尔・施普林格数字分类广告公司（ASDC）。新公司帮助集团创造了数字化转型的奇迹，ASDC 这家子公司已经成了阿克塞尔・施普林格集团数字化序列中最具战斗力的“航母战斗群”，后来 ASDC 公司独立上市，2014 年年初的市值已经高达 30 亿欧元。这个价格，可以买下 1.5 个《纽约时报》集团（2015 年 10 月 30 日，《纽约时报》集团总市值 21.9 亿美元）。

5. 成立数字投资公司，统筹“买船”事务

阿克塞尔·施普林格集团建立了一个数字投资公司 ASDV–Axel Springer Digital Ventures，统筹“买船”事务。在这个模式上，他们引入硅谷的合作伙伴，吸收硅谷企业的思维方法。在柏林投资建立创业“加速器”和“孵化器”借助资本力量。施普林格把当时已有的分类广告资产作价投资，采取自家占股 70%，又借助硅谷引进的合作伙伴 General Atlantic（GA）出资 2.37 亿欧元，占股 30%。私募投资者最在意利润，因此双方约定，在 2015 年将此板块业务上市，GA 可以在双方同意的前提下，提前出售股份，阿克塞尔·施普林格集团则拥有优先购买权。

6. 数字化布局三大领域——分类广告、营销、社区，形成生态系统

在营销方面，阿克塞尔·施普林格集团投资了一家初创的营销媒体企业平台 Zanox，以及一个价格比较网站 Idealo。在社区属性的内容站点方面，投资了面向女性用户的时尚门户 aufeminin.com。在这两个方面，阿克塞尔·施普林格集团选择了那些已经建立牢固商业模式的初创企业，重拳出击，成效明显。Zanox 现在已经成为欧洲广告投放与效果营销领域排名第一的网络平台，同时 Idealo 也成为欧洲比价网站中的绝对领先者。依靠周密的计划，集团又收购了约 70 家数字化企业的股权。首先，小额投资试水，进入新业务并且对这些新创企业的内部进行观察、考证。其次，逐步控制有潜力的投资标的，再纳入集团体系，以改善集团自身。

集团成功地在线上广告、门户网站、分类广告等多个领域成为新霸主。同时，集团再收购其他相关企业资产进行整合，建立了欧洲首个横跨印刷、电视和网络三个平台的传媒生态系统业务架构，再通过提供订阅式服务，打破了在线提供的新闻内容应该免费的观念。由于试水成功，阿克塞尔·施普林格集团的胃口与胆量也更大，他们斥资 6.25 亿欧元收购法国房地产网站 SeLoger.com，该公司是该领域法国市场中的领先者。2012 年，阿克塞尔·施普林格集团又斥资 1.27 亿欧元买下了比利时房地产分类广告网站领导者 Immoweb。

7. 梳理成功的关键路径

观察阿克塞尔·施普林格集团这几年的投资可以发现，他们正在努力建立

一个全部由市场领导者组成的强有力的资产组合。换句话说，阿克塞尔·施普林格买的“船”几乎全部是“单打冠军”，亦即细分市场中的领导者。阿克塞尔·施普林格集团为初创企业提供25万欧元的初始资金，三个月的免租金办公空间、创业导师和技术支持，如果业务发展良好，该公司还会进一步提供资金以壮大这些自己投资的初创企业。

ASDC采取的订阅模式，在2016年已经有30万以上的订阅者以月付费的方式来浏览文章和观看视频。如今，阿克塞尔·施普林格集团每月有2亿用户，在用户覆盖数量方面成为世界第六大媒体集团。通过数字化转型，集团不仅成功地度过危机，还将危机转变为机遇，奠定了行业内的优势。阿克塞尔·施普林格集团通过几年完成的数字化转型，无论是从基于整体战略进行的全面思考与布局上看，还是从主动引入资源、推动分板块业务上看，都称得上是数字化转型方面的优秀案例。

案例22：国内知名商业地产W集团的数字化蓝图

W集团在国内是居领导地位的商业地产公司之一，集团总市值最高时达到千亿元人民币，在国内数百个城市（特别是三四线城市），该公司的商业地产都属于地标性建筑。集团在2015—2016年就开始计划大规模的数字化转型项目，为此专门投资30亿元人民币，在旗下设立了一个专门负责推动集团数字化转型的F集团，依照W集团所覆盖的行业范围，F集团又在旗下设置了智慧场景、X卡、影视娱乐、儿童游乐场、连锁品牌、智能硬件酒店解决方案、智能健康医疗业务等七大事业群分别支持集团的七个板块。例如，集团最大的板块是商业地产，F旗下的智慧场景群就负责对接推动W旗下分布在全国数百个城市中的购物中心的数字化，影视娱乐事业群则负责支持W集团在国内外数十个院线、数千家电影院公司的数字化转型。因为W集团非常庞大，所以我们只进一步说明F集团提出的支持商业地产集团的智慧场景事业群的数字化转型计划，如图23-4所示。

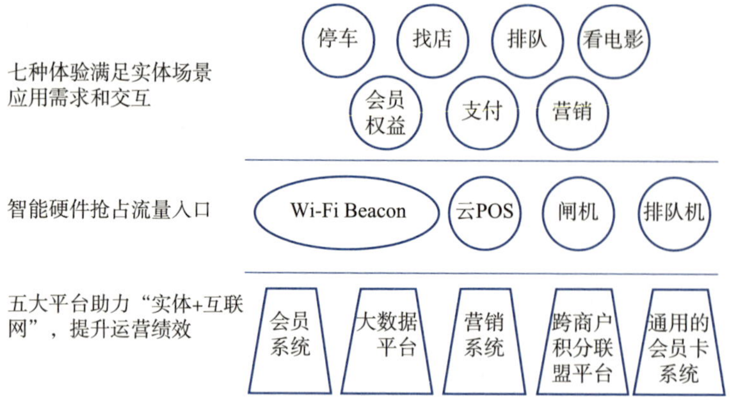

图 23-4　W 集团商业地产数字化转型计划

首先 F 集团从购物中心的消费场景入手，进行体验的重新设计，当中包含重新设计消费者的停车体验，例如，引导消费者入库、帮助消费者找停车位、消费者离场时帮助消费者找到库位中的车辆、付费等流程的重新设计，同时包含了停车 App 的开发。其余六种场景是找店、排队、看电影、会员权益、支付、营销等功能。

另外，F 集团也在购物中心现场设置 Wi-Fi Beacon（一种低能耗的蓝牙技术，用来追踪手机用户的行为轨迹）以及云 POS（设置在云端给购物中心内商户使用的 POS 设备）、闸机（电影院或是儿童游乐场进出场地的管制设备）、排队机（餐饮门店客人较多时，用来让客人预约或现场排队叫号的设备）。

此外，在后端 F 集团规划了五项主要功能协助商户进行客户管理以及营销推广，当中包含了会员系统、大数据平台、营销系统、跨商户的积分联盟平台、通用的会员卡系统，以方便用户进出不同场景或充值消费。

F 集团为了支持 W 集团的商业地产事业，从客户、商户、品牌、商场等四个维度推进数字化转型，其计划是相对完整和可行的，也给 W 集团的战略计划开了一个好头，可是在后续执行上，W 集团却犯了一些严重的错误，最后导致数字化转型功败垂成，原因我们会在第二十五章进一步讨论。

六、企业数字化转型的优先次序与切入点

在整体战略计划完成后，问题的焦点就从“做什么”转变为“从哪里开始、怎么做”，企业数字化转型既然是一个全面、完整、长期的计划，接下来就应该

思考从哪里入手了。要解决这个问题，我们可以从正反两方面进行评估。首先，可以从正面布局，按价值的贡献度评估，依次推进；其次，从反面补强，按风险缺口的重要性进行评估，优先补上业务缺口。完成上述两个视角评估后，还需要考虑技术关联性，最后再定出各个子项目的优先次序。

1. 从正面布局——按价值的贡献度评估

根据这种思路，企业应该全盘评估环境趋势对行业的影响，发掘转型的机会，再按价值的贡献度进行优先级排序。运营层需要在计划阶段，对企业整体价值链中的所有环节进行评估，即每个环节有什么问题，应该如何改善，采用什么措施，这些措施能够获得多大的效益，在每个阶段需要付出多少成本。总的来说，就是要计算能够产生多大的价值贡献，各环节的价值评估应该以前瞻性的视角来进行，而非基于企业现状。要充分考虑价值链在企业进入新的生态系统、进行业务架构和基础设施改革之后所能收获的最大潜在价值。

2. 按照风险缺口的重要性评估

检查企业在哪些领域有危险性缺口，这些缺口就是可能给企业造成重大发展隐患的能力欠缺之处，常见的缺口有两种。

（1）社会环境变化带来的挑战。由于社会环境或是消费习惯的改变，企业或行业的未来可能面临严峻的挑战，甚至导致整个行业产生危机。这时企业甚至整个行业面临“必须”转型的挑战，否则就难以生存下去。这种情形在传统行业中屡见不鲜，我们用一个大家都很熟悉的行业——建材家居广场作为例子来说明。

案例 23：社会环境改变，让建材家居广场陷入窘境

建材家居广场属于国内特有的行业，在其他国家并不多见，这个行业产生的主要原因是，几十年前，国内经济初步发展、条件有限，地产商为了降低成本，在房屋销售交屋时都是以毛坯房为主，所以屋主需要自行装修并购买建材、家具等大件物品，这些不同品牌、不同用途的建材如果分散在各地，对于消费者来说很难一次全部购买到。一些企业看到这个消费痛点，想到如果能在郊区低价便宜的位置设立建材城，让各类型、品牌的建材与家具商家入驻，消费者就可以“一站式”地完成建材与家具的选购。这些家居建材广场的经营者，顺

应当时的市场需求，在郊区寻找空地，盖起大型商场，并且分割为许多店铺，然后以店铺出租作为商业模式，将店铺租给家具建材品牌的代理商，这些家居建材广场在当时也曾经有过辉煌岁月。

但是，随着国内经济腾飞，人们生活日益富裕，许多商品房本身就是“精装修”，不仅是居家的水电、网络完备，就连地板、地砖的铺设及卫浴、门窗、橱柜等，也都是在售楼时成套提供。别墅类型的房屋，业主经济条件较好，比较喜好个性化设计，业主们还是倾向找设计师全包处理，大多数设计师承接较多案子，采购量大，也会直接接触原厂去购买。因此，外包给设计师的建材生意也不会落到家居广场内的代理商手中。这时作为家居广场租客的建材、家具代理商的生意下滑，家居广场作为房东，租金自然不好收，许多商户生意做不下去，只好退租，家居广场生意也就一落千丈，这是大环境所带来的危机，所以当前的家居广场行业必须寻求改变和突破。

行业内目前也有一些企业看到了这个很难逆转的市场趋势，于是寻求凭借数字技术进行突破，它们开始提供线上自助式的家装设计解决方案，并让客户在线搭配、选择材料，建立起虚实融合的商业模式，为客户创造更高的价值。例如，欧派、尚品宅配、索菲亚等，通过虚拟实境软件的技术手段，提供给客户视觉化的定制家居解决方案，如图 23-5 所示。

图 23-5　家居行业以软件创造客户新的定制化购物体验

这些企业采用数字技术，根据客户房屋的实际尺寸进行等比例缩小，通过电脑的渲染，让客户可以直观地看到新家的装潢效果。在销售模式上，这些企业也一改仅仅提供地板、地砖等材料批发的销售模式，而是按照客户的房屋尺寸以及客户选的颜色、材质，提供定制化、全包的报价，连室内的柜子、床、桌椅等家具也采取模块化的组合产品，按照客户房屋的尺寸以及房间内的柱子、墙壁位置做出改变，带给客户完全定制化的家装设计与装修效果。

尽管行业中已经有领先厂商提供上述数字化解决方案，但是在笔者接触的企业当中，还是有许多传统的家居建材广场，仍以做地推、团购、周年庆、家装节，搞所谓的“蓄水爆破”等线下推销的老旧方法为主。这些企业眼见老套路效果有限，客户日益减少，不去思考为什么老的模式无效，而是不断地抱怨客户越来越少。殊不知，他们能够给客户带来的价值早已经不是客户感兴趣的了。此时，整个行业都迫切需要进行数字化转型以求得新生。

（2）行业出现颠覆性的竞争模式。有的行业面对的市场基本需求仍然是存在的，客户需要的产品与服务，基本上没有改变，可是行业的商业模式老旧，给客户带来的痛点无法化解，使得客户越来越难以忍受。而行业中的另一些企业则主动采取不同的思维模式，着力解决客户的主要痛点，墨守成规的同行业者失去竞争力，若不想被市场淘汰，那么这些已经落后的同行业者就需要考虑数字化转型了。

案例 24：解决市场痛点的行业颠覆者——以“途虎养车”为例

（1）传统的汽车后市场的构成。传统的汽车后市场，包含了 4S 店、连锁店、个人经营的小型维修点等类型，它们各自有其独特的市场定位与客户。4S 店是汽车主机厂家服务的延伸，一般消费者认为 4S 店的服务可靠度较高，但是收费也相对较高，而且这些 4S 店因为空间要求较大，所以服务网点通常都离住宅区较远，新买的汽车如果在质保期内，消费者基于新车免费保养、技术较为可靠，还是愿意到 4S 店做维修保养。新车的质保期满后，一些车主就会将车辆的定期维修保养服务转到离家比较近的社区型维修连锁店，而日常的洗车打蜡、换油、定期滤芯滤网清洁，则交给住所附近的小型维修点。

（2）消费者对于行业长久以来的“价格黑幕”感到不满。车后市场由于需要大量的技术工人参与到服务流程当中，再加上汽车服务具有非常强的本地服务属性（消费者几乎不可能开车到 50 公里外的地方去保养汽车），汽车后服务市场一直是电商无法进入的领域，即使是团购网，讲究线上到线下的引流，也比较难撼动原来的行业市场结构。而汽车后市场行业的通行规则是将服务与材料一并计价，因为汽车零件又分为正品、多种品牌的同质件，所以提供同样功能的零件价格差异极大，再加上汽车维修所用的零件基本上都没有在消费市场公开流通，价格不透明，所以修完车后消费者看到账单，也搞不清楚新换的材料和零件究竟加价了多少、人工费又是多少钱。消费者长期以来对于这种“价格黑幕”极为不满，可这又是行业的通行规则，消费者也只能忍受。

（3）“途虎养车”网上引流，价格透明，突破了车后行业的传统思维。“途虎养车”采取互联网的商业模式对车后服务市场进行覆盖，解决了客户的痛点，与传统维修企业依赖门店位置的做法不同，“途虎”通过网上引流，同时采取网上销售价格透明的策略，让消费者在网上购买零件耗材，再到门店获得服务，材料与服务都是明码标价，消除了消费者对“价格黑幕”的疑虑，因此“途虎”吸引了大量对现行维修行业不满意的客户，“途虎”的线下门店场景如图 23-6 所示。

图 23-6 “途虎”线下门店为消费者提供服务

“途虎”的出现颠覆了行业价格不透明的潜规则，解决了客户的痛点，他们将商品价格在网上公布，特别是以轮胎作为引流工具，各种规格的轮胎以透明的价格展现在“途虎”平台上。许多汽车后从业者想要模仿，却有诸多担心，例如，价格体系透明意味着客户不能讲价，那么客户能否接受？价格体系透明，使利润空间受到限制，维修企业是否承受得了？网上引流与线下门店如何进行利润分成？另外，传统的汽修从业者普遍缺乏互联网平台的运营能力，更是难以跨出这一步。“途虎”的策略可以归类为正向的直接突破，创造了企业的价值与竞争优势。

（4）企业缺乏在当下环境竞争的基本能力，这时必须尽快做出改变。与前面所述案例（例如，家居广场）不同，这时企业所处的行业，消费者对产品的需求仍然存在，只是受到整体环境发展的影响，行业当中的企业需要及时针对运营模式进行调整，特别是要通过对客户端营销与接触体验的改善来重新赢得消费者的青睐。

案例 25：药品零售行业（药店）面临严峻挑战

医药零售行业，基于其自身的专业性以及用药安全的属性，过去被保护得很好，未受到互联网冲击，但是最近几年药业零售连锁出现了危机。越来越多的药店门可罗雀，开店的店租与人力成本居高不下，传统药业的专属专卖优势已经逐渐丧失，连锁医药零售行业逐渐失去市场优势地位。

究其原因，首先是互联网上的药品销售业务已经开放，而且这些线上渠道提供在下单后 30 分钟内送达的服务，对于用户来说更方便了。尤其在药品咨询方面，传统药店只能由那些经过简单培训具有基本药理知识的店员提供，而线上则可以找到专业的医生提供咨询服务，使得线上药业的可信度比线下门店更高。

所以，传统药店面临的是需求仍在，但模式老旧的问题，必须通过创新的运营方式，让客户更方便、更放心地购买药品，这也是药品零售行业必须走的商业模式创新之路。

3. 技术关联性

除了业务视角的考虑，技术关联性也是影响企业自身各环节数字化转型先后次序的重要因素。如果我们希望将企业发展为新的平台模式，我们就不可能放着技术平台搭建的问题不管，而只从商业合作伙伴的开发着手。如果打算实施数字化的营销，它的前提条件就是我们需要进行大量的数据收集和积累，这时就需要着手搭建数据平台、打通交易数据源头，一般需要先将前端交易平台，如 POS 设备以及电商平台的交易记录与后台数据平台对接，并且在前端需要一个会员使用的 App 或是小程序，再进行业务上的会员招募与发展，具备这些基础以后才可能进行智能化的营销。

不过业务与技术必须是相辅相成的，如果只调整业务流程，而缺乏技术上的支持，业务将很难执行，但是空有强大的技术平台，而缺乏业务应用场景，则会造成技术投资的浪费。正确的逻辑应是先有转型的业务构想并制定新的业务流程，接着定义技术需求，再从技术需求找出是否有前置性的技术问题需要优先处理，并且完整地思考新技术平台的框架，这样技术与业务就能有较好的搭配。

案例 26：汽车后企业 Z 的客户经理制度实施

Z 公司是一家拥有 300 多个连锁网点的中大型汽车后企业，它们主要的客户是高端品牌汽车的车主，这些车主在原厂质保期满后，不愿再在 4S 店做车辆养护，基于这种定位，公司高层认为更好的主动式客户服务与关怀工作极为重要。因此公司高层决议推动“客户经理制度”，他们要求客户经理在长假前后、季节与天气变换时、车辆行驶到一定里程时必须跟客户联系，提醒车主注意与行车安全相关的车辆检查、养护事宜。业务团队很快就招募了几十名具有客户服务经验的人组成新团队，通过电话与微信，与客户保持密切的联系。

推出这项新的客户经理制度需要大量的客户数据，通过这些数据才能精准估算数十万车主的行驶里程以及客户应当返厂维修的时间，这项工作绝对不是靠人力可以计算得出的，于是业务部门向技术部门提出了需求，要求技术部门开发客户管理软件，这个客户管理软件所需的功能并不复杂，只需要定好客户标签，再加上客户生日、客户里程保养时间预估、客户名单筛选、分派客户名单以及联系记录摘要等功能，客户经理就可以更有效地推进业务，发挥他们的战斗力，建立与客户紧密的关系。然而公司技术部门表示公司还有其他重大业务需要开发，因此将客户管理的功能定在半年以后开发，在这半年中，客户经理部门的人员只能自己每周到系统内，按照联系场景条件筛选出客户名单，再将名单打印分发给客户经理。技术支持上的滞后，造成客户名单及到店维修保养信息更新不及时，导致客户经理重复给同一客户致电，构成对客户的骚扰。这半年当中的联系记录，有助于判断用户什么时段方便联系，而这些重要信息都没有记录下来。同时，一名客户经理负责 2000 名车主，客户经理在联系时也无法事先获得客户过去的交易记录，使得对谈的策略也无法个性化展开。公司虽然在商业模式上已经有很清楚的业务创新路径，但是信息技术部门无法及时提供支持，给项目的实施带来极大的障碍，客户经理团队的工作效率很难得到有效提升。10 个月后，信息技术部门交付了客户管理软件，这时客户经理的生产力大幅提升，客户来店的次数也显著提高了。这就是推出新制度时，配套的信息技术系统必须同步提升的原因。

Z 公司的案例告诉我们，如果你要推行某项新制度，一定要想清楚哪些相关联的业务流程与技术支持需要先准备妥当，这些先决条件齐备之后新制度才能得到有效实施，否则技术将成为业务优化转型的拖累。

本章总结

本章主要讲述企业数字化转型项目的启动工作。项目起始阶段，团队需要先建立对转型工作重要性的认知，并且在一定范围内达成共识，然后生成一个全盘的计划作为后续推进的基础。

在建立共识上，我们提出了一种咨询公司常用的“观点归纳法”，它可以帮助团队快速地建立转型方向上的共识。在整体计划拟定上，我们重点介绍了德国传媒出版行业巨头阿克塞尔·施普林格集团在数字化转型方面的做法。

课后思考

本章列举了阿克塞尔·施普林格集团的案例，思考一下，这个案例给了你怎样的启示？

第 24 章

数字化流程分析方法

Enterprise
Digital
Transformation

24

在第二十三章中，我们提出凝聚共识是启动数字化转型最初步，也是最重要的工作。当整个决策团队在宏观层面达成共识后，下一步就要进入对个别业务流程的分析，决定哪些业务环节可以经由数字化的手段提高有效性。在此我们将提出三个常用的数字化流程分析方法——泳道图分析、差距分析、互补分析。这三个方法有其相似之处，但也有其差异之处，在不同场景下应用各有优劣，选用哪种方法进行分析，决定了我们分析业务流程的类型，以及业务的侧重点。

一、泳道图分析法的特点及应用场景

泳道图（Swim Lane Flowcharts）是一种跨部门活动的分析工具，能够清晰描绘出某项工作的全部流程，并且明确定义哪些具体工作流程将发生在哪个部门（或是个人），以及哪些部门（或是个人）应当负责的工作。泳道图关注一项流程的四个元素：①哪个部门（或是个人）；②工作的阶段（Phase）；③具体流程（Flow）；④每个节点的工作或权责（Task & Responsibility）。泳道图在视觉上分为两个维度，分别放在纵坐标和横坐标，例如，纵坐标是这项工作的各个阶段，横坐标则是参与这项业务流程的部门或个人。如图 24–1 所示。

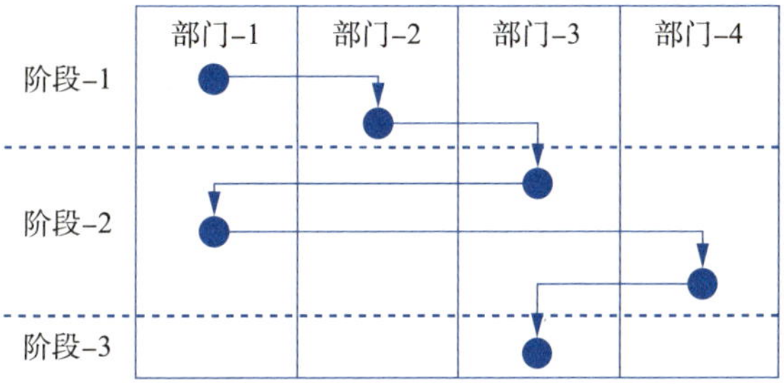

图 24–1　泳道图分析的基本元素

泳道图是将模型中的活动按照职责组织起来，通过线路将活动分成不同的区域来表示。由于其外观类似游泳池的赛道，故这些区域被称作泳道。它可以方便地描述企业的各种业务流程，直观地描述系统各个活动之间的逻辑与先后次序关系，能够有效地展示活动的各个阶段和参与者，或用来作为参与者遵照的标准。泳道图在每个具体工作节点上，可以依工作性质不同，采取不同的符号表示，例如，用长方形表示“处理某件工作”，用三角形表示“做出决策判断”，这里并没有严格的制图或图例标准，只要参与人员能看懂，或是制图人员能清楚说明即可。

我们经常用泳道图来描述一个系统的运作流程，如果将其用在数字化流程分析中，可以先通过专门人员对流程相关部门或是涉及业务流程的个人进行访谈，初步制作出流程，接着让团队成员共同确认这个流程无误，接下来就是最重要的发现问题或是找出机会点的步骤，一般采用“头脑风暴”的方法，让相关部门或个人一起讨论，发掘数字化改善的机会，最后制定出新的流程以及数字化的需求。

二、差距分析法的特点及应用场景

差距分析法与泳道图分析法的主要不同在于分析差距时用的是线性的流程分析，而不是二维分析，从这个特性来看，这种分析方法比较适用于单一部门

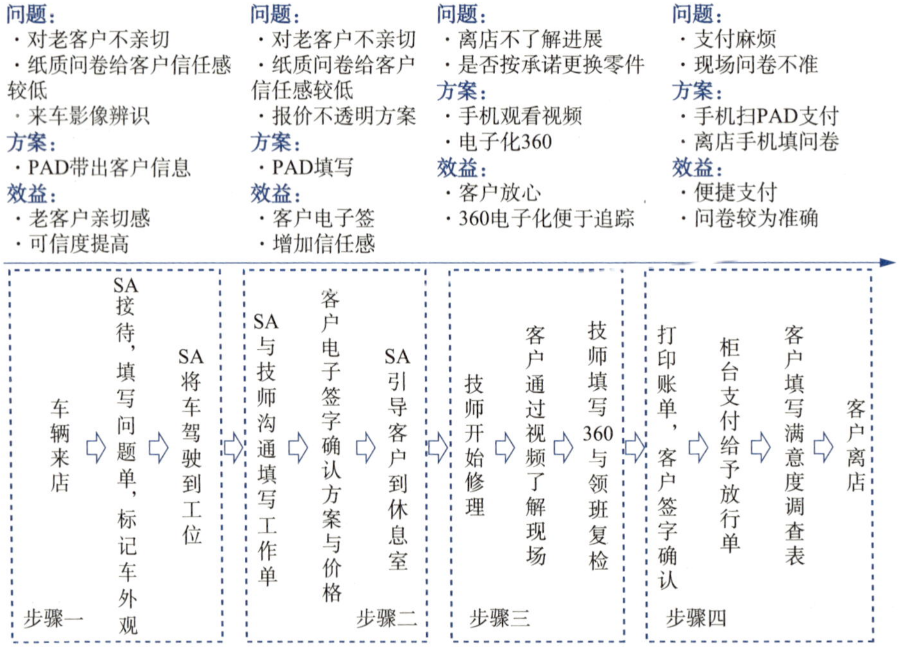

图 24–2　差距分析法

或是涉及部门较少的流程分析，因此也就不需要太过强调跨部门的角色扮演（例如，提交方案、审批、决策等），而能将重点放在分析每一个过程环节的痛点，提出对策方案的同时，也可以体现出新方案的效益与价值，如图 24–2 所示。

案例 27：汽车维修连锁企业 Z 公司的流程分析

Z 是一家拥有 300 多家门店的大型汽车维修连锁企业，该公司采取差距分析法对店内来客接待的流程进行分析，负责这个流程的主要有三类人员：第一类是接待人员，行业中称为 SA（Service Agent），SA 负责客户驾车到店时的接待工作以及最后完成检修后交车给车主；第二类是维修人员；第三类是出纳。所涉及的部门较为简单，但是单个业务流程较为冗长，所以我们可以将整个流程分为四个阶段进行分析。

第一阶段：在接待过程中，SA 需要了解车主本次来店需要解决的问题，并且在车主把车辆交接给维修人员之前检查车况，例如，是否有明显外伤等，以免修理完成后才发现车体表面有刮痕，引起不必要的纠纷。

第二阶段：车辆入场后，SA 需要将客户引导到休息室等待，接下来 SA 需要与维修人员沟通，告知车主的诉求，并且由维修人员检查实际车况后提出解决方案（例如，更换刹车片，或更换滤芯、滤嘴等），SA 将方案记录在维修单上后，再带着维修单到休息室与车主确定是否同意维修人员提出的维修方案与报价。

第三阶段：维修人员开始进行维修，修理完成后，按照该公司规定，维修人员还需要对车辆的其他功能或零部件做预防性检查，以便对车辆可能存在的潜在问题提出预警，这种检查是对客户车辆的全方位检查，检查结果最后体现在纸质维修单上。

第四阶段：维修后 SA 将车辆交还给车主检查，车主确认送修的问题已经解决，并且签字认可，然后 SA 再引导车主到柜台出纳员处完成交款，收款后 SA 再请客户填写满意度调查表，之后放行。

这四个阶段只涉及 SA、维修人员、出纳员三个部门，重点不在跨部门的分析，所以用泳道分析法反而太过烦琐，无法直观地分析问题。差距分析法则是更直观地面对问题，在具体深入分析每个流程之前，团队首先需要进行“头脑风暴”或是客户访谈，发现整个流程存在的痛点，例如，这家企业的整个流程中客户的痛点有五项：担心维修时间过长、担心过度维修、担心价格不透明、担心零件是否按承诺更换、担心服务的售后保障。接着分析人员需要对整个流程进行分解，以这个案例来说，整个流程可分解为四个阶段，直接对每个阶段的数字化问题进行研讨，例如，在第一阶段，SA 无法直接辨别来客身份，造成客户的疏离感，另外，维修记录与报价都是纸质文件，客户问题记录以及车况记录都在纸上，无法有效留存、调取。第二阶段的问题是，维修人员的建议方案与报价都是写在纸上，可信度低。第三阶段则是车主如果比较忙碌，可能需要先行离开，无法在休息室等待并观看车间维修车辆的视频实况，这时车主可能因无法全程监看维修状况以及零件是否更换而担心。另外，对车辆的全方位检验结果也是纸质记录，如果客户没有同意立即处理维修人员发现的车辆潜在问题，那么在后续追踪或需再次提醒客户时，使用纸质记录表也极不方便。第四阶段则是车主确认签字在纸质文件上，难以长期保存或是调档查看，另外车主必须到柜台支付维修账单，比较麻烦。

通过对上述每个阶段的问题的深度分析，团队结合技术部门，提出了八个改善对策：① SA 采用电子化 PAD 执行整个流程，便于留下记录；②来车车号影像辨识，方便在 PAD 上查找并显示车主与车辆信息，便于 SA 与车主沟通；③维修人员提出的维修方案直接显示在 PAD 上，另外车主可以直接在 PAD 上电子签字确认；④全方位检查记录也通过 PAD 记录，并且保存在客户档案中，以便后期追踪提醒车主来店；⑤修理过程采取视频直播，车主可以通过 App 观看，实时了解修理状况；⑥通过手机扫码在 PAD 上完成支付；⑦客户意见反馈，应该待车主离开 30 分钟后再发送电子信息，让车主在线填写，便于获得车主的真实意见；⑧通过 App 以及微信通知车主本次消费获得的积分。

通过对这些问题的讨论，团队提出了基本方案，并且再次核对这个修改后的方案流程是否解决最初定义的五项痛点。

经过上面的解说，相信企业家们对这种分析方法的优点与缺陷有了更进一步的了解。如果一个流程涉及部门较少，但流程中的问题需要比较深入的分析，差距分析法比泳道图分析法更适用。

三、互补分析法的思考框架及应用场景

互补分析法与前面两种分析方法的适用场景又不相同，互补分析法主要用于分析线上线下虚实融合的流程如何改善。互补分析法是基于麦肯锡公司提出的现代消费者的购买是“跨渠道的购物历程”这一观点设计的。麦肯锡指出现代消费者已经无法区分纯线上或是纯线下的购物行为，典型的消费者购物主要包含了接触信息、方案比对、购买决策、消费体验、社交分享等五个阶段，如图 24–3 所示。

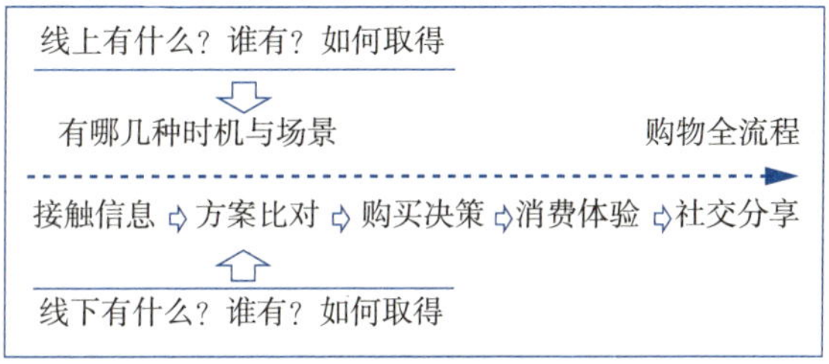

图 24–3　互补分析法的思考架构

麦肯锡进一步指出，线上与线下的场景信息不同，线下有实际的商品展示，消费者可以在线下更直观地体验商品，还可以直接向门店导购提出问题，消除疑虑，还可以在购买后立即将商品带走，提早享受使用或消费的乐趣。而线上则有更完整的商品选项、商品详情、商品价格，最重要的是还有商品评论，这是消费者购物时最重视的“口碑”。目前大多数消费者的购物决策的过程都可以分为这五个在线上与线下来回穿梭的阶段，他们以此取得商品相关的互补信息并形成购买决策。例如，在接触阶段，消费者只是看到手机或电脑当中的产品广告，也可能是在线下看到广告，接下来消费者可能到线上网站查看商品详情或是到线下门店体验产品。如果在门店，可能又会直接通过手机查询商品详情以及口碑，如果是在家中通过线上渠道查看产品，可能又需要知道附近哪里有门店，哪个门店有库存以及有产品的实物展示，消费者可以亲自到店，获得更直接的感受，之后再决定是否购买。互补分析法就是基于跨渠道购物流程的假设，分别研究客户购物流程中的每一个步骤以及线上线下如何协同，以提升用户的购物体验与决策效率。

假设我们在某个城市经营一家餐厅，我们可以用互补分析法来分析这家餐

厅该如何增强消费者的全程体验，如图 24-4 所示。

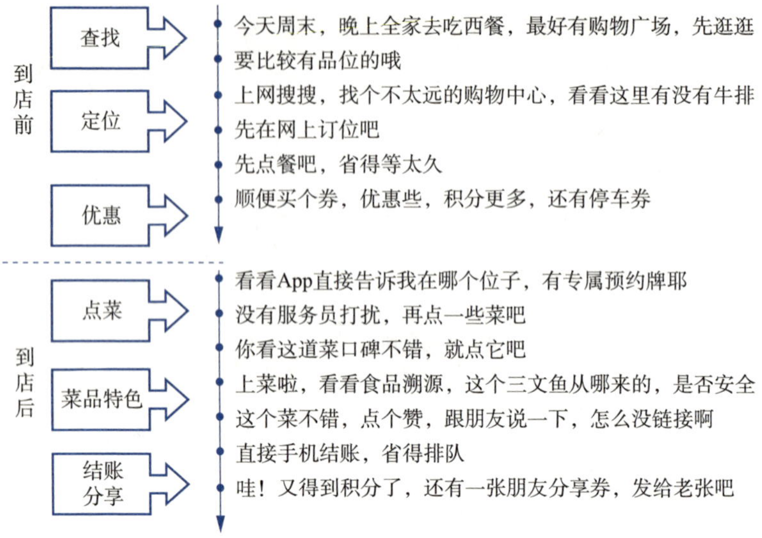

图 24-4　互补分析法运用在餐饮行业

我们将场景按时间区分为到店前与到店后，到店前消费者的使用场景是在家中，所以我们需要增强三个主要能力——查找、定位、优惠，也就是如何通过线上渠道让客户在适合的平台上以及适合的品类上，很快地找到我们这家餐厅，可以考虑在团购网曝光，让消费者可以按照品类、菜系更快地找到我们；也可以考虑建立自己的微信小程序或公众号，让老客户更容易找到我们。同时也应该在网上提供优惠券购买链接。客户到店后的流程又可区分为找位子、点菜、介绍菜品、结账、分享等，目前许多餐厅都在桌位采用扫码点餐的系统软件，这些系统软件在找位子、介绍菜品、分享等流程能够提供的服务有限，不过，这也给了我们技术赋能、创造差异的机会。

本章总结

本章所介绍的三种流程分析方法各有利弊，需要在使用时做到因地制宜。如果我们分析的是跨部门且扮演不同角色的流程，分析重点则在于流程的权责厘清以及效率改进，这时适合采用泳道图分析法；如果分析的流程涉及的部门比较少，只有一个或是两个部门，当中没有太多的权责问题，而分析的重点在于客户体验提升或是解决目前流程的痛点，则差距分析法可能是较为合适的。如果分析业务流程涉及的是客户流程体验的线上线下打通，如何通过某一端（例如，线上）的信息来助力另一端（例如，线下），互补分析法可能就更为适合。

课后思考

本章介绍了三种流程分析的方法，请选择其中的一种方法，针对贵公司规划中需要进行数字化转型的某个流程进行分析，找出可以数字化或智能化的机会点。

第 25 章

数字化转型的用人策略和组织管理方法

Enterprise
Digital
Transformation

25

组建一个合适的团队，对于公司转型战略的执行至关重要，组建团队面临的主要挑战是，现有组织当中可能缺乏数字化转型所需的经验或能力，需要从企业外部寻找合适的人才，再结合现有的内部资源，才能产生最大的效用。

本章我们将分三个主题对搭建数字化团队相关的问题进行讨论，首先是如何寻找合适的领军人物，这个人需要有什么特质，以及需要哪些经验和能力；其次是如何组建一个高效的转型团队，这个团队应该具有哪些基本的特色与能力；最后是关于如何授权的问题，在让团队拥有自由度的同时，又可以让项目按计划执行，不至于脱轨。

一、数字化转型领军人物的选择及团队策略

用人策略是关系到企业数字化转型成败的关键因素之一，企业进行数字化转型时应该用什么样的团队负责人，又如何赋予其合适的配套措施，关系到整个团队的战斗力发挥。

选择领军人物，需要考虑的第一件事就是究竟应该选择原有线下团队的资深主管，还是从外部寻找有互联网经验的主管。如果由企业原有的资深主管来负责数字化转型项目，好处是容易沟通、信任度高，但是这么做也会面临一个问题，就是原来的主管很容易陷入旧有的工作方式或思维模式，或因互联网及数字技术的相关经验不足，导致在决策或战略方向的选择上陷入误区。相反，如果从外界寻找具有互联网经验的主管来负责推动数字化转型项目，又可能因为对行业本身，尤其是对企业的状况不够了解，遇到无法适应企业内部运营的问题。所以，选择数字化转型的领军人物时，企业经常会面临两难的境地，那么到底该如何选择呢？

根据多年的数字化转型经验，笔者认为中小型企业，因为企业的规模相对较小，人员的复杂度较低，新旧团队沟通效率较高。在这种状况下，从外面找来的新主管只要有比较好的人际沟通技巧，并且赢得最高领导的支持，就不会有太大的问题。至于中大型企业（指年度营收在百亿元以上的企业），这类企业

规模较大，人员与部门比较多，协调内部资源时需要花更多的时间，这时我们建议考虑“1+1”模式。

1.“1+1”模式

何谓“1+1”模式，就是从外部招募新主管，另外再搭配一名原先任职于企业且内部关系良好、沟通能力强的主管。为什么要“1+1”呢，因为从外界引入具有互联网经验的新主管，熟悉互联网思维，能将企业快速引入互联网领域。那么为什么还要搭配一名老员工担任主管呢？因为其要扮演资源引入与协调的角色。有这样一位内部的“引路人”，可以避免新主管在企业内部走“冤枉路”。

不过这种安排需要特别注意一点，就是“1+1”的两人必须都认识到同进退的重要性，企业必须很清楚地告诉“引路人”，如果新主管在较短时间（例如，三个月到半年内）离职，这位“引路人”也必须离职。否则，我们常会看到原来的主管对新主管的支持不是非常“真诚”，有时甚至抱着一种“其实我也能做的心态”，觉得自己开了几次会后就能搞懂互联网，然后把新人逼走，自己就可以接手。另外，需要特别注意的是，这位“引路人”，只能是“引路人”，千万不要让他对业务有决策权，对人事也不能有任用权或是使用权，更要避免他“向老长官直接汇报”，否则这个“1+1”的模式绝对活不长久。

案例28：英特尔的“两人一岗”（Two-in-a Box）组织设计

英特尔是全球知名的高科技企业，也是微处理器领域的代名词。著名的“摩尔定律”就是英特尔的创办人之一戈登·摩尔先生提出的，摩尔认为当价格不变时，集成电路上可容纳的元器件的数目，每隔18~24个月便会增加一倍，性能也将提升一倍。似乎是为了印证“摩尔定律”，英特尔对于技术的创新极为重视，特别是他们的产品研发采取两代并进的模式，即同时间成立两个团队，分别聚焦新一代以及再下一代晶片的开发。由于业务与产品快速迭代的需求，英特尔经常需要拔擢一些还未经完整历练，但是发展潜力较大的主管，让他们承担带领某个新项目或新事业部的责任，“两人一岗”的模式也就应运而生。英特尔的“两人一岗”模式不仅应用于新事业部门，也经常应用于辅助新提拔的高层主管上任初期，这些新任高管可能在技术领域是专家，但是在另外一些领域，例如，销售方面缺乏经验。这时英特尔就会派遣一名资深主管和这位新任主管共同任职某岗位。这名辅助型的主管通常是接近退休的资深员工，或是在换岗调整的等待时期，这样的人比较愿意做辅助型的主管，暂时分担一部分工作，等到新任主管能够全面掌握新业务时，“引路人”就可以功成身退。

笔者早年在英特尔任职时，就体验过这种安排的好处，英特尔用这种模式成功地培养了几位后来担任亚洲、欧洲区总裁的高级主管。由于这种“辅佐”制度安排得十分巧妙，两位主管十分清楚各自的角色与阶段性任务，所以不仅不会产生冲突，反而能够在一段期间内充分发挥分工互补、彼此协助的作用。

当然，搭建这种“两人一岗”的领导班子，如果没有事先把任务说清楚，就会造成窒碍难行的局面。笔者曾经访谈过的另外两家千亿元级企业，正是由于在这方面处理不当，直接导致转型项目失败。笔者在此分别讲述一下这两个案例。

案例 29：大型商业地产公司 W 集团

W 集团的商业地产规模在中国居于领先地位，集团体系庞大而复杂，包含了商业地产、影视文化、酒店、百货四大业务，企业资产总值超过 4500 亿元。集团公司为顺应发展趋势，投资几十亿元，力求建立一个新的科技型 WK 集团公司，希望借转型之机使集团真正建立起互联网驱动的商业模式。

W 集团通过猎头公司，聘任了曾在全球知名互联网企业之一——G 公司担任全球副总裁级别的高管，委任这位高管担任 WK 集团的 CEO，负责推动集团的转型业务，同时 W 集团总部还委派了一位 W 集团董事长的“亲信老臣”Q 先生作为新的 WK 集团公司的董事长。这位董事长对商业地产业务非常熟悉，但是缺少互联网经验，他到任后又从集团公司调来几名资深主管，并把他们安排在 WK 集团下属个别公司的总经理职位上，而这些人也没有互联网经验，但却成了 WK 集团各个主要项目的核心执行者。因此，这些实际掌握各个项目执行工作的总经理只听 WK 集团董事长的指示，并不太理会那位空降的 CEO，这种安排使得 CEO 成为“孤家寡人”。主管之间的冲突也带来了巨大的内耗，这些原来搞房地产的主管习惯看“亿级别”的数据，在花钱上毫不手软，使得 WK 集团的新事业在短短的 2~3 年中，烧完了数十亿的资本，最终转型项目却宣告失败，WK集团公司宣布解散，外来的CEO离职，那位董事长也被调回集团公司坐冷板凳了。在对WK各层主管访谈时，笔者可以很明显地感到集团内部存在领导班子安排不当的“双头马车”问题，这也是导致项目失败的主要原因。

另外一个失败的案例，发生在另一个行业中同样处于“领头羊”地位的企业，我们先来看看这个案例，再总结二者犯的错有什么共同之处。

案例30：大型家电公司H集团

H集团称得上是中国家电行业中的标杆企业，在国际上也久负盛名，企业领军人物也成为早年许多国内企业家争相学习膜拜的对象，H集团早年是国企改制民营化的成功典范之一。公司领军人物还陆续推出了许多创新的管理哲学和管理方法，经常被国内外学术界引为案例讨论。但是，近年来这家企业也备受质疑，既然推出这么多组织创新制度，那为什么近几年企业总体业绩表现在行业中却不理想？据我们的“近距离”观察，这家企业在互联网转型过程中的“用人的哲学”或许就是其未能成功转型的原因之一。

2010年前后，H集团为应对互联网可能带来的冲击，决定转变企业的商业模式。他们将整个企业集团进行拆分，将同生产相关的业务与资源，归并为一个Q公司在国内主板上市，另外将集团的营销、销售、物流、售后服务的相关业务合并，建立一个R平台公司，预计在海外上市。这两家公司分别都有数万名员工，在规模上属于大型而且是非常传统的企业。该公司还有一个特点，无论在生产、销售还是服务的领域，过去都是从校招开始获得人才，并通过内部轮岗培训逐步培养这些人才，因此该公司的员工对企业的认同度极高，许多资深员工终其一生只服务过这一家企业。过去几十年，大型家电行业的生产、销售业务模式是非常稳定的，这样稳定的管理层结构，在过去是企业成长的坚实基础，被认为是重要的竞争优势，但进入互联网时代后，这种稳定的结构不能适应网络时代的迅速变化，而且企业从基层到高层的人才，同质性极高，且都没有互联网经验。H集团几次选派自己内部资深高管负责企业转型，但都归于失败，于是他们找到一家国际知名咨询公司，请其为集团提供转型方案，在方案完成后，H集团接受了这家咨询公司的建议，通过猎头找到了一位具有多年线上、线下经验的高层主管 A 先生，担任集销售、物流、售后服务业务于一体的 R 平台公司 CEO，同时派遣了一位在集团内工作长达数十年的副总裁级别的资深主管 X 先生，担任这家 R 平台公司的董事长，两人组成了转型公司的领导班子。R 公司又将业务拆分为几个板块，例如，门店销售、网上销售、物流安装、售后等，每个板块分设总经理，这些总经理仍然是由企业原来的资深主管担任。

1. 转型初期

由于这家企业规模巨大，新任 CEO 的 A 先生进入公司以后花了不少精力对企业各个业务环节进行了解，X 先生则作为“引路人”协助 A 先生了解公司内部的状况。公司首先要求 A 先生提出一个发展计划，以 A 先生过往的经验，应该可以在短时间内提出一份完善的商业计划，但是由于集团内部有着较深厚的“文化底蕴”，所以不断地在商业计划上进行文字雕琢，以符合公司的文化，花了三个月时间，才拟定了一份比较符合公司“口味”的蓝图。正当开始实施时，H 集团的“深厚底蕴”再次发挥了巨大影响，考虑到团队组成，除了负责互联网营销的部门，其余所有部门主管仍然由在企业内工作多年，但是不具备互联网经验的资深主管担任。A 先生因为是“空降”而来的，在主管层的人事上并没有完全的决策权，基本上还是由 X 先生从自己在集团总部的班底中选任。至于业务方向，A 先生在进一步了解后，认为原来咨询公司所提出的方案有不妥之处，咨询公司建议的方案是公司从家电制造销售行业转为居家的综合互联网化服务平台，A 先生认为这种方案需要找到众多的家具、建材企业合作，而且该方案表面看起来似乎符合让家电产品在消费者生活空间中创造新需求的诉求，但是因为家具建材的购买周期过长，A 先生认为这个模式其实无法提高客户的黏性，而且家具建材还可能受到消费者房屋空间的限制，这些产品的销售也与家电的销售大不相同。A 先生在集团内部会议上质疑咨询公司建议的模式，但是 X 先生作为当时该咨询项目的主要负责人，与 A 先生的立场完全不同，X 先生坚持采用原来的方案，而集团最高层基于对 X 先生的信任，还是采纳了 X 先生的意见。

2. 转型中期

当转型项目进行了半年后，新平台的软件功能逐步开发完成，此时集团开始对这家企业下达集团的增长要求，集团最高层在接受外界采访时，都会强调他们的效率、速度，因此对R平台公司，集团最高主管也提出了短期内业绩翻倍的要求，这时X先生作为集团分管这块业务的最高主管，承受了集团高层的巨大压力，于是不断地把压力向下传递，使得团队也备受压力。与此同时，A先生认为打造互联网企业，必须先把平台的用户体验做好，再追求增长，而不应该过早要求业绩翻倍增长。在几次会议上X先生与A先生也因为理念的不同而产生争执。最严重的一次是平台公司CFO提醒作为CEO的A先生，有些子公司的销售数据与进货数据不符，公司财务怀疑这些数据有问题，于是A先生开始调取个别代理商的销售数据并且与渠道商的进货种类、数量做对比核实，发现部分子公司确实有虚报线上业绩的情况，于是A先生找到那些问题子公司的主管，经过一番讨论，这些问题子公司主管也承认了造假行为，并且暗示这种问题源自集团上层X先生对于业绩翻倍增长的压力，于是A先生与X先生在会议上正式决裂。

3. 转型失败

在这个转型项目的两位最高主管“同床异梦”后，A先生最终认为，X先生为了应对集团的业绩增长要求，逼着各地分公司在平台上制造假订单是严重的违法行为，在A先生多次提出反对意见后，X先生仍然我行我素，于是A先生选择了离开。在A先生离开后，X先生又招募了一个来自咨询公司但没有实际管理经验的高层主管担任COO，结果这名新招的COO也在几个月后离职。H集团的转型，虽然没有正式宣告失败，但是在X先生提议下集团同意这些子公司不再聚合为一个单一平台，于是让销售、物流、售后服务，恢复为以独立公司的形式继续运营，仍由X先生负责统筹管理。

两个案例带来的启示：

在上述这两家大型企业的转型过程中，它们在用人方面出现的问题，值得我们深思。

（1）W和H两家大型集团，都聘任了来自外部的具有互联网经验的高层主管，但是都在CEO之上加了个对互联网完全外行的“老板的自己人”作为董事长，这两位董事长都是在集团工作多年，深谙集团高层心思以及企业文化，但对互联网的商业模式却不甚了解，因此产生了许多错误的决策或有问题的交易。

（2）两个案例中的企业转型项目虽然都找到了具有多年互联网经验的高管担任 CEO，但是并未赋予他们完全的人事权，而且各个子公司的总经理，全部由原公司的主管担任，这些人也没有互联网经验，新旧团队的思维方式有极大差异，尤其是专业能力不符，使得业务推广遇到极大困难。

（3）无论是地产的新事业董事长 Q 先生，还是家电新事业董事长 X 先生，在项目失败后，都回到集团总部，继续做他们的高管，项目失败后无须承担责任，他们在集团高层心目中忠诚员工的形象更不会受影响，这种现象也值得我们深思。

2. 关于数字化转型项目领军人物安排的建议

笔者用了很大的篇幅讨论数字化转型项目“领军人物”的问题，因为这是整个转型项目最重要的安排，中小型企业若原有组织相对不复杂，从外部聘请较有互联网经验的资深主管可能问题不大，但中大型企业的情况就比较复杂了，因为企业规模越大，原来的人事、组织关系必然就更为复杂，数字化转型所需要的经验与能力也非中小型企业可比，因此从外部引进资深互联网行业主管应该是无法避免的安排。但是这种外聘而来的新人遇到的最大问题就是如何快速地完成与原来体系的融合对接。上面提到的“两人一岗”制度，在国外一些创新型企业中获得了不错的效果，但是在国内却少见成功案例，如同前面的 W 集团、H 集团的案例，问题都出在两位最高主管的意见不一致或权力冲突上。明确实际负责人与“引路人”的阶段性角色定位，让两名主管各自发挥所长，才能使转型项目顺利推进。

二、建立高效的数字化转型团队的方法和管理机制

1. 转型团队应该独立于原来的组织吗

数字化转型可能涉及企业商业模式的根本改变，可能影响到多个职能部门的工作内容或流程上的调整。在转型的工作上，我们需要的是积极的态度与执行速度，但是现有组织职能是当前企业的利润来源，在新模式证明有效之前，原有的工作还是要保留相当一部分，以免组织停摆。所以一边是稳定、高效的现有组织；另一边则是承担着转型任务的动态、灵活、快速的创新团队组织。

从传统组织理论上看，这两个截然不同的组织是有根本区别的，但是在大部分的数字化转型工作中，这两种组织将在较长的一段时间内并存，转型需要更为动态的组织，但是企业也不可能因为正在转型就放弃了原来具有稳定收入的业务。

转型业务讲究速度，当中负责执行的人员必须全程聚焦、全力以赴，如果由原来组织内的人员兼任，很可能顾此失彼。所以，关于如何组建转型团队的第一个建议就是转型团队必须独立于原来的组织！如果一定需要原来组织的某些人员，那么他们在短时间内为转型团队提供协助是可以的，如果是长期性的工作，则一定要调离原来的组织，融入转型团队。

2. 团队必须是个常态化的敏捷组织（Agile Organization）

什么是敏捷组织？一般来说，敏捷组织可以定义为“一个为了完成特定目标的跨职能团队组织”。从传统的组织理论来看，“敏捷组织”并不是一个新概念，从 1950 年开始，敏捷组织就已经得到了应用。进入 21 世纪后，敏捷组织的应用趋势开始加速，特别是随着互联网和高新科技公司的蓬勃发展，敏捷组织在其中扮演了重要的角色。

一个高效的敏捷组织需要符合以下四项要求：

（1）明确的共同任务使命。这个团队的任务使命必须非常明确，而且团队的每个成员都必须非常地清楚而且认同这一使命，否则在执行时很难产生较高的凝聚力。领军人物需要明确团队将为哪些关键业务指标负责，并且以透明化的看板，清楚地展示业绩和目标的达成现况。什么是透明化的看板？笔者的建议是在团队的办公区域内设置大型的 OKR 看板，这些指标包含了各个子项目每周、每月的进度，每一个成员都可以清楚地看到这些指标的进展，这样才能形成团队共进退的氛围。

（2）清晰界定团队成员的职责分工。既然是跨部门的组织，这项工作就应该由几个部门协同完成，所以团队当中每个成员扮演的角色、负责什么事情，必须非常清楚，且应该关注执行过程中 OKR 形式的指标。

（3）以稳定的基础架构给予支持。敏捷团队虽然是针对特定任务的快速执行团队，但是仍然少不了背后强大的支持，这些支持单位不能在接到请求时才开始筹备，其必然是一个稳定的常设组织，通常就是企业原有的其他部门，项目负责人必须确保这种支援通道的顺畅，才能有效协同，完成任务。

（4）紧密的进度管控与协调。需要设置周会和每日例会，有效的周会和每日例会，可以让团队时刻保持互联，确保信息畅通，并且建立起团队成员间的信任，这种会议可以通过面对面或是异地在线即时信息反馈进行，这样团队的凝聚力将更为强大，并且能够更早发现并解决问题。

案例 31：一家线下服务公司 Z 的数字化转型责任分工管理

Z 公司是一家拥有数百家门店的汽车后市场企业，其规模在国内汽车后行业中位列前五，过去采取较为传统的线下模式，因此门店的业绩完全取决于对上门客户的服务，过去因为行业竞争小，门店的位置好，所以大部分门店都有不错的业绩。但是近几年来受到互联网以及新兴业态的冲击，门店利润严重下滑，经过内部的战略调整，Z 公司采取了三项转型措施：

（1）在新客户来源上，不再只是等客上门，而是采取多渠道的客户拓展与引流。这些渠道包含了线上与线下渠道，线上渠道（也称为“空军”）包含交通广播电台的合作引流、公众号引流、团购网合作，线下渠道则以社区地推为主（也称为“海军”）。

（2）对于老客户则采取客户经理制度，每位客户经理负责 1000~2000 名客户的日常联系与关怀，并且在适当的时间提醒客户返厂进行车辆保修。Z 公司希望通过客户经理制度，改善客户关系，提升客户黏性。

（3）推出分级会员制度。要求门店让所有来客都扫码成为公司公众号会员，通过公众号向客户传达车辆维修保养理念，同时按照客户过去 12 个月的消费金额，设定不同的客户等级，不同等级的客户消费时可以获得不同的积分、价格优惠折扣甚至免费服务，会员当中还包含一种付费的年卡或是终身卡。这个制度是要求客户支付一个固定金额的费用，以取得年会员或是终身钻石级会员的身份，这些客户每年享受两次免费的里程保养，以及接受服务时材料和工时费用的特殊优惠价格。

Z 公司采取的模式是一个漏斗转化模型，如图 25-1 所示。最终的两个衡量指标是购买付费会员卡的人数（因为按照过去的数据推测，这些客户将成为最高消费的群体）和公司的销售额（或称为产值）。购买付费会员卡的人数取决于每日来客数与付费会员转化率，产值则取决于来客数与平均客单价。

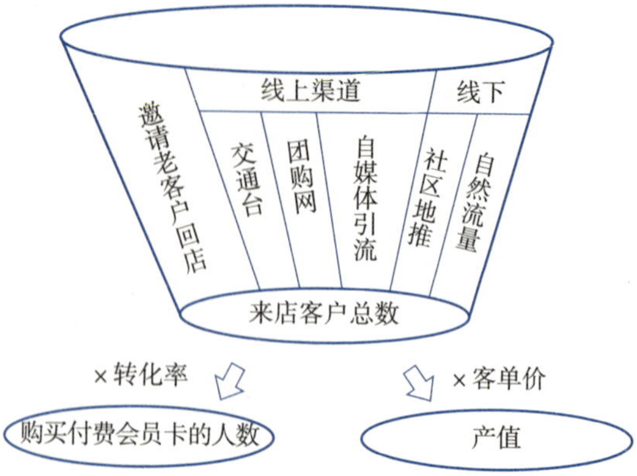

图 25-1　转型项目的核心任务与影响路径指标漏斗转化模型

根据图 25-1 中的漏斗转化模型，表 25-1 列出了影响付费会员数与产值这两个关键因素的衡量指标——来客数，也说明了来客数是如何构成的以及每个子项目的责任人每日、每周、每月，应该达成的引流到店人数。

表 25-1　转型项目每日追踪数据表　（单位：人）

		总部指标直接责任人	本月指标	当月前日累计	昨日	当日月累计	累计达成率
空军	交通台引流到店	张 ××	500	300	30	330	66%
	公众号引流到店	魏 ××	1000	600	70	670	67%
	团购网引流到店	陈 ××	2000	1200	80	1280	64%
	其他营销引流到店	廖 ××	1000	300	50	350	35%
海军	客户经理引流到店	杨 ××	5000	5500	510	6010	120%
	地推引流到店	卢 ××	3000	3500	320	3820	127%
合计引流合数		胡 ××	12500	11400	1060	12460	100%
自然流量			7500	5000	400	5400	72%
合计到店人数		胡 ××	20000	16400	1460	17860	89%

续表

		总部指标直接责任人	本月指标	当月前日累计	昨日	当日月累计	累计达成率
陆军	钻石卡销售量（张）	赵 ××	2000	1200	300	1500	75%
	钻石卡转化率		10.0%	7.3%	20.5%	8.4%	84.0%
	非事故总产值	黄 ××	50000000	40000000	5000000	45000000	90%
	客单价	叶 ××	2500	2439	3425	2520	

案例 32：美国海军海豹突击队

美国海军海豹突击队，是一个典型的敏捷组织，从架构上看海豹突击队在进行训练或执行任务时，通常是以 8~10 人为一组，最多不超过 16 人，其中以 8 人以下组成的作战班最为普遍。

海豹突击队是混编组织，其战斗单位的核心由狙击手、爆破手、通信兵、医护兵等角色组成。从流程上看，他们利用海军的舰艇、潜艇和海上设施，作为常态的稳定支持，就可以快速在全球展开部署，他们既可与美国的其他特种作战部队协同作战，也可以独立行动。

三、数字化转型团队达成共识并形成合力的基础是什么

授权在所有的管理工作中都十分重要，在数字化转型的项目中则更为重要，一个原因是，对企业来说数字化转型项目意义重大，涉及企业未来几年是否能够更具有竞争力，甚至关系到企业的生存，所以备受企业高层的关注；另一个原因是，数字化转型有一定的专业性，领军人物需要有一定的互联网与信息技术方面的经验，企业通常必须从外部找新人负责数字化转型项目。这时最高主管可能会担心这位新来的主管对企业不够熟悉，或是缺乏与新任主管合作的经验，造成对新任主管的信任度较低。在调研的项目中，我们也时常发现有高层

主管以“协助新主管做内部资源整合”为由，介入转型项目的具体事务，影响转型团队的日常工作效率。甚至有些高层主管还邀请企业内其他部门的高层主管一起来给新主管“出谋划策”，让本来可以很快推进的工作因层层牵制而停滞不前。笔者在这里和企业家们分享一个真实的案例。

案例33：L电话销售公司

1. 企业背景

L公司位于上海，属于南京一家大型上市公司S集团的子公司，L公司是一家非常成功的电话销售公司，拥有数十万的客户基础，年营业额近10亿元。在过去十余年中，公司成功地开发了一些保健品以及护肤品，客户以年轻上班族女性为主。

L公司以邮购起家，公司建立之初，互联网电商还未兴起，为了与客户有更紧密的联系，公司的创立者凭借自身多年的电话销售经验，建立了数千人的庞大电话销售团队，通过电话向客户推销产品。

因为销售团队训练有素，经验丰富，公司逐渐拥有了数十万人的庞大客户基础，当中也有数万名客户非常青睐公司的产品，当中最高价值的客户群体，个人一年消费额可达数十万元，甚至还有少数客户的每年消费金额超过100万元。由于这类健康或保养品毛利较高，所以该公司在过去几年中获利颇丰，电话销售人员的佣金收入也一同高涨。公司采取客户经理制度，一旦某个电销人员承接到好客户，公司也不会轻易更换客户经理，除非原来的客户经理离职，因此在该公司待得越久，电话销售人员的佣金就越高，有不少电销人员每年销售金额高达数千万元，佣金则可达百万元，所以离职率很低。

2. 原有电话销售模式存在诚信隐患

由于公司的产品并未在一般市场上流通，所以产品虽然有内部定价，但是并没有对市场公告的标准价格，客户都是从电销人员那里得到报价。在销售时因为是一对一，销售人员需要花费较长的时间才能达成一次交易，所以为了一次交易能够卖更多数量，销售人员通常会自行调高价格，先报给客户偏高的价格，然后再建议客户一次购买较多数量，以获得较大的折扣。严格来说这些销售手段是有失诚信的，因为这些折扣价其实才是公司原先给销售员的建议售价。

然而由于电销人员长期与客户保持联系，赢得了客户的信任，而且产品价格并没有对外（客户）公示，因此客户也没有抗议的声音，既然每次电话销售的订单金额都比较高，公司最终整体绩效也不错，所以公司管理层明知有问题，也没有强力阻止这种有失诚信的销售手段。

3. 客龄逐渐老化，公司希望开发年轻客户

虽然公司的销售业绩至今仍然维持在一定水平，但是管理层也发现核心客户群体正逐渐老化，10年前30~40岁的客户，基本已经进入40~50岁的中年时期，为了替企业寻找新的增长机会，管理层首先想到的是开发一批年轻的客户，公司经过评估发现，年轻人群可能更愿意在网上购物，所以公司计划通过网络、社交媒体，并使用新一代的数字技术来进行客户的维护和开放，通过网络来进行销售。公司总裁对于客群老化这一问题十分重视，也组织高层主管就企业该如何转型进行了多次讨论，还组织公司高层主管以团队的方式一起到各个知名商学院学习，总裁也亲自参与。最终他们决定成立一个新的线上部门，由公司负责产品采购，同时由兼管电话销售团队的资深副总裁牵头，这位副总裁是公司创业时期加入公司的，应该算得上是总裁的“心腹”“爱将”。

4. 为努力打赢翻身仗，总裁提出三年转型计划

在筹划过程中，总裁要求现有团队进行详细计划，并且由战略规划部门提出一份三年的转型计划与相关财务预算。经过几轮的内部团队讨论，总裁亲自带队拿着这份转型计划到南京S集团总部向控股公司老板汇报。这份计划显示，转型的前两年需要做大量互联网广告投入以及促销，所以会产生2000万元的亏损，但是在第三年年末，可达到单月的损益平衡。控股集团也属于传统行业，而且整个集团正处在财务吃紧的状况中，控股公司看到计划实施的前两年会有较多的亏损，所以拒绝批注计划。L公司总裁认为自己的公司每年还有1亿元的利润，两年合计投资2000万元，并不为过，为了长期发展，决定不再向集团单独申请项目预算，而把该转型项目的支出分散到L公司的年度费用中，仍然坚持继续向新事业前进。

5. 总裁要求原有团队支持新的网络部门

一开始他们将商品信息放到网上，希望通过网络产生新的客户，然后再从这些新客户中找出更具潜力的客户，升级为电话销售，可是因为团队从上到下

都缺乏网上销售经验，所以业绩一直很难突破。公司总裁为了加强对新事业部的支持，要求公司各部门主管支持新业务，他要求市场总监支援新事业部进行网络投放、引流，但因原来的市场营销团队缺乏互联网营销经验，仍然没有起色，市场总监甚至认为他的责任就是找服务商投放广告，至于有没有订单转化，则不是他需要考虑的事。

6. 电话销售部与新的网络部门产生冲突

这时企业出现了一个大问题，那就是现有的电话销售团队对于新的互联网销售模式产生极大的反弹。主要原因是网上销售会使产品价格透明化，使得这些电话销售员原来对客户报的虚高价格被拆穿。碍于目前每年十多亿元的销售都是由这些电话销售员创造的，公司对这些电话销售员的态度也就不得不重视。因此公司决定将电话销售与互联网销售的产品分开来，并且要求网络部门不得直接向电话销售的客户发送任何信息。这样的安排使得新设立的网络事业部基本上与原有业务完全脱钩。

7. 公司改变策略，从外部聘请新人，独立负责新事业

公司总裁眼见新事业未有起色，开始到外部寻找有互联网经验的人才，而且直接向集团总裁汇报。这时原来的副总裁因为不再负责新业务，就采取事不关己的态度，认为网上的销售渠道会让电销团队失去对客户的控制，反而对新团队提出不得利用现有客户数据的要求。后来副总裁发现还是有一些原来的电销客户转向电商渠道（因为客户可以购买较少数量产品并且得到同样的折扣价），于是提出电商渠道只能销售部分产品，把主力产品留给电话销售，因为那才是公司当前的主要利润来源。

8. 公司发动老团队主管一起给新团队“支招”

M公司总裁为了让团队形成共识，要求原来团队的核心人员，包括市场总监、产品副总、战略规划总监等人，每周参加总裁与网络部门的会议，帮忙出谋划策，可是这些“谋划”更多的是告诉网销团队，公司先前的“失败经验”，以及公司传统的利益划分，避免引起电话销售团队的反弹。总裁也觉得新事业主管应当听取原来团队的经验，任何新的尝试都应当事先与这些原有团队主管沟通，以得到大家的支持，就这样公司在一年内折损了四位从外部聘请的具有互联网经验的主管。

9. 新事业部的销售仍然没有起色，新主管不断离职

这些主管在离职前都向 HR 反映，无法适应公司这种人事组合方式，导致个人才能无法发挥，对此感到十分困惑的总裁说："如果有困难可以拿出来讨论啊，我找其他部门主管参与，就是希望能协助新主管快速了解以前的教训，避免犯同样错误，同时获得其他部门的支持，可是为什么这些外来具有网络经验的人，无法将自己的互联网经验与公司的环境结合呢？"

看完了上面的案例，不知道企业家们有什么想法，您会觉得与案例中的总裁心有戚戚焉，还是为连续几位外聘过来的新人主管无法推动工作而感到惋惜。通过分析这个案例，我们发现双方讲得都有一些道理，总裁认为公司原有的资源可以加以利用，也意识到公司内部存在因销售渠道冲突而产生的矛盾。当然，也正是这位总裁不懂互联网模式，又不放心新任主管，所以才自己出面协调，希望新事业部门能得到公司内部其他部门的支持，同时也让其他主管帮忙以实现群策群力。而新事业部的主管则认为做每一件事都需要说服所有主管，几乎是不太可能的事，而且公司大部分主管都没有互联网的相关经验，沟通上确实有困难。

遇到这种问题，笔者建议让新事业部的运营尽可能独立于原来的体系，这样可以避免产品资源分配的冲突，也不会因为发展新业务而影响对现有业务的支持，毕竟归属新业务的客户群体和现有客户虽有重合，但是存在显著差异。在这种情况下，应该授权予新事业部主管更完整的产品开发、客户资源、渠道推广、物流配送等决策权，除非新事业主管认为需要现有团队或资源的支持，否则就应尽可能将新事业部独立划分出来。

讲到这里企业家们可能会说，虽然给予新事业部主管一定的自主权似乎是必需的，但毕竟这些主管对于公司而言是新人，企业还是需要有一定的管控，以避免创新业务的发展偏离轨道。是的，管控当然很重要，但也要有方法。在接下来的章节中，我们就要讨论如何在管控与授权之间取得平衡，如何让创新主管能够"放手去干"，又不会因失控而造成无法挽回的损失。

本章总结

本章讨论的重点是关于如何搭建一个转型组织中的领导团队，我们通过案例分析和企业家们分享了搭建转型组织中领导班子的方法。本章提出了一个国际上许多大型传统企业中采取的“1+1”模式，这个模式在英特尔推行时非常有效，但在国内几家大型企业的实践中却“水土不服”，笔者认为问题出在“1+1”组合当中，原来企业高管的这个“1”在态度上出了较大的问题，这些奉命过来支援的高管，基本上都缺乏数字化的经验，但是他们大多有“监军”心态，这种心态造成了案例当中的商业地产M公司和家电企业H集团的转型失败。在文中笔者建议奉命支援新事业部的高管明确自己的职责，做好配合和“引路”工作，与外来主管“同进退”，使企业的发展形成共识和合力。

第 26 章

数字化转型项目的管理方法

Enterprise
Digital
Transformation

26

第二十三章至第二十五章分别讨论了数字化转型项目如何启动，如何从流程分析的维度分析数字化的机会点，并且说明了如何组建数字化转型团队等三个问题。接下来我们进一步讨论实施数字化转型的第四个重要问题——如何进行有效的项目管理。

项目管理的目的是通过一定手段来确保项目按计划进行并最终达成项目的目的。OKR 本身源自英特尔公司，同时也在 Facebook、谷歌等企业发挥了良好的项目管理效果，所以笔者建议采用 OKR 作为项目管理的工具。在第三篇已经讨论过 OKR 相关的方法论，在此不再赘述，笔者将重点放在另外两个进行创新管理非常重要的方法论——MVP 与创新项目的预算管理方法。

一、MVP 的优势和特点

1. 何谓 MVP

MVP（Minimum Viable Product）意为“最简化可行性产品”。

2. 为什么要采用 MVP 的概念

学术界发展出 MVP 概念的主要原因是，基于过去软件开发的经验，开发一个基于互联网的产品（在互联网行业，一个 App 或是一个网站，我们都可以称之为产品），需要很长时间的打磨，这种时间的延长就代表了成本的增加，而成本增加就意味着项目风险的增高。开发一个设计者心目中理想的产品需要花费很长的时间，但更为关键的问题是这些功能是否真的有价值，是否能够获得用户的青睐。MVP 的概念，就是建议企业家放弃大而全以及追求完美产品的思想，在产品上线之初只提供最核心的功能，暂时忽略其他附属的产品功能。具体做法是，先花费较少的时间，尽快推出几个核心的功能让客户体验，在产品得到客户意见反馈，确定可以被市场接受后，再进行多次快速迭代。MVP 的概念在平台商业模式中多有体现，这一概念帮助很多全球知名的互联网龙头企业创造了一流的产品并助力它们成为超大型互联网企业。

让我们以 iPhone 的迭代为例，看看 MVP 概念是如何在它的发展策略中起作用的。

案例 34：MVP 概念在 iPhone 迭代中的应用

iPhone 的 MVP 与迭代策略，应该算得上是 MVP 概念下的经典之作。史蒂夫·乔布斯带领苹果在 2007 年推出第一款 iPhone 时，他的竞争对手已经在使用当时最新的通用移动通信系统（UMTS），而乔布斯却选择使用速度缓慢的全球移动通信系统（GSM）传输标准。乔布斯为什么敢这么做，因为他选择了当时消费者最关注的两项 MVP。

那么 iPhone 的 MVP 到底解决了客户的哪些痛点呢？第一个 MVP 是人机交互的方式：触摸屏替换数字键盘，彻底颠覆了人机交互的用户体验，苹果手机只有一个在屏幕下方的实体按键，扩大了屏幕，带给用户最好的视觉体验。苹果选择的第二个 MVP 则是更为重要的手机软件生态系统。通过开放 iOS 系统，各式各样能够满足不同消费者需求的 iPhone 应用程序很快地被全世界的软件工程师开发出来，极大地提高了苹果手机对用户的吸引力。手机行业中有一个说法，在苹果手机之前的行业霸主是诺基亚，它们雇用了上万名工程师，为诺基亚手机开发各种强大的应用功能，iPhone 并没有投入那么多工程师去开发更多的应用软件，而是通过开放 iOS 系统吸引了全球数百万的软件工程师为 iPhone 免费开发上百万的软件。试想，即使诺基亚有再多工程师与开发团队，他们的创意和开发资源也无法与分布在全世界各个角落、面向不同行业、洞察不同需求的独立工程师或软件公司相比，苹果颠覆手机市场的关键因素之一，就是开放式的 iOS 系统所构成的属于苹果的软件生态系统。

在此基础上，苹果有了充裕的时间和足够的客户支持，通过 MVP 概念迭代的方式，逐步解决原有产品的功能问题，苹果公司也因此创造了深受粉丝追捧的智能手机。

3.MVP 模式的优点

采用最简化可行的产品和快速迭代的方式，可以避免仅基于假设做出的旷日持久而且成本高昂的开发工作，MVP 使得企业既能节省成本，又能抢占市场、争取时间。这种发展理念还能让客户在产品开发的早期充分参与到产品创新中，以确保客户的真实需求被适当满足。

MVP 不仅适合用来开发平台或是软件产品，对于传统行业的产品与服务创新，也是一种值得借鉴的战略思考方式。

二、里程碑与财务预算挂钩

1. 创新项目需要不同的预算管理方法

在与不同转型企业高管的访谈中笔者发现一个“共识”，那就是企业高管对于转型项目的绩效达成率都不甚满意，这是因为传统的绩效衡量模式给了高管们错误的预期，这也经常是转型项目夭折的原因。因为企业用稳定环境下的财务模型去评估一个动态的、充满变数与高不确定性的项目的绩效，是完全不恰当的。

传统上，企业用财务预算来控制并衡量一个项目或是部门的运营绩效，企业的主管也经常被要求提交一份未来 3~5 年的财务计划，这份计划很自然地就成为持续监控、管理、考核未来一年当中项目绩效的重要指标。然而，在数字化转型的项目上，这种大时间跨度的财务衡量模式经常误导经营决策。因为数字化转型面临许多不确定性，风险投资家们甚至认为，这种长期性的规划是无关紧要的，他们只关心初创企业在约定的时点是否能实现预定目标，并以此为标准决定是否进行新一轮的投资，这才是创新项目的管理重点。

2. 创新业务管理的过程是关键假设验证的过程

关于创新项目的管理，管理者应该摒弃原来制定的时间跨度长达数年的“固定预算”模式，在创新产品和业务开始时，只投资较少且较可控的资金，进行关键假设的验证，当项目达到预定的目标后再继续投资，否则就需要考虑整个项目的假设是否合理，有没有修正的必要，以及修正后是否仍然具有合理的经济价值。这里说的关键假设，通常不是财务数据，而是证明新业务模型的一些比例关系或是因果关系。举例来说，我们打算建立一项新的平台业务，假设这个平台业务依赖买方与卖方构成的网络效应逐步扩大，此时我们选择价格补贴以吸引买方。假设当买方数量扩大时，将有更多的卖方愿意加入并供应产品，这时因为商品供应的丰富度增加，又会使买方数量增加，如此就可以构成一个螺旋式的成长动力（滴滴打车采用的就是这个假设模式），这时需要验证补贴买方的有效性，即价格补贴是否能有效拉动需求，同时需要验证当需求增加后供给是否会增加，亦即需要得出一个买方与卖方的数量关系，当这两个关系都经过验证确定以后，再提出较长时期的业务发展计划，从而再决定补贴多少钱、达成什么规模，这样的创新计划才是可靠的。

当把商业模式的几个关键假设都验证过后，再来编写 3~5 年的财务计划，这种结果才是可靠的。所以不要在创新项目的初期编列长期预算，必须先定出业务发展的路径以及和这条路径相关的关键假设，并且在试验阶段验证这些假设是否正确，之后再进行快速的扩展，这时的业务计划才具有更高的可信度。在关于关键假设验证上，我们更关注这个项目是否验证了这些假设，而不是什么时候达成什么业绩目标。也就是说，项目在测试阶段需要的时间常常是说不准的，我们不能用一个月或是两个月获利多少作为项目是否可行的衡量标准。我们应该聚焦在检验假设上，而不是追求在什么时间之前产生了多少销售，通常产生销售是最终结果，不是验证阶段的假设。

上述的方法，在商学院中有一个专有名词，叫作“精益创业”。精益创业是一种关于创新项目管理的思维方式，它的目的是尽可能在创新项目利益与创新项目风险之间取得平衡。创新产生的利益是企业家们想要的，但是大部分创新，都含有一定程度的不确定性。也就是说，这些项目都存在一定风险。精益创业的思考方式，应该被根植在数字化转型企业的管理思维中，因为它能在确定的计划和不可控的变化之间做出调和，在明确的投资决策和快速调整适应之间，帮助企业解决如何取舍与平衡的问题。

3. 将预算与里程碑挂钩

数字经济是快速变化的，在达到快速增长与规模化之前，验证与试错阶段的预算投入是不可或缺的。例如，平台的搭建是否合理、人才是否适合以及目标客户群体定位是否准确的基本假设，都需要通过投入来验证。要解决这些问题，我们可以参考风险投资者所使用的方法。风险投资者在决定是否投资一家初创企业时，会特别关注企业的三个方面：管理团队、商业创意和企业发展里程碑。风险投资人在初期只投入少量的种子基金（Seed Money）作为企业预算，将这些预算与里程碑进行捆绑，然后确认这些定量或定性的预期目标是否能够达成，再决定是否进行下一轮的投资。如果预定目标达成，则追加新的资金进行后续开发，如果情况不明朗，则需要进一步厘清不确定因素之后再决定是否继续追加投入新的资金，这些不确定因素包括管理团队对于一些计划外事件的应对方式、商业计划是否有所改变、是否已有新的技术出现等。

4. 预算与里程碑挂钩，也意味着“授权”

当然，这种规则同时意味着在一段时间内，管理层必须对新事业的负责人给予一定的信任，不要过度干预公司的决策。所以管理层一旦同意了里程碑以及这一时期的预算，对于执行团队的具体做法就应该给予较大的自主空间，让他们用自己的方法去完成这个阶段的任务，不要有太多的干涉。

5. 未能通过风险考核则应该停止

如果目标未能达成，而且上述因素经过评估后风险较大，则应该停止向该初创企业追加新的投资。对企业来说，将里程碑与预算直接挂钩，风险与创新之间就能取得较好的平衡。

案例 35：大型跨国超市 M 公司数字化转型项目

M 公司打算在中国建立它的电商业务，于是并购了一个创业型的电商团队，团队中包含了具有多年线上线下经验的总经理、曾任职大型超市的采购主管、有大型电商平台的线上运营经验的主管以及物流主管。并购完成后，M 公司成立了在中国的电商部门，在此我们称之为 E 团队。

在收购之前双方就商业模式进行讨论，E 团队过去主要集中在 2C 业务上，M 公司以 2B 线下模式为主，经过双方几轮的探索与论证，E 团队建议，开展 2B 业务的效果可能不大，而且容易引起现有门店线上线下渠道互抢客户。于是双方同意线上采取 2C/2B 的混合商业模式，平台上的价格采取 2C 标价，2B 客户则可以通过认证的账号在电商平台上先以 2C 价格购买，再于月结后获得原来 2B 合同的折扣返利。

建立平台两个月后，E 团队开始与 M 公司的门店运营部门合作，通过门店开发 C 端会员。另外，E 团队基于过去的人脉以及 M 公司的国际品牌声誉，与国内最大的 B2C 电商之一 T 平台达成业务合作，T 平台将在北京、上海两个城市开放与 E 团队的合作。E 团队也负责经营，所以只要是 T 平台北京与上海的城市页面，商品推广方案均由E团队提供，发货则由M公司在订单所在城市当地的门店处理，希望能依靠M公司强大的门店网络，助力发挥O2O物流的最大效益，产生转型的竞争优势。经过半年的运营，E团队的2C业务已经相当于M公司线下6家门店的销售量（每家线下门店均占地约5000平方米）。

经历了这6个月的实验，E团队虽然成长迅速，每日订单量到达1万张以上，客单价达到150元，但是一直无法达到损益平衡，主要原因是为了激励客户到网上购买，E团队以进口牛奶作为主打，1升的进口牛奶售价仅8元，这个产品价格对消费者极具吸引力，因此也吸引了北京与上海这两个城市以外的其他城市消费者购买，为了保持这个合作平台的用户体验，T平台坚持要求合作项目必须允许国内任何城市订货，结果导致E团队的物流成本居高不下，因此造成亏损。

由于国内的总体业务仍是由M公司中国总裁负责，基于E团队的亏损，M公司总裁与E团队的部门负责人展开一系列的激烈争论。M公司总裁认为，做电商的目的是获利，现在这么大的规模应该可以获利，否则规模越大反而造成公司在中国的整体财务负担加重，但是E团队认为电商就是追求规模的商业模式，现在势头已经起来了，有许多客户也开始关注该公司的网上业务，但是规模还不够大，培养客户习惯也需要多一些时间，所以现在决不能停，否则前功尽弃。双方无法达成一致，最终M公司坚持缩小了E团队的城市运营范围，北京与上海以外的地区不予发货，E团队总经理觉得M公司不了解电商，又不听从专业电商人员的建议，只看财务报表是否获利，缺乏远见，而且使得公司失去重要的合作伙伴，于是离开了公司，其他E团队主管见状也纷纷离去，M公司最终关闭了E团队的运营。而M公司两年以后也和其他大型超市一样，无法在新经济市场环境中获利，而将中国业务卖给了国内的其他财团，实质上是退出了中国市场。

从销售增速来看，案例中的E团队无疑是非常成功的，但是最终因为M公司的总裁用传统线下超市的标准来评估在发展中的E团队，以致以财务的观点来看，这个新创业务初期的亏损是无法接受的。企业家们可以想一下，如果你是E团队的总经理或是M公司总裁，你会用怎样的模式来评估这个新业务的绩效，在E团队的发展过程中，应该有哪些需要验证的假设，又该如何规划它的发展路径？

本章总结

在本章中，我们介绍了几个管理创新事业项目的重要概念——MVP、预算与里程碑的挂钩、授权与控制的平衡。MVP 的概念告诉我们，不要求“大而全”的转型，相反，应该追求“小而美”的启动。创新项目普遍存在风险，所以大而全的做法，将使得未经验证的产品和商业模式，因为过度的早期投入而陷入巨大的风险之中，进而影响项目的推进。MVP 则建议企业家先聚焦于几个关键应用或是功能，验证有效后再进行迭代并扩大投入或生产规模。

同样地，因为创新项目的风险特性，所以不要刻意让创新项目在早期拟定 3~5 年的计划，因为变数太多，长期计划是不切实际的。应当聚焦项目里程碑的完成度，以此对项目可行性进行考核。

最后，授权也是创新项目能够有效推进的重要基础假设，因为创新项目的逻辑不同于传统稳定企业，必须经常试错。笔者建议，在初期小额预算范围内，尽量充分授权，这样能够给创新团队更好的发挥空间。

参考书目

书籍：

［1］克莱顿·克里斯坦森．创新者的窘境［M］．胡建桥，译．北京：中信出版社，2020.

［2］维克多·奥洛夫斯基，弗拉基米尔·科罗夫金．从犀牛到独角兽：传统企业如何实现数字化转型［M］．彭相珍，周雁洁，译．北京：中信出版社．2021.

［3］迈克尔·韦德，杰夫·劳克斯，詹姆斯·麦考利，等．全数字化赋能：迎击颠覆者的竞争策略［M］．瑞士洛桑管理发展学院，译．北京：中信出版社．2019.

［4］汤玛斯·西贝尔．认识数字化转型［M］．毕崇毅，译．北京：机械工业出版社．2020.

［5］尤尔根·梅菲特，沙莎．从 1 到 N 企业数字化指南［M］．上海：上海交通大学出版社．2018.

［6］SCHMARZO，BILL. The Economics of Data，Analytics，and Digital Transformation：The theorems，laws，and empowerments to guide your organization's digital transformation［M］. Birmingham：Packt Publishing，2020.

［7］GARY OBRIEN，GUO XIAO，MIKE MASON. Digital Transformation Game Plan[M]. Sebastopol：O'Reilly，2019.

学术论文：

[8] RAPHAEL AMIT，CHRISTOPH ZOTT. Value Creation in e-Business[J]. Strategic Management Journal，2001.

[9] ANDERSON，MARKED. Strategic innovation at the base of the pyramid[J]. Sloan Management Review，2007.

[10] KEVIN J. BOUDREAU，KARIM R. LAKHANI. How to Manage Outside Innovation[J]. Sloan management Review，2009.

[11] ALINA SORESCU. Innovations in Retail Business Models[J]. Journal of Retailing，2011.

[12] CHARLES BADEN-FULLER，MARY S. MORGAN. Business model as models[J]. Long Rang Planning，2010.

[13] JOAN MAGRETTA. Why business models matter[J]. Harvard Business Review，2002.

[14] MARK W. JOHNSON，CLAYTON M. CHRISTENSEN，H. KAGERMANN. Reinventing Your Business Model[J]. Harvard Business Review，2008.

[15] MCGRATH. Business model：a discovery driven approach [J]. Long Rang Planning，2010.

[16] MORRIS. The entrepreneur's business model：toward a unified approach [J]. Journal of business research，2005.

[17] JOSEPH V. SINFIELD，EDWARD CALDER，BERNARD MCCONNELL，STEVE COLSON. How to identify new business model [J]. Sloan Management Review，2012.

[18] DAVID TEECE. Business Models，Business Strategy and Innovation [J]. Long Range Planning，2010.

[19] CHRISTOPH ZOTT，RAPHAEL AMI. Business Model Design：An Activity System Perspective [J]. Long Range Planning，2010.

结　语

本书介绍了一整套数字化转型的思维框架、方法论以及实际落地的操作方法，强调数字化转型不是一项技术性的工作，它涉及一个企业组织的多个层级以及多个维度的改变与创新。

首先，在战略层，我们提出企业家应该构建一个数字化转型计划，应该基于对宏观的社会结构、经济、技术等大环境因素的深刻洞察，来审视未来几年甚至几十年中可能发生的变化，企业需要针对新的环境，重新思考能够带给客户的基本价值，以此作为所有变革的起始点。这些关于价值提议的改变将影响价值的创造与传递的过程，也必然会带来商业模式的转变。当这些原则性的框架确定后，我们需要进一步探索个别企业数字化应涉及的范围。

其次，在管理层，我们建议先为企业确立正面积极的文化和数字化的管理原则。这些文化层面的问题，看起来与数字技术或流程无直接关系，但其却是企业转型最基础的条件。

在执行层我们需要按照新的商业模式，重新梳理、调整价值链的流程，笔者建议以“三个全”的思考框架来审视：①如何用数字化观念来管理全客户生命周期；②如何在营销上引进数字化技术进行全渠道覆盖；③如何塑造全流程数字化用户体验。

在技术层面，我们回顾了企业的传统信息技术架构为何无法有效支持当前数字化转型的需要，为什么需要建立“轻前台、快中台、大后台”的技术架构，以及如何搭建大数据平台环境，并且介绍了一些典型的大数据应用。

实施上，我们从对十余家不同规模企业的数字化转型项目的“近距离”观察中，归纳出10个最常见的障碍或问题，针对这些问题，提出了多项管理技术与机制，相信如果能够预见并有效解决这些问题，企业数字化转型成功的概率将大幅提升。

最后，我们还要提醒企业家，数字化转型不是一蹴而就的，它应该是个不断迭代的学习过程，我们不可能，也不应该期望能够一步到位地做好数字化转型的所有工作，即使我们有了初次的成功经验，也仍然需要不断地重新审视、评估企业的价值提议、商业模式和积极创新的文化，以及价值链环节中的其他部分是否还可精进，以确保企业基业长青。

坐而论道，不如起而行之，召集团队，开始你的企业数字化转型之旅吧！